冯汉骥全集 ⑨

图书馆学卷

冯汉骥 著　张勋燎 白 彬 主编

巴蜀书社

湖北省立图书馆
图书目录第一期

据湖北官纸印刷局民国十八年版

湖 北 省 立 圖 書 舘
圖 書 目 錄
第 一 期

附——類目索引
　　　黨義書籍

民 國 十 八 年 一 月

湖 北 官 紙 印 刷 局 印

借 書 規 則

1 本館書借書時間規定上午九時至十二時下午二時至五時

2 借書人欲借書時須至本館圖書出納處填寫保單請本市妥實商店担保由本館發給借書證以後每次借書之時須將此借書證繳驗

3 倘無商店担保者須隨時按照全書之價格繳納押金還書之時卽將押金全數退還

4 本館所發出借書証適用時間以六個月爲限過期作廢

5 倘閱者將借書證遺失須卽時到本館申明作廢否則他人以此証所借之書仍歸原人負責再補發借書證須繳洋一角

6 借書人借書之時須於目錄中檢出將者碼著名書名填於借書券上（可向圖書出納處索取）簽名蓋章及連同借書證交與本館圖書收發處卽可將書籍借出

7 圖書借出以三種爲限（洋裝每種不得過五冊線裝書每種不得過十冊）在前書未還以前不得再借他書

8 圖書借閱時間以二星期爲限若未閱完時可再續借一星期但遇必要時本館得隨時通知取還

9 圖書借出逾期不還者以逾期之日起算每日納銅元四枚逾一月仍不還者則通知其保證人責其賠償或於借書人押金內扣除

10 圖書借出如有失落損壞圈點批途評改等情借書人須照全書價賠償

11 倘借書人欲借之書已爲他人借出者可在本館圖書出納處預訂

12 本館後列各種書籍概不借出（1）貴重書籍及大部書籍（2）參考書籍字典類書等：（3）新聞紙及雜誌（4）各種圖表地圖碑帖（5）展覽櫥內之展覽書籍

13 倘一書之索閱者甚多而本館只有一二部者本館爲大多數閱者之便利計得保留或限時間借閱之

14　十六歲以下之幼童欲借書時須有家長或所進學效教員之擔保至借書手續仍照前訂規則辦理之

15　圖書借出時借書人應仔細認明書中有無損壞塗污圈點等情向本館辦事人員申明以免誤會

學校及機關領取特許證規則

16　凡學校及機關借閱圖書者本館得給特許借書証

17　特許證發出日期以每年一月至五月爲第一期八月至十二月爲第二期

18　特許期滿之時須將所借書籍全部送還

19　以特許証所借各書如有遺失污損圈點等情該特許學校或機關負有完全賠償責任

20　補領特許借書證時須繳洋五洋

21　凡以特許證借書時借書券上須由該特許証之學校或機關蓋章

22　以特許證借書只以本館通常圖書爲限

參觀藏書室規則

23　參觀人須記載姓名籍貫住址職業於題名簿內

24　參觀人須由本館職員導引

25　參觀人到館時未得職員導引之前請在會客室暫待

26　參觀時請勿携帶幼孩及僕從

27　參觀時請勿吸烟及吐痰

28　參觀人在藏書室內欲檢視書籍行欵版本者可囑導引人取閱

29　參觀人對於本館如有意見得面告函達或記於批評簿上

30　有精神或傳染病者謝絕參觀

31　參觀時間以星期一至星期六上午九時至十二時下午一時至四時爲限

目　次

序言錄編引籍

長弁索書

廳輯目義

劉編目補類黨

序

湖北省立圖書館藏書僅十萬餘本而種類項目尚未分列清楚好學之士惜焉

今年春予奉令來長敎育命孫君迪萬為館長從事整理九月孫君去職馮君漢驥繼

任馮君學有專長經驗宏富任職以來計劃擴充暨整理事甚詳並仍督同館員編製

目錄至本月工始竣

　　現該館圖書目錄業已印成行將公諸世從此到館閱覽者一披目錄即可知藏

書之種類及其數目而館內管書人員亦可按冊索書有如探囊之便舉歷年來夢亂

錯雜之典籍一旦清理就緒牙籤羅架琳瑯滿目亦一快意事也今當目錄第一期出

版之始特弁數言於首以誌馮君及諸館員之勤彙為湖北圖書館前途慶

　　民國十七年十二月蒲圻劉樹杞識

編輯弁言

本館藏書·秦牛省係經每次變亂後收集各機關及各學校之餘燼而成，故殘缺者居牛·計其總數，共約十萬餘本，民國十三年間，曾經一次之整理·編印有目錄數冊。但數年以還，書籍之佚失者什居二三，又以編法不善，書籍之排列，與目錄之次第不相聯貫，故書籍之凌亂與檢查之不易，依然如故·雖有目錄，實等於無目錄也。今年春，又得 省政府教育廳撥發之時中書局及前武昌中央軍事政治學校圖書館書籍數千冊，均未編目·檢閱之時，多感不便，乃以數月之工，將全館書籍盡行加以整理，依現代圖書館之方法·分類編目，而先以是編付印，爲本館目錄之第一期。

整理圖書，其重要工具，則爲分類。有分類則可統取一切，各書均依類相次，不致凌亂。當本館編目之初·即擬自撰分類法。曾採各種科學分類法，爲其系統之建設；及各種圖書分類法，以成其子目，而謀合乎書籍之應用。其大綱爲：一

0	總類	Generalia
1	中國經籍	Chinese Classics
2	哲學及宗教	Philosphy and Religion
3	史地	History and Geography
4	社會科學	Social Sciences
5	物理科學	Physical Sciences
6	生物科學	Biological Sciences
7	應用科學	Applied Sciences
8	美術	Fine Arts
9	語言及文學	Language and Literature

等十大類。而以Classification Decimale, Institute Internationalede Bruxelle 之改定杜威分類法十進符號以孳衍之·爲數千子目。但以時間短促，一時未能寫定·編目在卽，迫不及待。故經考慮之後，乃採杜威分類法（以下簡稱杜法）原本，其由有四：

　　（一）案我國圖書目錄之學，創自劉向父子之七略別錄，班氏刪之，

1

而成藝文一志。魏鄭獻後中秘之書，而制中經。晉荀勗又因中經，更著新簿。始定四部之分，標甲乙之名。但其書已佚，其體例已不可見。其後流至江左，作者乃各出新裁。自爲部類，以王儉之七志，阮孝緒之七錄爲最著。至唐長孫無忌等修隋書經籍志，乃裒集諸家，纂定經史子集之名。而後之言目錄者，雖於其中子目，各有增減，要者不甚相遠，追至清乾隆間，開四庫館刊提要成，其法始大備。而世之言目錄者，鮮不以此爲圭臬，駸駸乎有定一尊之勢。但自海通以還，每年出版之書，往往軼出四部之外，於是乃羣起而非之，以爲四部法不足概括書籍之全體，而應時而起者，則有吾師沈胡二氏之仿杜威十進分類法，及杜定友氏之圖書分類法。杜氏之書較爲晚出，其部類亦略爲詳備。

　　　　四庫法不足供現代圖書館之應用，固無論矣，而仿杜威十進分類法，及圖書分類法，亦皆不過將杜法原本，加以改纂。其改良之處固甚多，而凌亂之處，亦不減於杜法，且遠不如其詳備。

(二)自編分類，本可因事制宜，自爲部類。但分類之事，言人人殊，所編者亦未必盡如人意，而於用者方面反增其煩難。反不如採用一公認之分類法之較爲便利也。

(三)杜法之編纂，在五十餘年前，而此五十年間，各種科學之進步，一日千里，而杜法不免落後。然其足能成爲歐美圖書館界四大分類之一，而採用之爭先恐後者，良以其部屬及符號之簡明易記，有以致之。且又富於間展性，無論何種新科學之發明，均可依類附入，如一爐冶成，不生痕跡。

(四)當杜法出版之初，不過四十餘面之小冊，今已至第十二版，內容增至一千二百餘面之多。其與時共進，及其部屬之詳備，於此可知。且國內大圖書館如北平清華學校圖書館，天津南開大學圖書館，上海東方圖書館，廈門大學圖書館等處，皆曾經採用，而得良好之結果。良以採用既多，知之者必衆。故於閱者

之檢閱上，亦較爲便利。

　本編採用杜法之理由，已如上所述。但採用之後，即將其子目中有未合乎我國書籍之應用者：則略爲變通，但以不失其本來面目爲原則。至其分類之理論及類例，原書俱在，可備檢查，茲不贅。

　書籍之著錄，自劉略而後，詳簡二體並行。詳者可以參稽彼此之異同，簡者可供檢閱之便利，前者流爲四庫總目，後者降爲文淵閣書目。書各有體裁，不可偏廢。本編之著錄各書，以書名爲主，而附以著者，出版處，出版家，出版年，全書之面數或本數，以及叢書之種類等等。使閱者於各書應有之概念，可一目瞭然。旣不失之繁，亦不失之簡。

　本編所收，皆係本館舊藏及新疆補充之現代書籍四千餘種。至於館內所藏之舊籍五千餘種「六萬餘冊」，現已編成書名卡片目錄，可備參考。其分類目錄，不日亦可編成，俟財力充裕之時，即可付印，爲本館目錄之弟二期。

　本編自編纂以至殺青，共歷時約二月。良以時間短促，編輯不易，錯謬之處，在所不免。而尤以文學類爲最蕪亂，因付印過急，未遑糾正。至於校對，尤爲草率。希閱者時加指正。

中華民國十七年十二月馮漢驥謹識

三

本目錄之用法

1·本編所收各書，均照杜法按類排列。閱者如欲閱『心理學』書籍，則可於分類大綱內檢閱，知『心理學』分類號碼爲「150」再檢目錄「150」內號碼內，則『心理學』之書籍省在。

2·本編後面附有類目索引，每字均按王雲五氏之四角號碼檢字法排列。例如『心理學』之『心』字檢字號碼爲「3300」，則於「3300」號碼下亦可檢得『心理學』之分類號碼爲「150」。一「四角號碼檢字法之用法詳後」

3·本編著錄各書之後，均附有『書碼』，閱者將書檢得之後，可將『著者』『書名』『書碼』寫於借書券上，「借書券可在本館圖書出納處索取」交本館辦事人員。本館人員卽可按碼取書，極爲敏捷。

1

分類大綱

000　總類

010　　目錄學

020　　圖書館學

030　　百科全書

040　　普通論文總集

070　　新聞學

080　　叢書

100　哲學

100　　哲學通論

　　109　哲學史

110　　形而上學

130　　心靈學

　　131　精神衛生學

　　133　巫　卜　星

　　134　催眠術

　　136·7　兒童學

　　137　睡眠　　夢

　　138　相術

140　　哲學派別

150　　心理學

160　　邏輯

170　　倫理學

　　171　原理

　　172　國家倫理

　　173　家庭倫理

　　174　職業倫理

175　　遊戲倫理
176　　性道德
177　　社會倫理
178　　各種刺激物「如烟酒問題等」
179　　其餘倫理問題
180　　中國哲學
181•1　印度哲學
182　　西臟哲學
190　　歐美哲學

200　宗教

220　　基督教
221　　基督教經典
267•3　基督教青年會
290　　比較宗教學
291　　神話學
294　　佛教
299•5　道教

300　社會科學

310　　統計學
312　　人口論　　生育節制論
320　　政治學
321　　政體論
323　　人民國家之關係
324　　選舉
325　　殖民
327　　外交
327•51　―― 中國
328　　立法

2

329　　政黨

330　　經濟學

331　　勞働

332·1　銀行

332·4　貨幣

334　　合作社

335　　社會主義

336　　財政

336·2　稅則　　關稅

337　　生產

339　　消耗

340　　法律

—　341　　國際公法

341·1　國際會議

341·2　國際條約

341·3　戰時國際公法

341·4　國際刑法

341·5　國際私法

341·8　領外法權

342　　憲法

342·51　中國憲法

343　　刑法

345　　中國法典

347·1　——民法

347·7　——商法

347·9　——司法　　法庭　　訴訟　　審判

349　　外國法

350　　政府行政

351　　中央行政

235　　地方行政

355　　軍事學

360　會社　　慈善事業

364　　罪犯學

366　　秘密會社

368　　保險

369・4　童子軍

370　教育

371　　教授法

372　　初等教育　　幼稚園

373　　中學教育

374　　課外教育

375　　課程

376　　婦女教育

377　　大學教育　　專門教育

379　　義務教育　　各國教育狀況

380　商業　　交通

380・8　商業地理

382　　國際貿易

383　　郵政

385　　鐵道　　航業

390　禮俗

392　　家庭問題　　婚姻問題

395　　禮節

396　　婦女問題

398　　諺語　　歌謠

400　語言學

410　　比較語言學

419　　世界語
420-480歐美各國語言
495　　中國語言
　　495•11 國語
　　495•12 國音
　　495•121註音字母
　　495•13 字典
　　495•15 文法

500　自然科學

510　　數學
　　511　　算學
　　512　　代數
　　513　　幾何
　　514　　三角學　•
　　156　　解析幾何
　　517　　微積分
520　　天文學
530　　物理學
540　　化學
549　　鑛物學
560　　地質學
570　　生物學
　　512　　人類學
　　575　　進化論
580　　植物學
590　　動物學

600　應用科學

610　　醫學

611　解剖學

612　生理學

612·6　性教育

613　衛生

614　公共衛生

615　藥物學

616　病理學　　治療學

617　外科

618　婦孺科

619　獸醫

620　工程學

621　機械工程

625　土木工程

630　農業

633　作物學

634　果木及森林

635　園藝

636　牧畜

638　蠶蜂

639　水產

640　家政

650　商業管理

657　簿記

658　商業經營

659·1　廣告

660　化學工藝

670　製造

680　手工

690　實用建築學

6

700 美術

701　　美術概論

780　　畫論　　畫冊　　幾何畫

770　　攝影術

780・　音樂

790　　遊藝　　運動　　田徑賽

800 文學

810　　中國文學

　　811　　詩詞

　　812　　戲劇

　　814　　散文

　　816　　書牘

　　818　　詩文總集

　　819　　雜體詩文

820　　英國文學

930　　德國文學

840　　法國文學

850　　意大利文學

891・4　印度文學

891・7　俄國文學

895・2　日本文學

900 歷史

909　　世界史

910　　地理　　遊記

913　　考古學

920　　傳記

930　　古代史

940　　歐洲史

940,3　歐戰史
942　英國史
943　德國史
944　法國史
947　俄國史
950　東洋史
951　中國史
952　日本史
954　印度史

000　總記

010 目錄學

漢書藝文志講疏；顧實著•　　　　　　　　　015.51—K252
　　，上海，商務，民十四年•　再版•　262面•　「東南大學叢書」

漢書藝文志姚氏學；姚明輝著•　　　　　　　015.51—y162
　　南京，共和書局，民十三年•

梁任公胡適之先生審定研究國學書目；　　梁起超，胡適
　　合著•]　　　　　　　　　　　　　016.51—L251
　　上海，亞洲書局•　35面•

三訂國學用書撰要；李笠著•　　　　　　　016.51—L189
　　北京，樸社出版經理部，民十六年•　140面•

國學用書類述；支偉成著•　　　　　　　　016.51—C62
　　上海，泰東，民十六年•

政治書報指南；北京清華學校政治學研究會編•　016.51—P223
　　北京，公記書局•　150面•

020　圖書館學

現代圖書館序說；馬宗榮著．　　　　　　　　020—M112
　　上海，商務，民十七年．　63面．　「學藝彙刊」

現代圖書館經營論；馬宗榮著．　　　　　　　020—M112
　　上海，商務，民十七年．　206面．　「學藝叢刊」

圖書舘簡說；蔡鑒著．　　　　　　　　　　　020—T417
　　上海，中華，民十三年．　三版．　43面．

圖書舘學概論；杜定友著．　　　　　　　　　020—T768
　　上海，商務，民十六年，　初版．　136面．　「百科小叢書第一百五十四種」

圖書舘通論；杜定友著．　　　　　　　　　　020—T768
　　上海，商務，民十四年．　53面．　「上海圖書舘協會叢書」

圖書舘學；楊昭哲著．　　　　　　　　　　　020—y122
　　上海，商務，民十五年．　2冊．　「尚志學會叢書」

兒童圖書館之研究；(日)今澤慈海，竹貫宜人合著，陳逸譯．
　　　　　　　　　　　　　　　　　　　　　　022.58—C675
　　上海，商務，民十三年．　初版．　108面．

圖書舘管理法(日)文部省編．　　　　　　　　025—W262
　　東京，金港堂書籍株式會社，民元年．　2冊．

圖書舘管理法；朱元善編．　　　　　　　　　370.8—C544
　　上海，商務，民六年．　179面．　「教育叢書」

圖書選擇法；杜定友著．　　　　　　　　　　025.21—T768
　　上海，商務，民十五年．　46面．　「上海圖書舘協會叢書」

美國圖書舘事情；(日)文部省編．　　　　　　027—W262
　　東京，金港堂書籍株式會社，民九年　283面．

4

028·6 讀書法

古書讀校法；陳鐘凡著·　　　　　　　　　028·6—C270

上海，商務，民十四年·　147面·　「東南大學叢書」

讀書的方法；胡適講演·　　　　　　　　　028·8—H414

武昌大學，民十四年·　24面·

讀書法；鄒德謹，蔣正陸合著·　　　　　　028·8—T697

上海，商務，民十六年·　六版·　42面·　「通俗教育叢書」

讀書法；叟霍康原著，包懷白譯·　　　　　028·8—K824

上海，出版合作社，民十六年·　初版·　80面·

030　百科全書

少年百科全書；王昌諛等編．　　　　　　　　　030—W136
　　上海，商務，民十五年．　20冊．

日用百科全書；王言綸等編．　　　　　　　　　R
　　　　　　　　　　　　　　　　　　　039·511—E140
　　上海，商務，民十三年．　一三版．　2冊．

日用百科全書補編；王岫盧等編．　　　　　　　R
　　　　　　　　　　　　　　　　　　　039·511—E140
　　上海，商務，民十五年．　再版．　1515面．

日用須知；商務印書館編．　　　　　　　　　039·51—S162
　　上海，商務，民十二年．　27ぐ面．

040 普通論文彙集

現代論文叢刊；朱毓魁輯· 040—C839
上海，文明，民十四年· 再版· 4冊·

常識文範；中華書局編譯所編· 040—C976
上海，中華，民五年· 4冊·

小學國文成績選粹；方瀏生輯· 040—F167
上海，中華，民十二年· 十三版· 4冊· 乙編 丙編 丁編

世界知識新文庫；陸羽輯· 040—L425
上海，廣文，民十三年· 三版· 20冊合訂·

國學概論；章炳麟講演，曹聚仁編· 040—C189
上海，泰東，民十四年· 九版· 162面·

中國學術討論；中國學術討論社編· 040—C976
上海，羣衆圖書公司，民十六年· 第一集·

國故論叢；中華學藝社編· 040—C976
上海，商務，民十五年· 171面· 「學藝叢刊」·

二千五百年來之國學；范麗諝著· 040—F136
上海，世界學會，民十六年· 31面· 「世界學會國學小叢書」

國故學討論集；許嘯天著· 040—H376
上海，羣學社，民十六年· 3冊

國故探新；唐鉞著· 404—T215
上海，商務，民十五年· 309面·

國學必讀；錢基博輯· 040—T601
上海，中華，民十三年· 2冊·

新文學叢書；聞野鶴輯· 040—W241
上海，新文化書社，民十二年· 444面·

070　新聞學

新聞學撮要；戈公振著．　　　　　　　　　　070—K127

上海，新聞記者聯歡會，民十四年．　284面．

應用新聞學；任白濤著．　　　　　　　　　　070—J127

上海，亞東，民十五年．　再版．　208面．「中國新聞學社叢書第
一種」

新聞學總論；邵飄萍著．　　　　　　　　　　070—S171

北京，京報館，民十三年．　254面．

實際應用新聞學；邵飄萍著．　　　　　　　　070—S171

北京，京報館，民十二年．　222面．

實用新聞學；（美）休曼原著，史青澤．　　　070—Sh92

上海，廣學會，民二年．　172面．

新聞事業；東方雜誌社編．　　　　　　　　　080—T860—30

上海，商務，民十四年．　三版．　92面．「東方文庫」

新聞學大綱；伍超著．　　　　　　　　　　　070—W308

上海，商務，民十四年．　222面．

中國報學史；戈公振著．　　　　　　　　　　079.51—K436

上海，商務，民十六年．　初版．　183面．

最近之五十年；上海申報館編．　　　　　　　079.51—S195

上海，申報館，民十二年．

中國新聞發達史；蔣國珍著．　　　　　　　　079.51—T566

上海，世界，民十六年．　74面．

080 叢書

百科小叢書・　　　　　　　　　　　　　　　080—P225
　　民十二年至十七年・　細目分見各類・

表解叢書六十三種；上海科學書局編・　　　080—S155
　　清光緒三十二年至民三年・　細目分見各類・

中學世界百科全書；世界書局編・　　　　080—S271
　　上海，世界・　一函九冊・

東方文庫八十一種；東方雜誌編・　　　　080—T160
　　上海，商務，民十四年・　內缺7, 9, 12, 24, 25, 五種・　細目分見各
類・

100 哲學

12

100 哲學

東西文化批評；東方雜誌社輯·　　　080—T860—311
　　上海，商務，民十四年·　3版·　2冊·　「東方文庫第三十一
　　種」

東西文化及其哲學；梁漱溟著·　　　100—L263
　　上海，商務，民十一年·　三版·　284面·

泰西哲學說一臠；梁啓超著·　　　100—L251
　　上海，商務·　「飲冰室叢著第八種」

哲學入門；華文祺譯·　　　100—T221
　　上海，商務，民十一年·　三版·　205面·

哲學研究；曾昭鐸著·　　　101—T521
　　上海，羣學社，民十七年·　142面·

哲學概論；陳大齊著·　　　102—C288
　　北京大學出版部，民十一年·　178面·

哲學概論；劉以鍾著·　　　102—L253
　　上海，商務，民十三年·　五版·　122面·

哲學要領；蔡元培譯·　　　102—K211
　　上海，商務，民十年·　九版·　83面·

哲學大綱；蔡元培著·　　　102—T417
　　上海，商務，民十年·　七版·　81面·

簡易哲學綱要；蔡元培著·　　　102—T417
　　上海，商務，民十三年·　142面·

哲學問題；東方雜誌社編·　　　080—T860—33
　　上海，商務，民十四年·　三版·　90面·　「東方文庫」

哲學問題；(英)羅素原著，黃凌霜譯·　　　104—R911

科學與哲學；張東蓀著．　　　　　　　　　104—C171
　　上海，商務，民十三年．　90面．

哲學大辭書；（日）百科辭書編輯所編．　　　R
　　　　　　　　　　　　　　　　　　　103—P225
　　東京，株式會社，大正四年．　五版．　4冊．

109　哲學史

哲學史；（美）杜威講，劉伯明譯．　　　　109—D515
　　上海，泰東，民十年．　三版．　80面．

西洋哲學史；黑世英譯．　　　　　　　　　109—C964
　　上海，商務，民十一年．　2冊．「通俗叢書」

西洋哲學史；黃懷華著．　　　　　　　　　109—H471
　　上海，商務，民十二年．　287面．

西洋古代中世哲學史大綱；劉伯明著．　　109—L372
　　上海，中華，民十一年．　再版．　224面．「新文化叢書」

近代西洋哲學史大綱；劉伯明著．　　　　109—L372
　　上海，商務，民十一年．　三版．　138面．「新文化叢書」

現代思潮；（日）桑木嚴翼原著，南庶熙譯．　109—S126
　　上海，商務，民十一年．　147面．「時代叢書」

歐洲思想大觀；（日）金子築水原著，林科棠譯．　109—C669
　　上海，商務，民十三年．　204面．「新智識叢書」

歐洲思想大觀；（日）金子築水原著，蔣桑漢譯．　109—C669
　　上海，泰東，民十五年．　252面．

14

西洋哲學概論；王平陵著·　　　　　　　　　　109—W153

　　　上海，泰東，民十三年·　　312面·

近代思想解剖；商務印書舘譯·　　　　　　　109—T880

　　　上海，商務，民十年·　再版·　「新智識叢書」

近代思想；過耀根著·　　　　　　　　　　　109—S435

　　　上海，商務，民十四年·　七版·　2冊·　「尚志學會叢書」

現代哲學一瞥；東方雜誌社編·　　　　　　080—T860
　　　　　　　　　　　　　　　　　　　　　　　　34

　　　上海，商務，民十四年·　三版·　90面·　「東方文庫」

近代哲學家；東方雜誌社編·　　　　　　　080—T860
　　　　　　　　　　　　　　　　　　　　　　　　38

　　　上海，商務，民十三年·　再版·　73面·　「東方文庫」

110　形而上學

形而上學序論；（法）柏格森原著，楊正宇譯．　　　110—B454

　　上海，商務，民十年．　再版．　10面．「尚志學會書」

宇宙與物質；東方雜誌社編．　　　　　　　　　030—T860
　　　　　　　　　　　　　　　　　　　　　　47

　　上海，商務，民十四年．　三版．　83面．「東方文庫」

創化論；張東蓀譯．　　　　　　　　　　　　113—B454

　　上海，商務，民十一年．　四版．　2冊．「尚志學會叢書」

羅素思想自由；（英）B. Russell原著，朱枕薪譯．　110—R911

　　上海，民智，民十五年．　再版．　38面．「新中國叢書」

思想自由史；（英）伯利原著，宋桂煌譯．　　　110—B959

　　上海，民智，民十六年．　216面．

近世我之自覺史：一名新理想哲學及其背景；

　　（日）朝永三十郎原著，蔣方震譯．　　　　110—C222

　　上海，商務，民十三年．　再版．　153面．

人生觀之論戰；郭夢良編．　　　　　　　　　120—K425

　　上海，泰東，民十五年．　再版．

科學與人生觀；亞東圖書館編．　　　　　　　120—Y116

　　上海，亞東，民十六年．　五版．　2冊．

吳稚暉的人生觀；吳稚暉著．　　　　　　　　110—W281

　　上海，羣衆圖書公司，民十五年．　144面．

批評吳稚暉的一個新信仰的宇宙觀及人生觀；張亦鏡

　　著．　　　　　　　　　　　　　　　　　110—C158

　　廣州，美華浸會印書局，民十四年．　96面．

人生觀的科學；釋太虛著．　　　　　　　　　110—T139

　　上海，泰東，民十五年．　三版．　97面．

15

一個唯情論者的宇宙觀及人生觀；朱謙之著· 113—C821
　　上海，泰東，民十三年· 178面·

唯情哲學；袁家驊著· 120—Y416
　　上海，泰東，民十三年· 288面·

認識論淺說；范壽康著· 080—P225
145
　　上海，商務，民十六年· 61面· 「百科小叢書」

112　哲學方法論

哲學中之科學方法；(英)羅素原著，王星拱譯· 192·9—R911
　　上海，商務，民十一年· 再版· 343面·

130　心身鍛練法

心理療法；(日)井上圓了原著，盧薜譯・　　　　　610.8—T347
131

上海，醫學書局，民九年・　再版・　67面・　「丁氏醫學叢書」

靜坐三年；(日)本能武太原著，華文祺譯・　　　131—A147

上海，商務，民十四年・　七版・　244面・

心身鍛練法；(日)江間俊一翮野靈峯原著，雲鶴譯・　131—C495

上海，商務，民九年・　三版・　76面・

因是子靜坐法；蔣維喬著・　　　　　　　　　131—C524

上海，商務，民十三年・　二十版・　54面・

靜坐心理；雷通羣譯・　　　　　　　　　　　131—C550

上海，商務，民十一年・　再版・　93面・

長壽哲學；(日)鈴木美山原著，蔣維喬譯・　　　131—L346

上海，商務，民九年・　三版・　273面・

樂天却病法；劉仁航著・　　　　　　　　　　131—L364

上海，商務，民十一年・八版・　2冊・

心身強健秘訣；劉仁航著・　　　　　　　　　131—T277

上海，商務，民十四年・　六版・　170面・

身心調和法；(日)藤田靈齊原著，劉仁航譯・　　613—T278

上海，商務，民十三年・　六版・　69面・

精神衛生論；秦同培譯・　　　　　　　　　　131—T649

上海，商務，民九年・　三版・　152面・

精神與身體神經健全法；鄒德瑄譯・　　　　　131—T697

上海，商務，民六年・　33面・　「通俗敎育叢書」

強健身心法；董蘭伊著・　　　　　　　　　　131—T854

上海，商務，民十五年・　128面・　「衛生叢書之一」

岡田式靜坐法；吳德亮譯•　　　　　　　　　　131—W296
上海，商務，民十五年• 四版• 72面•

133　巫卜星

妖怪學講義總論；（日）井上圓了原著，蔡元培譯•　133—T664
上海，商務，民十一年• 八版• 198面•

穿透眞傳；張鳳藻著•　　　　　　　　　　　　133•3—C152
上海，文明，民十五年• 70面•

六壬尋原；張純照著•　　　　　　　　　　　　133•3—C152
上海，文明，民十四年• 3冊•

神峯通考；張楠著•　　　　　　　　　　　　　133•3—C161
上海，文明，民十五年• 2冊•

煙波鈞叟歌；（宋）趙普著•　　　　　　　　　133•3—C21
上海，文明，民十四年• 88面•

六壬指南；陳良謨著•　　　　　　　　　　　　133•3—C279
上海，文明，民十四年• 2冊•

河洛理數；陳摶著•　　　　　　　　　　　　　133•3—C288
上海，文明，民十五年• 4冊•

六壬鬼撮脚；誠意伯著•　　　　　　　　　　　133•3—C362
上海，文明，民十四年• 42面•

奇門遁甲統宗；（漢）諸葛亮著•　　　　　　　133•3—C811
上海，文明，民十四年• 4冊•

乾坤法竅；范宜賓著•　　　　　　　　　　　　133•3—F1432
上海，文明，民十五年• 2冊•
19

羅經解定；胡國楨著．　　　　　　　　133·2—H405
　　　上海，文明，民十五年．　2冊．

陽宅大全；壑居士著．　　　　　　　　133·3—I135
　　　上海，文明，民十五年．　3冊．

選擇正宗；顧鏞秀著．　　　　　　　　133·3—K246
　　　上海，文明，民十五年．　2冊．

奇門五總龜；郭子晟著．　　　　　　　133·3—K421
　　　上海，文明，民十四年．　240面．

滴天髓窮寶鑑；劉基著．　　　　　　　133·3—L356
　　　上海，文明，民十五年．　152面．

張星果宗；陸生著．　　　　　　　　　133·3—L434
　　　上海，文明，民十五年．　4冊．

星平會海；濱陽水中罷著．　　　　　　133·3—P382
　　　上海，文明，民十五年．　4冊．

梅花易數；邵雍著．　　　　　　　　　133·2—S171
　　　上海，文明，民十四年．　2冊．

五行大義；蕭吉著，　　　　　　　　　133·3—S386
　　　上海，文明，民十五年．　112面．

淵海子平，子平眞銓；徐升著．　　　　133·3—S181
　　　上海，文明，民十五年．　2冊．

地理知本金鎖秘；鄧毅著．　　　　　　133·3—T261
　　　上海，文明，民十五年．　2冊．

地理錄要；蔣平階著．　　　　　　　　133·3—T570
　　　上海，文明，民十五年．　2冊．

董公選要覽；董潛著．　　　　　　　　133·3—T857
　　　上海，文明，民十五年．　62面．
　　　　　　　　　　　20

靈棋經；東方朔著·　　　　　　　　　133·3—T860
　　　上海，文明，民十四年·　102面·

三命通會；萬民英著·　　　　　　　　133·3—W125
　　　上海，文明，民十五年·　4冊·

太清神鑑；王朴著·　　　　　　　　　133·3—W153
　　　上海，文明，民十五年·　106面·

羅經透解；王道亨著·　　　　　　　　133·3—W158
　　　上海，文明，民十五年·　2冊·

陰陽二宅全書；姚廷鑾輯·　　　　　　133·3—YI67
　　　上海，文明，民十五年·　4冊·

增删卜易；野鶴老人著·　　　　　　　133·3—Y19
　　　上海，文明，民十四年·　3冊

牙牌神數；岳慶著·　　　　　　　　　133·3—Y310
　　　上海，文明，民十四年·　54面·

神骨冰鑑；白鶴山人著·　　　　　　　133·6—P226
　　　上海，文明，民十四年·　52面·

地理末學；紀大奎著·　　　　　　　　133·8—C379
　　　上海，文明，民十五年·　2冊·

郭璞葬經水龍經；郭璞著·　　　　　　133·8—K426
　　　上海，文明，民十五年·　230面·

平沙玉尺經；劉秉忠著·　　　　　　　133·8—L372
　　　上海，文明，民十五年·　166面·

陽宅紫府寶鑑；劉文瀾著·　　　　　　133·8—L377
　　　上海，文明，民十五年·　100面·

地理正宗；蔣平階著·　　　　　　　　133·8—T570
　　　上海，文明，民十五年·　2冊·

134　催眠術

催眠術與心靈現象；東方雜誌社編，　　　　080—T860
53

上海，商務，民十四年．　三版．　87面．「東方文庫」

近世催眠術；（日）熊代彦太郎原著，華文祺，丁福保合譯　610·8—T347
134

上海，醫學書局，民八年··三版．　110面．「丁氏醫學叢書」

實用催眠術；龐靖編．　　　　134—P177

上海，中華，民十二年．再版．　84面．

千里眼研究法；飽方洲著．　　　　134—P185c6

上海，商務，民十二年．　73面．

催眠新法；飽方洲著．　　　　134—P185cm

上海，中華，民十一年．　六版．　82面．

135　夢的研究

笑與夢；東方雜誌社編．　　　　080—T860
52

上海，商務，民十四年　三版．　80面．「東方文庫」

夢；舒新城編．　　　　135—S313

上海，中華，民十六年．　114面．「常識叢書」

136·7　兒童學

兒童性向的測驗報告；教育雜誌社編．　　370·8—C544
62

上海，商務，民十四年．　92面．「教育叢書」

兒童研究；朱元善編．　　　370·8—C544
2·4

上海，商務，民十一年．　再版．　108面·「教育叢書第二集第四編」

兒童心理之研究；陳鶴琴著· 　　　　　　　1 36·7—C275
　　　上海，商務，民十四年· 　2冊· 「師範叢書」

兒童心理學；(德)R Gaupp原著，陳大齊譯· 　　136·7—G236
　　　上海，商務，民十五年· 　214面· 「學藝叢書」

兒童學；(日)關寛之原著，朱孟邁，邵人模合譯· 　136·7—K296
　　　上海，商務，民十一年· 　355面·

兒童學概論；(日)關寛一原著，程王雪鼙譯· 136·7—K296
　　　上海，公民書局，民十一年· 　129面· 「公民叢書」

兒童學概論；淩冰著· 　　　　　　　　　136·7—L341
　　　上海，商務，民十一年· 　三版· 156面·

兒童論；(美)密魯原著，余家菊譯· 　　　　136·7—M615
　　　上海，商務，民十一年· 　三版· 78面·

兒童心理學綱要；艾華著· 　　　　　　　136·7—N137
　　　上海，商務 民十二年· 94面·

兒童的新觀念；會晟誤譯· 　　　　　　　136·7—T521
　　　上海，商務，民十六年· 324面· 「師範叢書」

青春期的心理學；斐立特屈雷西原著，湯子庸譯· 136·7—T674
　　　上海，商務，民十五年· 　再版· 259面· 「新智識叢書」

幼稚之意義；(美)John Fiske原著，王克仁譯· 136·72—F547
　　　上海，中華，民十一年 26面·

138　相術

相理衡眞；陳澹埜著· 　　　　　　　　　138—C288
　　　上海，文明，民十四年· 　4冊·

神相全編；陳摶著·　　　　　　　　　　　138—C288
　　　上海，文明，民十四年·　6冊·

神相水鏡集；范文元著·　　　　　　　　　138—F134
　　　上海，文明，民十四年·　　2冊·

柳莊相法；袁柳莊著·　　　　　　　　　　138—L380
　　　上海，文明，民十四年·　2冊·

麻衣相法；　　　　　　　　　　　　　　　138—M125
　　　上海，文明，民十四年·　2冊·

演禽三世相法；袁天綱選·　　　　　　　　138—Y422
　　　上海，文明，民十四年·　2冊·

神相鐵關刀；破衲雲谷山人著·　　　　　　138—P465
　　　上海，文明·民十四年·　112面·

140 哲學派別

赫克爾一元哲學；馬君武譯·　　　　　　　　147—Ⅱ118
　　上海，中華，民十年·　四版·　2冊·「新文化叢書」．

無元哲學；朱謙之著·　　　　　　　　149—C821
　　上海，泰東，民十一年·　161面·

現實主義哲學研究；(日)金子筑水原著，蔣徑三譯·149.2—C661
　　上海，商務，民十七年·　98面·

實用主義；(美)乾姆斯著；孟憲承譯·　　149.9—J237
　　上海，商務，民十三年·　203面·「尚志學會叢書」

實驗主義；(英)裏越原著；方東美譯·　　149.9—W962
　　上海，中華，民十一年·　三版·　100面·「哲學叢書」

150　心理學

心理學表解；上海科學書局編．　　　　　　　　080—S155
150

上海，科學書局，清光緒三十二年．　3?面．「表解叢書」

心理學大綱；陳大齊著．　　　　　　　　　　150—C288

上海，商務，民十三年．　九版．　216面．「北京大學叢書」

迷信與心理；陳大齊著．　　　　　　　　　　150—C288

北京大學出版部，民十一年．　19面．　「新潮叢書」

心理學槪論；（丹）海甫定原著，（英）龍特士原譯，王國維譯．
150—H675

上海，商務，民十五年．八版．　484面．　「哲學叢書」

心理學；陸志韋編．　　　　　　　　　　　　150—L425

上海，商務，民十四年．　258面，

心理學初步；舒新城編．　　　　　　　　　　150—S313

上海，中華，民十二年．　205面．　「青年叢書」

心理學大意；舒新城編．　　　　　　　　　　150—S313

上海，中華，民十五年．　106面．　　「常識叢書」

心理學導言；吳頌皋譯．　　　　　　　　　　150—W961

上海，商務，民十二年．　123面．　「通俗叢書」

心理學之哲學的研究；敎育雜誌社編．　　　370•8—C544
80

上海，商務，民十四年．　78面．　「敎育叢書」

心理學；杜定友，王引民合編．　　　　　　　150—T768

上海，中華，民十四年．　再版．　154面．

心理學原理；吳康著．　　　　　　　　　　　150—W287

上海，商務，民十一年．　再版．　154面．

心理學各方面之研究；敎育雜誌社編．　　　370•8—C544
81

上海，商務，民十四年· 82面· 「教育叢書」

心理學論叢；東方雜誌社編· 　　　　　　　　080—T860 36

上海，商務，民十三年· 84面· 「東方文庫」

郭任遠心理學論叢；郭任遠，吳頌臯等合譯· 　　150—K423

上海，開明，民十七年· 286面· 「黎明學社叢書」

實用心理學要義；鄭康明編· 　　　　　　　　150—C351

上海，亞東，民十三年· 64面·

教育心理學大意；廖世承譯· 　　　　　　　　150—C725

上海，中華，民十四年· 九版· 254面· 「教育叢書」

藝術鑑賞的心理；管容德譯· 　　　　　　　　150—F882

上海，梁溪圖書館，民十五年· 93面·

心理學論文集；高覺敷著· 　　　　　　　　　150—K166

上海，商務，民十五年· 482面· 「民譯叢書第二種」

人類的行爲；郭任遠著· 　　　　　　　　　　150—K423

上海，商務，民十二年· 292面·

現代心理學之趨勢；舒新城譯· 　　　　　　　150—M784

上海，中華，民十四年· 再版· 266面· 「新文化叢書」

商業心理學；（日）大野辰見原著，高書田譯· 150—T.34

上海，商務，民十三年· 278面· 「現代教育名著」

心的初現；李小峯譯· 　　　　　　　　　　　150—T38

北京，北新書局· 278面·

現代心理；陶孟和編· 　　　　　　　　　　　150—T248

北京，太人出版部，民十二年· 再版· 194面· 「新潮叢書」

心理學講義；（日）長尾植太郎原著，蔣維喬譯· 150—I568

上海，商務，民元年· 104面·

行爲主義心理學；臧玉瑿譯· 　　　　　　　　150—W334

上海，商務，民十五年· 再版· 395面· 「心理學叢書」

動的心理學；（美）烏特窪原著，潘梓年譯· 　　150—W879

上海，商務，民十三年· 295面· 「尚志學會叢書」

吳偉士心理學；謝循初譯· 　　150—W879m

上海，中華，民十三年· 「少年中國學會叢書」

女子心理學；楊鄂聯，朱賜鈞合編· 　　150—Y134

上海，商務，民十三年· 五版· 179面·

感覺之分析；馬黑原著，張庭英譯· 　　152—M118

上海，商務，民十三年· 286面· 「哲學叢書」

思維術；（美）杜威原著，劉伯明譯· 　　153—D545

上海，中華，民十一年· 五版· 229面· 「新文化叢書」

實用記憶法；郭侏著· 　　154—K427

上海，大東，民十三年· 三版· 40面·

笑之研究；（法）H Bergson原著，張聞天譯· 　　157—B454

上海，商務，民十二年· 201面· 「尚志學會叢書」

戀愛心理研究；斯丹大爾原著，任伯濤譯· 　　157—S589

上海，亞東，民十五年· 再版· 24面·

戀態心理學概論；敎育雜誌社編· 　　370·8—C544 82

上海，商務，民十四年· 78面· 「敎育叢書」

犯罪心理學；（日）寺田精一原著，張廷健譯· 　　08 —P225 124

上海，商務，民十六年· 126面· 「百科小叢書」

瘋狂心理；（英）哈羅原著，李小峯，潘梓年合譯· 　　158—H105

上海，北新，民十六年· 再版· 200面· 「北新叢書之一」

本能論；趙演著· 　　158—C220

民十六年· 「民鐸叢書第三種」

柯爾文氏本能及習慣說；樊炳清著· 　　370·8—C544 1·7

28

上海，商務，民十一年．　三版．　71面．　「教育叢書第一集」

意志修養法；鄒德謹，蔣正陸合著．　　　　　　　159—T697

上海，商務，民十二年．　五版．　66面．　「通俗教育叢書」

160·邏輯

080—T860
37

名學稽古；東方雜誌社編·
　　　　上海，商務，民十四年·　三版·　85面·　「東方文庫」

邏輯概論；枯雷頓原著，劉奇譯·
　　　　上海，商務，民十五年·　555面·　「哲學叢書」
160—C862

名學淺說；（英）耶方斯原著，嚴復譯·
　　　　上海，商務，民十四年·　一三版·　141面·
160—J351

穆勒名學；（英）穆勒納翰原著，嚴復譯·
　　　　上海，商務，民十二年·　3冊·
160—W61

名學綱要；屠孝實著·
　　　　上海，商務，民十四年·　再版·　240面·　「學藝叢書」
160—T793

論理學；王國昌，洪鑾合著·
　　　　上海，中華·民十五年·　七版·　107面·
160—w136

論理學；王振璣編·
　　　　上海，商務，民十四年·　108面·
160—W136

科學方法論；王星拱著·
　　　　北京，北京大學出版部，民九年·　324面·　「新潮叢書第一種」
160—w156

邏輯與數學邏輯論；汪奠基著·
　　　　上海，商務，民十六年·　268面·　「科學叢書」
160—w175

意見及信仰；（法）黎明原著，馮承鈞譯·
　　　　上海，商務，民十一年·　395面·　「尚志學會叢書」
163—1492

170 倫理學

哲學與倫理；敎育雜誌社編．　　　　　　　　　　370·8—C544
　　　　　　　　　　　　　　　　　　　　　　　　　79
　　上海，商務，民十四年．　113面．　「敎育叢書」

倫理學表解；上海科學書局編譯所編．　　　　　　080—S155
　　　　　　　　　　　　　　　　　　　　　　　　　170
　　上海，科學，清光緒三十三年．　51面．

倫理學淺說；余家菊著．　　　　　　　　　　　　080—P225
　　　　　　　　　　　　　　　　　　　　　　　　　133
　　上海，商務，民十六年．　40面．　「百科小叢書」

倫理學；（日）法貴慶永郎講義，胡庸諾等合編．　170—H419
　　湖北官書處，清光緒三十一年．　164面．　「敎科叢編」

倫理學導言；（美）薛雷原著，朱進譯．　　　　170—S412
　　上海，商務，民十一年．　三版．　232面．

倫理學；孫貴定編．　　　　　　　　　　　　　170—S518
　　上海，商務，民十二年．　64面．

道德的將來；（英）C.E.M.Joad原著，張東民譯．080—J57
　　　　　　　　　　　　　　　　　　　　　　　　　170
　　上海，北新書局．　90面．　「明日叢書」

170.9 倫理學史

西洋倫理學史；楊昌濟譯．　　　　　　　　　　170·9—C395
　　北京，北京大學，民九年．　再版．　271面．

西洋倫理學小史；賈丰臻著．　　　　　　　　　170·9—C476
　　上海，商務，民十四年．　116面．　「新智識叢書」

西洋倫理學史；（日）三浦藤原著，謝晉青譯．　170·9—S121
　　上海，商務，民十四年．　411面．　「哲學叢書」

中國倫理學史；（日）三浦藤原著，張宗元等合譯．170·9—S121

上海，商務，民十五年，　489面·　]哲學叢書]

中國倫理學史；蔡元培著·　　　　　　　170·9—T417

上海，商務，民十三年·　九版·　200面·

171　倫理學原理

倫理學原理；蔡元培譯·　　　　　　170—P285

上海，商務，民十三年·　七版·　218面·

西洋倫理主義述評；東方雜誌社編·　　080—T860 S5

上海·商務，民十三年·　再版·　84面·　「東方文庫」

近世倫理學說；朱元善著·　　　　　370·8—C544 1·3

上海，商務，民十一年·　三版·　82面·　「教育叢書第一集第三篇」

現代思想與倫理問題；（德）倭鏗原著·鄭次川譯·　171—w226

上海，公民書局，民十年·　84面·　「公民叢書」

中國先哲人性論；江恆源著·　　　　171—C501

上海，商務，民十五年·　253面·　「哲學叢書」

人生哲學；李石岑著·　　　　　　　170—LI96

上海，商務，民十六年·　再版·　上卷·

人生哲學；舒新城編·　　　　　　　171—S313

上海，中華，民十五年·　七版·

人生哲學；張墨池著·　　　　　　　170—C164

上海，愛智學社，民十六年·　三版·　107面·

人生哲學與唯物史觀；徐六幾，郭夢良等合譯·　170—K168

上海，商務，民十一年·　172面·

倫理與唯物史觀；（德）考次原著，董亦湘譯．　　171—K168

　　教育研究社，民十六年．　190面．

自然道德；（法）戴森柏原著，王岫盧譯．　　171—D459

　　上海，公民書局，民十年．　120面．「公民叢書」

德育問題；王克仁，邵爽秋合譯．　　170—P182

　　上海，中華，民十一年．　三版．　62面．『教育小叢書』

德育鑑；梁起超著．　　170—L251

　　上海，商務．　170面．「飲冰室叢著第二種」

人生之意義與價值；（德）倭鏗原著，余家菊譯．　　171—EU22

　　上海，中華，民十五年．　六版．　156面．

德育原理；（美）杜威原著，元尚仁譯．　　170—D515

　　上海，中華，民十年．　再版．　60面．「教育小叢書」

新道德論；（日）浮田和民原著，周宏業，羅普合譯．　　170—F231

　　上海，商務，民十四年．　七版．　87面．「尚志學會叢書」

實驗主義倫理學；周谷城編．　　170—C778

　　上海，商務，民十三年．　再版．　136面．

品性論；秦同培著．　　170—T648

　　上海，中華，民九年．　三版．　296面．

勤儉論；中華書局編譯所編．　　171—SM44

　　上海，中華，民七年．　六版．　110面．

職分論；（英）斯邁爾原著，蔣方震譯．　　170—SM43

　　上海，商務，民十六年．　232面．

職分論；葉農生著．　　170—Y186

　　上海，中華，民九年．　三版．　182面．

處世哲學；東方雜誌社編．　　080—T860—42

上海，商務，民十四年·　三版·　62面·　「東方文庫」

人鏡；于傳林著·　　　　　　　　　　　170—Y360

上海，中華，民十二年·　四版·

一種人生觀；馮友蘭著·　　　　　　　080—P225
　　　　　　　　　　　　　　　　　　　　　　　72

上海，商務，民十年·　48面·　「百科小叢書第七二種」

青年之人生觀；蔣維喬著·　　　　　　　171—T568

上海，商務，民十三年·　三版·　37面·

172· 國家倫理

廉潔問題；劉湛恩著·　　　　　　　　　172—L356

上海，青年協會書局，民十六年·　76面·　「公民教育叢刊第二十二種」

法國公民教育；華南圭譯·　　　　　　　172·1—B461

上海，商務，民二年·　513頁·

歐美列強國民性之訓練；陳壽凡著·　　　172·I—C287

上海，商務，民十二年·　266面·

公民學課程大綱；周之淦等合譯·　　　　172·1—C771

上海，商務，民十二年·　再版·　108面·　「中華教育改進社叢書」

公民學教科書；周頤生著·　　　　　　　172·1—C778

上海，商務，民十二年·　2冊·

公民常識；黃祖度著·　　　　　　　　　172·1—H486

長沙，中華，民十一年·　再版·

公民道德；高陽，陶彙曾合著·　　　　　172·I—K179

34

上海，商務，民十四年。 再版。 第一冊。

胆汁錄；李警衆著。 172·1—L182

　　上海，泰東，民九年。 74面。

新民說；梁起超著。 172·1—L251

　　上海，商務。 2冊。 「飲冰室叢書第一種」

國民之修養；陸費達著。 172·1—L426

　　中海，中華，民十一年。 再版 40面。

公民鑑；（美）馬維克，斯密司原著，蘇錫元譯。 172·1—M118

　　上海，商務，民五年。 再版。 272面。

國民立身訓；謝无量編。 171—S425

　　上海，中華，民六年。 222面。

自助論；商務印書館編譯所編。 172.1—SM43

　　上海，商務，民二年。 三版。

公民敎育論；朱元善編。 872·1—C544 3·9

　　上海，商務，民六年。 54面。 「敎育叢書第三集第九篇」

公民敎育；（美）D.snedden原著，陶履恭譯。 172·1—SN22

　　上海，商務，民十二年。 347面。 「現代敎育名著」

公民學；戴厚培著。 172·1—T23

　　上海，中華，民十年。 178面。

公民模範；翁長鑣著。 172·j—W271

　　上海，中華。 266面。

172·4　戰時倫理

戰爭哲學；東方雜誌社編。 080—T860 42

上海，商務，民十三年・　　再版・　77面・`「東方文庫」

將來之大戰；杭立武著・　　　　　　　　　172・4—Ir9

上海，商務，民十二年・　再版・　157面・　「新智識叢書之十九」

戰爭與進化；過耀根著・　　　　　　　　　172・4—K433

上海，商務，民十四年・　四版・　75面＇　「新智識叢書」

戰爭的原因結果及其防止法；青年協會書報部譯・

172・4—P1.2

上海，青年協會書局，民十四年・　118面・　｜非戰小叢刊」

戰時之正義；（英）羅素原著，太朴譯・・　172・4—R91!

上海，商務，民十二年・　再版・　150面・　「共學社羅素叢書」

173　　家庭倫理

私生子問題；曹雪松著・　　　　　　　　　173—T482

上海，羣衆圖書公司，民十七年・　54面・

母道；歐陽溥存譯・　　　　　　　　　　　173・5—L126

上海，中華，民十年，　八版・　118面・「女學叢書之一」

中國婦女美談；盧壽籛著・　　　　　　　　173・5—N406

上海，中華，民十年・　三版・　300面・　「女學叢書」

174　　職業倫理

商業道德；盛在珣著・　　　　　　　　　　174—C322

上海，商務，民五年，　三版・　88面・

少年弦章；范禕著・　　　　　　　　　　　174—F134s

　　　　上海，青年協會書局，民十三年·　四版·　212面·

他山石語；范韓著·　　　　　　　　　　　　　174—F134b

　　　　上海，青年協會書報部，民十年·　88面·　「麗澤叢著之一」

工業主義之倫理；（美）華德演講，簡又文譯·　　174—H442

　　　　上海，北新書局·　128面·

177　　社會倫理

交際術；鄒德鑒著·　　　　　　　　　　　　　177—T697

　　　　上海，商務，民九年·　六版·　58面·

177·6　　戀愛論

新性道德討論集；章錫琛輯·　　　　　　　　　176—C190

　　　　上海，開明，民十五年·再版·　217面·　「婦女問題叢書」

近代戀愛觀；（日）厨川白村原著，夏丏尊譯·　177·6—C863

　　　　上海，開明，民十七年·　207面·

戀愛論；（日）厨川白村原著，任白濤譯·　　　177·6—C863

　　　　上海，學術研究會總會，民十三年·　三版·　82面·　「學術研究
　　　　會叢書」

革命與戀愛；洪瑞釗著·　　　　　　　　　　　177·6—H522

　　　　上海，民智，民十七年·　90面·

近代戀愛名論；任白濤輯·　　　　　　　　　　177·6—J127

　　　　上海，亞東，民十六年·　268面·

三角戀愛解決法；曹雪松輯　　　　　　　　　177·6—T474
　　　上海，羣衆，民十七年·　54面·

178　其餘倫理問題

青年修養錄；趙延鐸輯·　　　　　　　　　178—C201
　　　上海，商務，民十四年·　　十一版·

青年之友；江蘇第一師範學校編·　　　　　178—C514
　　　上海，天一書局，民十二年·　186面·　「江蘇第一師範叢書」

生活系統；周谷城著·　　　　　　　　　178—C778
　　　　上海，商務，民十三年·184面·「新智識叢書」

淑世新語；胡貽穀著·　　　　　　　　　178—H406
　　　　上海，青年協會書報部，民七年·　三版·　34面·

克已論；葉農生譯·　　　　　　　　　178—Y186
　　　　上海，中華，民八年·　四版·　90面·

生活藝術化之是非；徐蔚南著·　　　　170·7—S483
　　　　　上海，世界書局，民十七年·　再版·　59面·

畜德錄；席啓圖輯·　　　　　　　　　170—S368
　　　　上海，掃葉山房·　一函六冊·

人格修養法，獨立自尊；鄒德謹，蔣正陛合著·　170—T697
　　　上海，商務，民十二年·　七版·　58面·　「通俗教育叢書」

181·1　中國哲學

東方文化；唐大圓輯·　　　　　　　　181·1—T213
　　　上海，泰東，民十五年·　124面·

中國哲學史；趙蘭坪輯．   181·1—C209

    上海暨南學校出版部，民十四年．   3冊．

中國哲學史；謝无景著．   181·1—S425

    上海，中華，民十七年．   再版．   458面．

中國哲學史大綱；胡適著．   181·1—H414

    上海，商務，民十一年．   八版．   「北京大學叢書」

中國古代學術思想變遷史；梁起超著．   181·1— 251

    上海，羣衆，民十五年．   再版．

清代學術概論；梁起超著．   181·18—L251

    上海，商務，民十一年．   三版．   183面．   「共學社史學叢書」

周易哲學；朱謙之著．   181·1—C821

    上海，學術研究會，民十五年．   三版．   「學術研究會叢書」

古學卮言；朱謙之著．   181·1—C821

    上海，泰東，民十三年．   三版．   282面．

理學常識；徐敬修輯．   181·1—S476

    上海，大東， 民十四年．   再版．   118面．

子學常識；徐敬修輯．   181·1—S476

    上海，大東，民十四年．   再版．   158面．

孔子與釋迦；蔣維喬著．   181·1—T573

    上海，商務，民十四年．   再版．   33面．

儒道兩家關係論；（日）津田左右吉原著，李繼煌譯．

                           181·1—T644

    上海，商務，民十五年．   95面．   「國學小叢書」

儒教與現代思潮；鄭子雅著．   181·101—C351

    上海，商務， 民十五年．   再版．   「國學小叢書」

孟子研究；王治心著·　　　　　　　　181·102—W136
上海，羣學社，民十七年·　225面·

老子集訓；陳柱輯·　　　　　　　　181·1031—C270
上海，商務，民十七年·　132面·

老子哲學的研究和批評；程辟金著·　181·102—C244
上海，民智，　民十五年·

莊子；莊周著·　　　　　　　　　　181·1034—C916
上海，商務，民十五年·　108面·　「學生國學叢書」

墨子十論；陳柱著·　　　　　　　　181·104—C270
上海，商務，民十七年·　238面·

楊墨哲學；蔣竹莊著·　　　　　　　181·104—T561
上海，商務，民十七年·　202面·

墨子學案；梁起超著·　　　　　　　181·1041—L251
上海，商務，民十五年·　四版·　175面·　「共學社哲人傳記叢書」

墨經校釋；梁起超著·　　　　　　　181·1041—L251
上海，商務，民十三年·　三版·　163面·

墨學微；梁起超著·　　　　　　　　181·1041—L251
上海，商務·　164面·「飲冰室叢著第三種」

韓非予法意；夏忠道著·　　　　　　181·1066—H256
上海，靜協會書局，民十六年·　122面·

標點註解管子通釋；管仲著·　　　　181·1061—K31₁
上海，泰東，民十三年·　534面·

王充哲學；王充著·　　　　　　　　181·12—W137
上海，中華，民十七年·　再版·　230面·　「學生叢書之一」

傳習錄；王守仁著·　　　　　　　　181·171—W155
上海，商務，民十六年·　178面·「學生國學叢書」

陽明學派；謝无量著．　　　　　　　　　181·172—S425
　　　上海，商務，民七年．．再版．　196面．「學生叢書之一」

謙之文存；朱謙之著．　　　　　　　　　181·19—C821C
　　　上海，泰東，民十五年．　二冊合訂．

自由史觀；太虛法師著．　　　　　　　　181·19—T139
　　　上海，羣衆圖書公司，民十七年．　98面．

李石岑論文集；李石岑著．　　　　　　　181·1—196
　　　上海，商務，民十三年．　226面．

181·4　印度哲學

印度哲學槪論；梁漱溟著．　　　　　　　181·4—263
　　　上海，商務，民十一年．　三版．　313面．「北京大學叢書之五」

塔果爾及其森林哲學；瑪飛譯．　　　　　181·4—T129
　　　上海，商務，民十一年．'223面．「時代叢書」

人生之實現；（印）大戈爾著．　　　　　:181·4—T129
　　　上海，泰東，　162面．

182　西臘哲學

希臘哲學史；何子恆著．　　　　　　　　182—H199
　　　上海，光華，民十五年．　2.6面．

柏拉圖之理想國；吳獻書著·　　　　　　184·1—P697
　　上海，商務，民九年·　再版·　2冊·　「尚志學會叢書」

亞理斯多德；（英）鐵磊耳原著，劉衡如譯·　　185·1—T212
　　上海，中華，民十一年·　三版·　182面·　「哲學叢書」

193　德國哲學

倭伊鑑哲；（德）Meyrick Booth原著，瞿世英譯·　193·9—B644
　　上海，商務，民十四年·　159面·　尚志學會叢書」

杜里舒及其學說；費鴻年著·　　　　　193·9—F186
　　上海，商務，民十三年·　140面·　·「學藝書刊」

杜里舒講演錄；講學社編·　　　　　193·9—D831
　　　上海，商務，民十二年·

實生論大旨；（德）杜里舒原著，江紹原譯·　193·9—D831
　　上海，亞東，民十二年·　　234面·

194·　法國哲學

法蘭西學術史略；（法）柏爾格森原著，李璜譯·　194—B454
　　上海，亞東，民十年·、　118面·

柏格森；（法）柏格森著，湯澈，葉芬可譯·　194·9—B454
　　上海，泰東，民十一年·　102面·

柏格森之哲學；劉廷陵譯．　　　　　　　　　　194·9—B454P
　　上海，商務，民十二年．　11○面．　「新智識叢書」

物質與記憶；（法）柏格森原著，張東蓀譯．　　　194·9—B454W
　　上海，商務，民十三年．　再版．　「尚志學會叢書」

心力；（法）柏格森原著，胡國鈺譯．　　　　　　194·9—B454S
　　上海，商務，民十三年．　222面．

197·9　俄國哲學

托爾斯泰學說；愛爾伯原著，謝晉青譯．　　　　197·9—T588
　　上海，新文化書社，民十四年．三版．　80面．

200 宗教

46

200 宗教

宗教問題；(日 安島健原著，吉沼澤譯・   200—A141
上海，務，民十四年・ 109面・「百科問題小叢書」

諸教參考；(美 赫士譯，于漢清筆記・   200—K294
上海，廣學會，民十五年・ 六版・ 88面・

宗教基礎；S.A.Cobb原著，陳楚譯・   201—C773
上海，商務，民十四年・ 96面・「新智識叢書」

新宗教觀；簡又文著・   201—M422
上海，青年協會書局，民十二年・ 再版・ 180面 「宗教研究叢書」

神的哲學；袁定安著・   201—Y422
上海，厲學會，民十三年・ 180面・

四教考略；格然特著・   204—G767
上海，廣學會，民十五年・

宗教教學法大網；彭長琳著・   207—P271
上海，廣學會，民十四年・ 160面・

迷信與科學；東方雜誌社編・   080—T860—51
上海，商務，民十四年・・ 三版・ 70面・ 「東方文庫」

210-280　基督教

基督教與進化；(美)，富司迪原著，王義浩譯．　　　　215—F786
上海，美以美會全區查報部，民十二年．　　128面．

科學與基督教信仰；胡貽穀著．　　　　215—H419
上海，青年協會書局，民十四年．　再版．　52面．　「基督教叢書」

科學的基督化思想；(美)張好美原著，謝頌羔，米星如合譯．
215—J643
上海，中國主日學合會，民十四年．　101面．

舊新約間之宗教；查理原著，，(美)都孟高，黃葉秋合譯．
220—C38
北京，聖公書局室，民十五年．　　110面．

舊約歷史；陳金，勵德厚合著．　　　　220-9—W632
上海，廣學會，民十五年．　四版．　194面．

太初；潘志蓉．　　　　222-1—M259
上海，廣學會，民二年．　168面．

以色列諸先知；力戈登原著，莊霜楳譯．　　　224—P544
上海，廣學會，民十三年．　160面．

舊約聖經婦女；狄珍珠原編，張仲溫譯．　　　225—M414c
上海，廣學會，民十三年．　152面．

新約婦女；狄珍珠原編，張仲溫譯．　　　225—M414s
上海，廣學會，民十三年．　107面．

訓十二使徒眞詮；(英)司密氏原著，(英)季理斐譯．　226—B83
上海，廣學會，民十三年．　230面．

使徒保羅言行錄；(英)司密氏原著，，(英)季理斐譯．　226—Sm54

上海，廣學會，民十三年· 224面·

國外佈道英雄集李提摩太傳；（英）蘇爾特原著，梅益盛譯·

上海，廣學會，民十三年·100面· ´226—S064

耶穌比喻講義；太樂爾原著，門愛蘭譯· 226·8—T219

上海，廣學會，民十三年· 再版· 86面·

闢基督抹殺論；（英）殷雅各原著，孟紹經譯· 230—Iu4

上海，廣學會，民十四年· 86面·

現代教基督思想與中國文化；胡貽穀著· 230—H419

上海，青年協會書局，民十四年· 72面·

基督抹殺論；（日）幸德秋水原著，經弗正譯· 230—H440

上海，東亞，民十三年· 114面·

近代基督教思潮；李志實著· 230—LI99

上海，廣學會， 77面·

基督教與新中國；羅運炎著· 230—L39₀

上海，美以美會全國書報部，民十二年· 二版· 10（面

安慰人的妙訣；米路爾原著，（英）季理斐譯· 2?C—M615

上海，廣學會，民十二年· 再版· C9面·

基督與現代問題；如雅德著· 230—R843

上海，青年協會書局， 民十四年· 62面·

評基督抹殺論；洗個莊等合著· 230—S211

上海，青年協會書局，民十六年· 148面·

歷史上之基督；（英）顧樂偉原著，（英）冀安仁譯· 232—G518

上海，廣學會，民十二年· 四版· 165面·

耶穌基督；（英）馬克策原著，（英）季理斐譯· 232—M199

上海，廣學會，民十三年· 再版· 119面·

49

基督與戰鬥；（英）韋珥生原著，（英）梅益盛譯・　　232—w699
　　　上海，廣學會，民五年，　92面・

新時代的信仰；謝扶雅著・　　　　　　　　　　234・2—S417
　　　上海，青年協年書局，民十四年・　30面・

實用講道學；（美）萬應遠編，徐捄百譯・　　　251—B84
　　　廣州，東山，美華浸會印書局，民十四年・　200面・

近代宣道學大網；（美）霍德原著，謝頌羔，米星如合譯・
　　　上海，美以美會書報部，民十三年・　116面・　　251—S423

傳道經驗譚；楊道榮著・　　　　　　　　　：251—Y139
　　　漢口，信義書局，民十四年・　84面・

267・3　基督敎靑年會

學校靑年會會務之研究；陳鐘聲著・　　　　267・3—C270
　　　上海，靑年協會書報部，民十年・　1C面・

靑年會事業之設計訓練法；克樂僧原著・　　267・3—C548
　　　上海，靑年協會書局，民十五年・　116面・

靑年會敎育事業概要；劉湛恩著・　　　　　267・3—L356
　　　上海，靑年協會書局，民十三年・　5C面・

靑年會與敎會之關係；謝洪賚著・　　　　　267・3—S418
　　　上海，靑年會書報發行所，民五年・　C2面・

青年會創立者；謝洪賁著；　　　　　　　　　　267·3—S418
　　　上海，青年會書報發行所，民三年·　　12面·

青年與中國前途；青年協會書報部編·　　　　267,3—T665
　　上海，青年協會書局，民十五年·　130面·

270 教會史

教會歷史；(美) 赫士原著　　　　　　270—H329
　　上海，廣學會，民十五年·　　六版·　　2册·

280 反基督教問題

最近反基督教運動的紀評；張亦鏡著。　　　　280—C158
　　　　廣州，美華浸會印書局，民十四年。　11²面。

教會覺悟與非基督教運動。　　　　　　　280—H419
　　　　上海，青年協會，民十四年。　66面。

290 比較宗教學

比較宗教學；F, B, Teb)ı s原著，嚴既澄譯． 290—T348
上海，商務，民十四年． 14乙面． 「新智識叢書」

神話研究；黃石著． 291—H485
上海，開明，民十六年． 233面．

294 佛教

學佛淺說；王博謙輯． 294—W154
民十三年． 42面．

中國佛教小史；陳彬龢著． 294—C285
上海，世界，民十六年． 65面．

究元決疑論；東方雜誌社編． 080—T86—045
上海，商務，民十四年． 三版． 73面． 「東方文庫」

大乘起信論考證；梁起超著． 294—L251
上海，商務，民十三年． 108面．

廬山學；太虛著． 294—T139
上海，泰東，民十五年． 379面．

大乘與人間兩般文化；太虛著． 294—T139
上海，泰東，民十四年． 54面．

心花；蔡愼鳴著． 294—T414
迴盤學社，民十二年． 138面． 「佛學叢書」

基督教之佛學研究；王治心著． 294—W136
上海，廣學會，民十三年． 118面．

其餘各教

開封一賜樂業敎考；東方雜誌社編．　　　　　(8C—T860—72

　　上海，商務，民十四年．　三版　69面．「東方文庫」

元也里可溫考；東方雜誌社編．　　　　　　080—T860—73

　　上海，商務，民十四年．　三版．　79面．（東方文庫）

道敎源流；傅代言譯．　　　　　　　　　299•5—S410

　　上海，中華，民十六年，　130面．（常識叢書）

駝

300 社會科學

301 社會學

社會學表解；上海科學書局編·　　　　　　080—S155—302
　　上海，科學書局，民三年·　101面·　「表解叢書」

美的社會組織法；張競生著·　　　　　　300—C153
　　北京，北新，民十五年·　240面·　「審美叢書之一」

社會學概論；(美)E·S·Bogardus原著，瞿世英譯·　　300—B633
　　上海，商務，民十四年·　175面·

社會學大綱；朱聚仁，曹源文著·　　　　　300—C821
　　上海，民智，民十五年·　三版·　190面·

社會學方法論；(法)E.Durheim原著，許德珩譯·　　300—D935
　　上海，商務，民十四年·　191面·

現代社會學；李達著·　　　　　　　　　300—L198
　　上海，現代，民十五年·　304面·

社會學問答；(日)納武津原著，甘浩澤譯·　　　300—N450
　　上海，商務，民十四年·　120面·　「百科問答小叢書」

社會學；歐陽鈞輯·　　　　　　　　　　300—O131
　　上海，商務，民十一年·　八版·　146面·

羣學肆言；(英)斯賓塞爾原著，嚴復譯·　　　300—S33
　　上海，商務，民十年·　十二版·　352面·

社會學大綱；王平陵著·　　　　　　　　300—w153
　　上海，泰東，民十五年·　170面·

近世社會學；(日)遠籐隆吉原著，覃壽公譯·　　300—Y430
　　上海，泰東，民十三年·　四版·　414面·

社會論；劉延陵著·　　　　　　　　　080—P225—38
　　上海，商務，民十五年·　再版·　58面·　「百科小叢書第三十八種」

社會論；COLE原著，張東蓀，吳戲書合譯．　　　　　　301—C674
　　上海，商務，民十一年．　173面．［今人會叢書］

社會觀；陳安仁著．　　　　　　　　　　　　　301—C268
　　上海，泰東，民十五年．　三版．　97面．

社會學及現代社會問題；（美）愛爾烏德原著，趙作雄譯．
　　　　　　　　　　　　　　　　　　　301—E59
　　上海，商務，民十四年．　七版．　360面．［世界叢書］

易卜生社會哲學；袁振英譯．　　　　　　　　　301—Ib7
　　上海，泰東，民十七年．　194面．

社會哲學原論；（英）馬肯底原著，鄒敬方譯　　301—M111
　　上海，學術研究會，民十二年．　252面．［學術研究會叢書］

社會改造原理；（英）羅素原著，王軸盧譯．　　301—R911
　　上海，公民，民十年．　250面．［公民叢書］

社會學原理；朱亦松著．　　　　　　　　　　301—C825
　　上海，商務，民十七年，　284面．

社會進化論；薩瑞譯．　　　　　　　　　　　301—S15
　　上海，商務，民十五年．　三版．　175面．

社會進化史；蔡和森著．　　　　　　　　　　301—T405
　　上海，民智，民十六年，　四版．　230面．

中國社會文化；東方雜誌社編．　　　　　　080—T860—32
　　上海，商務，民十四年．　三版．　89面．［東方文庫］

社會問題

主要社會問題；(美)拜得原著，楊廉譯·　　　　301—B511
　　上海，商務，民十七年·　365面·

社會問題；(美)愛爾烏德原著；王造石，趙廷爲合譯·　301—E159
　　上海，商務，民十五年·　三版·　209面·「世界叢書」

社會問題；熊得山著·　　　　　　　　　　　301—K863
　　上海，北新，民十六年，　再版·　144面·

社會問題詳解；(日)高鼻素之原著，盟西譯·　　301—K165
　　上海，商務，民十一年·　再版·　三冊·「社會叢書」

社會問題概觀；(日)生田等原著，周佛海譯·　　301—226
　　上海，中華，民十五年·　2冊·「新文化叢書」

社會問題概論；王首春著·　　　　　080—P225—127
　　上海，商務，民十六年·　52面·「百科小叢書」

301　社會心理學

社會心理學；(美)愛爾烏特著，金本基，解壽晉合譯·　301—EL88
　　上海，商務，民十二年·　再版·　311面·「共學社社會經濟叢書」

社會心理學新論；蓬志章編·　　　　　　301—L425
　　上海，商務，民十四年·　再版·　155面·

羣衆；(法)魯滂著，鐘健閎譯·　　　　　301—L492
　　上海，泰東，民十五年·「205」面·

社會心理之分析；(英)倭拉士原著，梁仲策譯·　301—W155
　　上海，商務，民十二年·　233面·「社會叢書」

304　社會問題討論集

內國問題討論大綱第一二輯；陳白華輯、　　　304—C285
　　　上海，青年協會，民十四年、　2冊、　「公民教科叢書第十三種」

社會問題講演錄；江亢虎講演、　　　　　　304—C504
　　　上海，商務，民十四年、　再版、　158面、　「東南大學叢書」

社會問題概觀；周佛海譯、　　　　　　　　304—C774
　　　上海，商務，民十五年、　六版、

狄雷博士講演錄；徐松石譯、　　　　　　　304—D342
　　　上海，商務，民十三年、　再版、　130面、

社會結構學；(英)羅素講；伏廬筆誌、　　　304—R911
　　　上海，商務，民十五年、　再版、　98面、　「羅素講演錄之四」

羅素論文集；東方雜誌社編、　　　　　080—T860—44
　　　上海，商務，民十四年、　2冊、　「東方文庫」

社會問題；陶孟和著、　　　　　　　　　　304—T248
　　　上海，商務，民十五年、　三版、　191面、

社會鑑；王立謙著、　　　　　　　　　　　304—W47
　　　上海，商務，民十二年、　三版、　153面、

楊杏佛講演集、　　　　　　　　　　　　　304—y126
　　　上海，商務，民十六年、　369面、

社會科學季刊；北京大學社會科學季刊編輯會編、　R—305—P223
　　　北京大學出版部，民十三年、　第一，二卷、

307　社會教育

社會教育概論；馬宗榮著·　　　　　　　　　307—M121
　　上海，商務，民十四年·　116面·　「學藝叢刊」

社會教育；余寄輯·　　　　　　　　　　　307—Y346
　　上海，中華，民六年·　89面·　「**少年中國學會叢會**」

教育社會學

應用教育社會學；(美)Smith原著，陳啓天譯·　307—S51
　　上海，中華，民十四年·　80面·　「**少年中國會書叢書**」

309　社會學史

歐洲社會思想史；黃新民譯·　　　　　　　309—H485
　　上海，光華，民十六年·　164面·

社會學史要；易家鉞著·　　　　　　　　　309—I112
　　上海，商務，民十三年·　121面　·「共學社通俗叢書」

社會通詮；(美)甄克思原著，嚴復譯·　　　309—J422
　　上海，商務，民十四年·　十版·　208面·

社會調查

社會調查；張鏡予著·　　　　　　　　　309.1—C152
　　上海，商務，民十三年·　172面·

社會調查方法；樊弘著　　　　　　　　　309·1-F127
　　上海，商務，民十六年·　184面·　「社會研究叢刊」

310　統計學

統計學表解；上海科學書局編輯所編．　　　　080—S155—310
　　　　上海，科學書局，民二年．　2冊．　「表解叢書」

應用統計淺說；壽毅成著．　　　　080—P225—28
　　　　上海，商務，民十二年．　72面．　「百科小叢書第二十八種」

統計學；陳其鹿著．　　　　311—C270
　　　　上海，商務，民十五年．　再版．　500面．　「新文化叢書」

統計新論；金國寶著．　　　　311—K665
　　　　上海，中華，民十三年．　再版．　「165」面．　「新文化叢書」

統計學原理；(英)倍林等原著，趙文銳譯．　　　　311—P176
　　　　上海，商務，民十三年．　61面．　「經濟叢書」

312　人口論

馬爾薩斯人口論；林骙編．　　　　080—P225—106
　　　　上海，商務，民十五年．　61面．　「百科小叢書第一百零六種」

人口問題；吳應圖著．　　　　312—W299
　　　　上海，中華，民十四年．　130面．　「常識叢書」

人口問題；(美)柯克斯原著，武堉幹譯．　　　　312—C839
　　　　上海，商務，民十四年．　201面．　「新智識叢書」

歷代戶口通論；黎世衡著．　　　　312—L217
　　　　上海，世界，民十一年．　128面．

中國人口論；陳長衡著．　　　　312—C270
　　　　上海，商務，民十三年．　六版．　150面．　「尚志學會叢書」

312 人口限制論

產兒限制論；(日)安部磯雄原著，李達譯・　　　312—A141

上海，商務，民十一年・　141面・　「新時代叢書第六種」

節制生育問題；程浩著・　　　312—C335

上海，亞東，民十五年・　三版・　212面・

生育節制論；徐傅霖譯・　　　312—S477

上海，中華，民十二年・　129面・　三版・

節育主義；(美)山額爾夫人原著，陳海澄譯・　　312—S458

上海，商務，民十四年・　156面・

民生主義與人口問題；王警濤著・　　　312—W137

上海，民智，民十六年・　118面・

313 統計

經濟統計；上海銀行週報社編・　　　R—330·2·y275

上海，該社，民十二至十四年・　三冊・

中國年鑑；阮湘編・　　　R—310·51—C976

上海，商務，民十五年・　三版・　2123面・

民國元年工商統計概要；黃炎培編・　　　313—H489

上海，商務，民四年・　89面・

物價指數號，統計彙刊；廣東省政府農工廳統計科編・

313—K322

廣東省政府，民十五年・　26面・

日本帝國第十四統計年鑑；(日)內閣書記官室統計課編・

R—310—N270

東京，八尾商店，明治二十八年・　1099面・

66

320 政治學

政治學表解；上海科學書局編・   080—S155—320

上海，科學書局，民元年・ 4冊・ 「表解叢書」

政治概論；張慰慈著・   320—C172

上海，商務，民十三年・ 240面・

政治學大綱；張慰慈著・   320—C172

上海，商務，民十五年・ 517面・ 「北京大學叢書之七」

政治學；陳敏第輯・   320—289

民元年・ 258面・ 「見法政講義第二册」

政治學；(日)小野塚原著，鄭麗譯・   320—S410

上海，商務，民二年・ 七版・ 281面・

公民與民治；劉湛恩著・   320—L856

上海，青年協會，民十五年・ 43面・ 「公民教育叢刊第十一種」

民衆政治與英國的政治；蔣國珍著・   320—T566

上海，世界，民十七年・ 再版， 53面・

政治泛論；(美)威爾遜原著，(日)高田譯，章起謂重譯・ 320—W699

上海，商務，民二年・ 2冊・

320·1 政治哲學

物理與政治；W.B.)Pchen 原著，鐘建閎譯・   320·1—B146

上海，商務，民十三年・ 168面・

孟子政治哲學；陳顧遠著・   320·1—C278m

上海，泰東，民十一年・ 再版・ 120面・

墨子政治哲學；陳顧遠著。　　　　　　　　320·1—C278me
　　上海，泰東，民十五年。　三版。　126面。

政治哲學導言；范用餘譯。　　　　　　　　320·1—F247
　　上海，商務，民十二年。　再版。　249面。

政治心理；(法)勒朋原著，馮承鈞譯。　　　320·1—L46
　　上海，商務，民十一年。　再版。　371面。　「共學社時代叢書」

平民政治的基本原理；(美)芮恩施原著，羅志希譯，320·1—R276
　　上海，商務，民十一年。　再版。　173面。

政治理想；（英）羅素原著，劉衡如，吳蔚人合譯。　320·1—R911
　　上海，中華，民十一年。　六版。　128面。

政治理想；（英）羅素原著，程振基譯。　　　320·1—R911
　　上海，商務，民十三年。　三版。　99面。

古代政治思想研究；謝無量著。　　　　　　320·1—S425
　　上海，商務，民十三年。　再版。　63面。　「國學小叢書」

柏拉圖政治敎育學說今解；（德）K. Stemberg原著，俞頤華
　　譯。　　　　　　　　　　　　　　　　　　320·1—ST45
　　上海，商務，民十三年。　5面。　「新智識叢書」

政治中之人性；（英）儒倭拉士原著，鍾建閎譯。　320·1—W155
　　上海，商務，民十三年。　231面。

經濟的政治基礎；傅爾特查理士原著，董時譯。　320·1—B38
　　上海，商務，民十三年。　8面。　「新智識叢書」

主權論；張奚若著。　　　　　　　　　　　080—P225—79
　　上海，商務，民十四年。　51面。　「百科小叢書第七十九種」

320·4 政治論文集

政聞時言；梁起超著· 320·4—L251c
上海，商務· 2冊· 「飲冰室叢著第十種」

飲冰室自由書；梁起超著· 320·4—L251
上海，商務· 143面· 「飲冰室叢著第十一種」

杜威羅素講演錄合刊；張靜廬輯· 320·4—D515
上海，泰東，民十五年· 五版· 164面·

杜威五大演講；胡適譯· 320·4—D515h
北京，晨報社，民十一年· 十四版· 2冊·

民政發展精義；（英）馬司特曼演講，（英）梅盦盛，蔣茂淼合譯。
320·4—M393
上海，廣學會，民五年· 59面·

經濟狀况與政治思想；（英）羅素演講，伏廬記·
320·4—R911
上海，商務，民十一年· 84面·

甲寅雜誌存稿；章士釗輯· 320·5—C190
上海，商務，民十五年， 四版· 2冊·

320·9 政治思想史

先秦政治思想史；梁起超著· 320·9—L251
上海，商務，民十二年· 316面·

歐洲政治思想史；高一涵著· 320·9—K168
上海，商務，民十五年· 「北京大學叢書」

歐洲政治思想小史；高一涵著· 320·9—K168s

上海，中華，民十一年•　　四版•　　250面•　「新文化叢書」

近時國際政治小史；周顋生著•　　　　　　　　080—P225—6

上海，商務，民十二年•　　再版•　　93面•　「百科小叢書」

321　政體論

國家主義論文集；少年中國學會編•　　　　　　321—S172

上海，中華，民十五年•　　五版•　　177面•

國家主義；（印度）太戈爾原著，（法）喬治巴西勒原譯，樱桐孫重譯•

321—T129

上海，商務，民十四年•　　121面•

聯邦政治概要；吳漪章著•　　　　　　　　080—P225—77

上海，商務，民十四年•　　150面•　「百科小叢書第七十七種」

聯邦政治；陳茘玄著•　　　　　　　　　321•021—C277

上海，商務，民十四年•　　212面•　「政法叢書」

西洋氏族制度研究；易家鉞著•　　　　　　321•2—I112

上海，商務，民十五年•　　再版•　　284面•　「社會叢書」

平民主義；李守常著•　　　　　　　　　080—P225—15

上海，商務，民十四年•　　三版•　　35面•　「百科小叢書第十五種」

現代民治政體；（英）蒲徠斯原著，梅祖芬譯•　　321•8—B843

上海，商務，民十二年•　　220面•　「世界叢書」

公共意見與平民政治；（美）羅偉爾原著，范用餘譯•

321•8—L251

上海，商務，民十三年•　　295面•

平民政治；　　　　　　　　　　　　321•8—P230

上海，民友社，民二年•　　4冊•

現代民立政治；(英) 蒲徳士原著，楊永泰譯•   321•8—P414
　　　上海，泰東，民十三年•

近世民主政治論；(日)森口繁治原著，薩孟武譯•   321•8—S202
　　　上海，商務，民十四年•　191面•　「政法叢書」

全民政治；(美)威爾碸斯原著，廖仲愷譯•   321•8—W64
　　　上海，民智，民十四年•　再版•　256面•

323　　人民與國家之關係

國內戰爭六講；張君讱講•   323•2—C152
　　　上海國立自治學院，民十三年•　107面•　「國立自治學院叢書第一種」

革命概說；凌其翰著•   323•2—L340
　　　上海，世界，民十六年•　43面•

革命心理；(法)黎朋原著，杜師業譯•   323•2—L492
　　　上海，商務，民十年•　四版•　2冊•　「尚志學會叢書」

羣已權界；(英)穆勒約翰原著，嚴復譯•   323•44—M61
　　　上海，商務，民十三年•　八版•　168面•

日本民權發達史；(日)植原悦二郎著，黃文中譯•   323•4—C629
　　　上海，商務，民十五年•　435面•

增訂公民綱要；青年協會書報部編•   323•6—T565
　　　上海，青年協會，民十五年•　60面•　「公民敎育叢刊」

324　　選舉

英國選舉制度；張慰慈著•   324•42—C172

上海，商務，民十二年．　148面．

女子参政之研究；王世杰著．　　　　　　324·3—W155

北京，新知識書社，民十年．　56面．　「學術叢書第一種」

325　殖民政策

殖民；阮湘著．　　　　　　　　　　080—P224—69

上海，商務，民十三年．　81面．　「百科小叢書第六十八種」

殖民政策；吳應圖著．　　　　　　　　325—W299

上海，中華，民十五年．　170面．　「常識叢書」

華僑志；密亭原著，岑德彰譯．　　　　325·51—M231

上海，商務，民十七年．　153面．

旅美華僑實錄；屠汝涷輯．　　　　　　325·73—T792

杭縣，屠汝棟，民十三年．　120面．

327　外交

外交史表解；上海科學書局編輯所編．　080—S155—327

上海，科學書局，民三年．　2冊．　「表解叢書」

國際關係論；(英)J.Bryce原著，鄒建闓譯．　327—B843

上海，商務，民十三年．　2.6面．

外交A·B·C；常書林著．　　　　　　327—C196

上海，世界，民十六年．　110面．

外交新紀元；陳榮廣，王毅道合著．　　327—C293

上海，泰東，民六年．　180面．

太平洋問題；陳立廷輯。 　　　　　　　　　　　327—C279
　　　上海，青年協會，民十六年。　112面。　「國際問題叢書」

戰後太平洋問題；（美）各學者合著，（日）阿部豐治原譯，姚伯
　　　麟譯。 　　　　　　　　　　　　　　　　327—N168
　　　上海，泰東，民十年。　252面。

國際問題；謝扶雅著。 　　　　　　　　　　　327—S417
　　　上海，青年協會，民十五年。　202面。　「公民教育叢刊第三種」

最近世界外交史；戴蕃修著。 　　　　　　　　327—T130
　　　民十五年。　下冊。

外交政策；（日）稻田周之助原著，楊水泰譯。 　　327—T220
　　　上海，泰東，民四年。　210面。　「政治叢書」

國民外交常識；錢基博著。 　　　　　　　　　327—T601
　　　上海，商務，民十五年。　76面。

最近外交史；作新社編。 　　　　　　　　　　327—T684
　　　上海，該社，清光緒二十八年。　57面。

英帝國之將來；郭關居譯。 　　　　　　　327.42—P392
　　　廣州，民聲社，民十七年。　42面。

大亞細亞主義論；（日）小寺謙吉原著，（日）中國百城書合譯。
　　　　　　　　　　　　　　　　　　　　　327.5—S410

　　　東京，日清印刷株式會社，民十年。　796面。

327·51　外交—中國

國民外交小叢書；國民外交叢書社輯。
　　　上海，中華，民十四年。　5冊。　細目見各項

革命的外交；周顗生著。 　　　　　　　　　327·51—C778

上海，太平洋，民十七年． 174面．

解放運動中之對外問題；周顧生著． 327·51—C778

上海，太平洋，民十六年． 394面．

被侵害之中國：即中國主幹之不平等條約；劉彥著． 327.51—L379

上海，太平洋，民十七年． 294面．

中國近時外交史；劉彥著． 327·51—L379c

上海，商務，民十年． 三版． 636面

帝國主義壓迫中國史；劉彥著． 327·51—L379b

上海，太平洋，民十七年． 2冊．

中國外交史；曾友豪著． 327·51—T533

上海，商務，民十五年． 467面．

國民會議國際問題草案；汪精衛編． 327·51—W175

北京，國際問題研究會，民十四年． 三版． 126面．

經濟侵略下之中國；漆樹芬著． 327·51—T555

著者自印，民十五年． 454面．

國立武昌商科大學講演集；周顧生編． 327·51—C778

武昌，時中合作書社，民十四年． 48面．

帝國主義與中國；常書林著． 327·51—C196

上海，世界，民十六年． 63面．

門戶開放之今昔觀；國民外交叢書社編． 327·51—K405

上海，中華，民十五年． 四版． 50面． 「國民外交小叢書」

對華門戶開放主義；陶彙曾著． 080—P225—87

上海，商務，民十五年． 84面． 「百科小叢書第八十七種」

歐洲列強武力對華的開端；陳儒平譯． 327·4—R275

上海，北新，民十六年。 再版。 34面。

近時國際問題與中國；楊幼炯著。 327.51—Y144

上海，泰東，民十七年。 242面。

帝國主義侵略中國史；于樹德講演。 327.51—y36

上海，國光，民十六年。 62面。

國恥史

國恥痛史。 327.51—K434

[illegible]面。

國恥小史；呂思勉著。 327.51—L453

上海，中華，民十一年。 九版。 2冊。 「通俗教育叢書」

增訂國恥小史；沈文濬編。 327.51—S218

上海，中國圖書公司，民十六年。 一三版。 72面。

國恥小史續編；趙玉森編。 327.51—C220

上海，中國圖書公司，民十五年。 五版。 77面。

中國喪地史；謝彬編。 327.51—S415

上海，中華，民十五年。 148面。 「常識叢書」

新編國恥小史；曹增美，黃孝先合編。 327.51—T471

上海，商務，民十七年。 249面。

外交思痛錄；莊病骸編。 327.51—C918

上海，交通圖書館，民七年。 再版。 272面。

327.51 不平等條約

各國對中國不平等條約；程中行編。 327.51—C332

上海，世界，民十七年。 229面。

中國國際商約論；鄭斌著·　　　　327·51—C358
　　上海，商務，民十四年·　223面·　「政法叢書」

中國國際條約義務論；刀敏謙著·　　327·51—T311
　　上海，商務，民十四年·　「274」面·

中外訂約失權論；邱祖銘著。　　　050—P225—85
　　上海，商務，民十五年·　90面·　「百科小叢書第八十五種」

不平等條約的研究；張廷灝著·　　327·51—C173
　　上海，光華，民十五年·　156面·

取消不平等條約之方法及步驟；朱世全著　327·51—C823
　　上海，泰東，民十七年·　116面·

不平等約討論大綱；孫祖基編·　　　327·51—C530
　　上海，青年協會，民十四年·　153面·　「公民教育叢刊」

中日關係

二十年來之中日關係；中華書局編譯所編·　327.51—C976
　　上海，中華，民十四年·　六版·　170面·　「學生叢書之一」

日本人之支那問題；中華書局編輯所編·　329·51—C976
　　上海，中華，民八年。　「196面」·

近代中日關係略史；國民外交叢書社編·　327·51—K405
　　上海，中華，民十五年·　49面·　「國民外交小叢書」

歐戰期間中日交涉史；劉彥編·　　　327·51—L379
　　上海，商務，民十年·　三版·　「382」面·

日本新滿蒙政策·日本對華最近野心之暴露；（日）山田原著，屠
　　佩嵐譯·　　　　　　　　　　327·51—S149

上海，民智，民十七年· 再版· 106面·

山東問題彙刊；張一志輯· 327·51—C158

上海，歐美同學會，民十年· 2冊·

青島潮；龔振黃編· 327·51—K381

上海，泰東，民八年· 79面·

日本出兵山東濟南慘案；無架和尚編· 327·51—W300

山東駐滬慘案編輯社，民十七年· 58面·

中俄關係

中俄關係略史；國民外交叢書社編· 327·51—K405

上海，中華，民十五年· 63面· 「國民外交小叢書」

蘇俄的東方政策；布施勝治原著，牟粟譯· 327·47—P384

上海，太平洋，民十六年· 396面·

最近十年中俄之交涉；遠東外交研究會編· 327·51—Y400

哈爾濱，該會，民十二年· 252 面·

中英關係

英日侵略及對策；陳震異著· 327·51—C270

北京，著者，民十四年· 128面·

八十五年之中英；顧器重編· 327·51—K246

上海，國民圖書館，民十六年· 278面·

英帝國主義與中國；楊幼炯著· 327·42—Y144

北京，反帝國主義同盟會，民十五年．　再版．　104面．

西藏問題；謝彬著．　　　　　　　　　　　　080—P225—88
上海，商務，民十五年．　105面．　「面科小叢書第八十八種」

327·52　日本外交政策

日本外交史；松平基則著．　　　　　　　　327·52—L121
東京，交盛館，明治三十九年．　946面．

328　立法　議會

代議立法與直接立法；董修甲著．　　　　080—P225—94
上海，商務，民十五年．　95面．　「百科小叢書第九十四種」

代議政治；東方雜誌社編．　　　　　　　080—T56C—16
上海，商務，民十四年·三版．　72面．　「東方文庫」

萬國比較政府議院之權限；吳昆吾，戴修駿合編·　328—C398
上海，商務，民六年．　148面．

會場必携；費培傑著．　　　　　　　　　328·1—F187
上海，商務，民十三年．　三版．　119面．

議會通詮；孔昭焱著．　　　　　　　　　328·2—K411
上海，商務，民二年．　62面．

日本議會紀事本末；羣厚編．　　　　　　328·52—P290
民元年．

日本議會法規；商務印書館編譯所編．　　328·52—S 62
上海，該館，民元年．　四版．　143面．

首領論；E·B·GOwin原著，鐘建閎譯· 328·362—G748
　　上海，泰東，民十二年·　143面·

329　政黨

政黨政治論；劉文島著· 329—L377
　　上海，商務，民十二年·　65面·

歐美政黨政治；（日）田中萃一郎原著，畢厚譯· 329—T332
　　上海，商務，民二年·　84面·

汎繫主義；劉秉麟編· 080—p225—131
　　上海，商務，民十六年·　65面·「百科小叢書第一三一種」

近十年來世界上兩大怪物；劉公度著· 329·94—L265
　　上海，世界，民十六年·　70面·

330　經濟學

經濟原論表解；上海科學書局編輯所編· 080—S155—330
　　上海，該局，民元年·　94面·「表解叢書」

經濟科學概論；周佛海譯· 330—B633
　　民十六年·

經濟學；李佐庭輯· 340—C289
　　民元年·　331面·「見法政講義第二冊」

富之研究；（英）E. Cannan原著，史維煥，陶因合譯· 330—C164
　　上海，商務，民十三年·　260面·「經濟名著」

社會之經濟基礎；陳震異譯·· 330—C270
　　上海，商務，民十一年·　418面·『社會經濟叢書』

法國之產業政策；陳彬龢編·　　　　　　　330—C285
上海，世界，民十六年·　61面·

社會經濟學；陳家瓖譯·　　　　　　　　330—C662
上海，羣益，民二年·　517面·

經濟原論·　　　　　　　　　　　　　330—C690
371面·

國際經濟總論；（日）堀江歸一原著，王貟春譯·　330—C928
上海，商務，民十六年·　247面·　「經濟叢書」

傅克思氏經濟學；宋任譯·　　　　　　　330—F951
上海，泰東，民十七年·　四版　186面·

政治經濟學；（法）李特原著，陶樂勤譯·　　330—G361
上海，泰東，民十二年·　三冊·

經濟學要旨；季特原著，李橫譯·　　　　　330—G361e
上海，中華，民十五年·132面·　「少年中國學會叢書」

協力主義政治經濟學；（法）季特原著，陶樂勤譯·　330—G361S
上海，泰東，民十二年·　四版　3冊·

經濟學大要；賀紹章輯·　　　　　　　　330—H187
上海，商務，民九年·　16版·　67面·

國際經濟政策；何思原著·　　　　　　　330—H210
上海，商務，民十六年·　553面·

資本主義經濟學之史的發展；林植夫譯·　　330—H414
上海，商務，民十七年·　391面·　「經濟叢書」

經濟概要；胡祖同編·　　　　　　　　　330—H416
上海，商務，民九年·　七版·　162面·

商業經濟概論；（日）戶田海市原著，蔣鼎周霜海，郭心松合譯·
　　　　　　　　　　　　　　　　　　　330—H420

上海，商務，民十七年． 412面．「現代商業叢書」

商業經濟；柳準著． 330—L380

上海，商務，民一年． 56面．

經濟學；李佐庭著． 330—L190

上海，羣益，民九年． 330面． 「法政講義第一集第六冊」

公民經濟；劉秉麟著． 330—L372

上海，商務，民十四年． 再版． 第三冊．

經濟學原理；劉秉麟著． 330—L372

上海，商務，民十年． 三版． 197面．

李士特經濟學與傳記；劉秉麟編． 330—L3721

上海，商務，民十四年． 126面． 「經濟叢書社叢書之十一」

經濟學大意；歐陽溥存編． 330—C136

上海，中華，民十五年． 110面．

經濟科學大綱；（俄）格達諾夫原著，施存杭譯． 330—P414

漢口，長江書店，民十六年． 566面． 「新青年社叢書」

經濟史觀；（美）密利格曼原著，陳石孚譯． 330—Se48

上海，商務，民十年． 167面． 「世界叢書」

經濟學研究；孫同康著． 330—S529

武昌，時中，民十四年． 146面．

國民經濟原論；（日）津村秀松原著，馬凌甫譯． 330—T643

上海，源記書莊，民十五年． 2冊．

經濟學大意；（日）津村秀松原著，彭翔譯． 330—T644

上海，羣益，民六年． 再版． 129面．

經濟學各論；（日）鹽谷慶等原著，王我藏譯． 330—y208

上海，商務，民二年． 168面．

馬寅初演講案.　　　　　　　　　　　　330·4—M122
　　上海，商務，民十四年．　「經濟叢書社叢書」

經濟叢編；國務院編．　　　　　　　　　330·8—T571
　　該院，民十年．　8冊．

經濟大辭書；（日）百科辭書編輯部編．　　R—330·2—P225
　　東京，同文館，明治四十三年．　9冊．　「日本百科辭書」

支那經濟全書；（日）東亞同文會編．　　　R—330·3—T861
　　東京，該會，明治四十二年．　三版．　12冊．

330·9　經濟學史

經濟思想小史；（法）季特原著，李澤彰譯．　　080—P225—19
　　上海，商務，民十二年．　40面．　「百科小叢書第十九種」

人類經濟進化史畧；（美）ELY and Wicker原著，邵光誠譯．
　　　　　　　　　　　　　　　　　　　　330·9—EL91
　　上海，泰東，民十五年．　104面．　「黎民學會叢書」

近世經濟政策之思潮；（奧）非利波伊藍原著，王恆重譯．
　　　　　　　　　　　　　　　　　　　　330·9—F181
　　上海，學術研究會，民十二年．　154面．　「學術研究會叢書第九
　　冊」

經濟學史；（法）基特里斯脫原著，王廷祖譯．　330·9—G361
　　上海，商務，民十四年．　285面．　「經濟名著之一」

近世經濟思想史論；（日）河上肇原著，李天培譯．330·9—H214
　　上海，學術研究會，民十六年．　188面．　「學術研究會叢書第一
　　冊」

經濟思想史；(美）L·H·Hansy原著，臧啓芳譯· 320·9—H193
　　　上海，商務，民十四年· 再版· 791面·

近世歐洲經濟發達史；(美）阿格原著，李光忠譯· 330·9—O52
　　　上海，商務，民十四年· 三版· 728面·

經濟學史概論；(日）北澤新次郎原著，周佛海譯· 330·9—P223
　　　上海，商務，民十三年· 162面·

331　勞工問題

社會政策；東方雜誌社編· 080—T860—21
　　　上海，商務，民十四年· 三版· 98面· 「東方文庫」

勞工問題研究；鄭行巽著· 331—C351
　　　上海，世界，民十七年· 118面·

世界各國新社會政策；鄭斌著· 331—C358
　　　上海，商務，民十七年· 181面· 「新時代史地叢書」

中國罷工史；賀嶽僧著· 331—H189
　　　上海，世界，民十六年· 65面·

中國社會政策；何海鳴著· 331—H202
　　　北京，華星印書社，民九年· 186面· 「附錄」144面·

社會政策；胡鈞著· 331—H401
　　　上海，商務，民九年· 224面·

工業政策；(日）關一原著· 331—K296
　　　上海，商務，民十五年· 2冊· 「經濟名著之一」

工業政策；(奧）菲里波維原著，馬君武譯· 331—P538
　　　上海，中華，民十一年· 332面·

實業革命史；林子英著· 331—L316

上海，商務，民十七年． 184面． 「新時代史地叢書」．

薩樊事件；盧劍波著． 331—L405

上海，泰東，民十七年． 153面．

失業問題研究；魯竹書著． 331—L415

上海，中央圖書局，民十六年． 151面．

分配論；（英）馬沙原著，劉秉麟譯． 331—M399

上海，商務，民十四年． 再版． 200面． 「社會經濟叢書」

勞動經濟論；（日）北澤新次郎原著，宋應祺，朱應會合譯．

331—P223

上海，泰東，民十七年． 276面．

資本問題；吳應圖編． 331—W285

上海，中華，民十五年． 110面． 「常識叢書第十三種」

工會組織研究；殷壽光著． 331—y272

上海，世界，民十六年． 81面．

童工；沈丹泥著． 331·3—S222

上海，世界，民十六年． 78面．

勞動之改造；（法）錫亞魯爾季特原著，姚伯麟譯． 331·8—G361

上海，學術研究會，民十五年． 276面． 「學術研究會叢書」

失業人民及貧民救濟政策；馬君武編． 080—P225—81

上海，商務，民十四年． 99面． 「百科小叢書第八十一種」

收入及恤貧政策；（德）PhiLPPrich原著，馬君武譯．

331·8—P538

上海，中華，民十四年． 345面． 「新文化叢書」

工業中的人道觀；羅屈里原著，沈星若，仇子同合譯．

〔331·8—R371

上海，青年協會，民十六年． 172面．

失業者問題；邵振青著·　　　　　　　　　　331·8—S170
　　上海，泰東，民十年·　再版·　62面·　「社會小叢書」

332·1 銀行學

銀行學表解；上海科學書局編輯所編·　　　　080—S155—332
　　上海，該局，民三年·　105面·　「表解叢書」

銀行實務表解；上海科學書局編輯所編·　　　080—S155—332
　　上海，該局，民三年·　2冊·　「表解叢書」

銀行營業法解表；上海科學書局編輯所編·　　080—S155—332
　　上海，該局，　96面·　「表解叢書」

銀行要義；楊端六著·　　　　　　　　　　080—P225—3
　　上海，商務，民十二年·　41面·　「百科小叢書第三種」

銀行原論；陳家瓚著·　　　　　　　　　　332·1—C270
　　上海，羣益，民十四年·　806面·

銀行學；陳其鹿著·　　　　　　　　　　332·1—C270S
　　上海，商務，民十三年·　219面·

銀行攬要；孫德全編·　　　　　　　　　　332·1—S529
　　上海，商務，民八年·　2冊·

銀行計算法；李徵，謝霖合糯·　　　　　　332·1—L181
　　上海，中國圖書公司，民五年·　215面

銀行服務論；謝菊曾著·　　　　　　　　　332·1—H420
　　上海，商務·民十三年·　再版·　218面·

銀行制度論；謝霖，李徵合著·　　　　　　332·1—H420
　　上海，中國圖書公司，民五年·　247面·

中華銀行史；周葆鑾編・　　　　　　　　332•1—C789
　　上海，商務，民十二年・　8版・　439面・

上海銀行公會事業史；徐滄水編・　　　　332•1—S476
　　上海，銀行週報社，民十四年・　140面・

銀行公會聯合會議彙紀；上海銀行週報社編・　332•1—Y275
　　上海，該社・　125面・　「經濟類鈔第二輯」

法蘭西銀行史；楊德森編・　　　　　　332•1—Y139
　　上海，商務，民十五年・　74面・

英格蘭銀行史；楊德森編・　　　　　　332•1—Y139e
　　上海，商務，民十五年・　120面・

義大利銀行史；楊德森編・　　　　　　332•1—Y139i
　　上海，商務，民十四年・　68面・

美國聯合準備銀行制述要；吳宗壽譯・　332•1—W281
　　上海，商務，民十三年・　54面・　「經濟叢書社叢書之八」

銀行年鑑・　　　　　　　　　　　　R—332•1Y275
　　上海，銀行週報社，民十一年・

332•14•　信託公司

信託研究；潘士浩著・　　　　　　　332•14—P159
　　上海，商務，民十年・　148面・

信託及信託公司論；（日）細失祐治原著，費耀華譯・332•14—S366
　　民十七年・　174面・　「經濟叢書」

各國信託公司法理論；（日）佐野善原著，范況譯・332•14—T684
　　南通，翰墨林書局，民十年・　198面・

信託公司概論；楊端六著．　　　　　　　　332·14—Y132
　　上海，商務，民十一年．　57面．

332·4　貨幣學

貨幣學表解；上海科學書局編輯所編．　　　　080—S155—332
　　上海，該局，民二年．　49面．

貨幣淺說；楊端六著．　　　　　　　　　080—P225—16
　　上海，商務，民十二年．　46面．　「百科小叢書第十六種)

貨幣制度；東方雜誌社編．　　　　　　　080—T80C—20
　　上海，商務，民十四年．　三版．　84面．　「東方文庫」

貨幣學；(美)肯列原著，王怡柯譯．　　　　332·4—K261
　　上海，商務，民十三年．　386面．　「經濟叢書社叢書之六」

貨幣膨漲各國公債署史；ScLigmain原著；吳東初譯．
　　　　　　　　　　　　　　　　　　332·4—748
　　上海，商務，民十三年．　89面．

貨幣概論；王恆編．　　　　　　　　　332·4—W141
　　上海，中華，民十三年．　106面．　「常識叢書第九種」

貨幣論；王效文編．　　　　　　　　　332·4—W155
　　上海，商務，民十三年．　273面．

理論實用外國匯兌；吳宗燕著．　　　　　332·4—W297
　　上海，商務，民十六年．　上卷．

銀價之研究；邵金鐸譯．　　　　　　　332·41—S170
　　上海，學術研究會，民十年．　再版．　120面．　「學術研究會
　　叢書」

國際匯兌與貿易；丘漢平，傅文楷合編．　　332·45—C736
　　上海，民智，民十五年．　2冊．

外國滙兌原理；(英)高申原著，劉灝川譯・　　　　332・45—G691
　　　　上海，商務，民十年・　148面・

中國國外滙兌；馬寅初著・　　　　　　　　　332・45—M122
　　　　上海，商務，民十四年・　　229面・

外國滙兌詳解；吳應圖編・　　　　　　　　332・45—W299
　　　　上海，泰東，民九年・　122面・

外國滙兌論；(英)Hartley Withers原著，梁雲池譯・
　　　　　　　　　　　　　　　　　　332・45—W776
　　　　上海，商務，民十二年・　120面・

滙兌論；兪希稷編・　　　　　　　　　　332・45—y371
　　　　上海，商務，民十四年・　248面・

倫敦貨幣市場概要；史保定原著，金國寶譯・　332・4942—SP19
　　　上海，商務，民十四年・　「223」面・　「經濟叢書社叢書之十」

中國幣制問題；金國寶著・　　　　　　　332・4—C665
　　　　上海，商務，民十七年・　589面・

中國今日之貨幣問題；徐滄水輯・　　　　332・4—S476
　　　　長沙，輯者自印，民十年・　330面・

支那貨幣論；楊端六譯・　　　　　　　　332・4—y132
　　　　上海，泰東，民十一年・　114面・

上海金鎊市場論；銀行週報社編・　　　　332・5—y275
　　　　上海，該社，民十二年・　145面・　「經濟類鈔」

取締外鈔問題；金侶琴著・　　　　　　332・5—C666
　　　　上海，光華，民十六年・　28面・　「經濟小叢書」

民國鈔券史；徐滄水編・　　　　　　　332・5—S476
　　　　銀行週報社，民十三年・　107面・

332·6　交易所

票據交換所研究；徐滄水著．　　　　　　　　　332·6—S476
　　　上海，銀行週報社，民十一年．　140面。

各國交易所法制論；（日）佐野善原著，范悅譯．　332·6—T683
　　　南通，翰墨林書局，民十年，　186面．

交易所大全；吳叔田等輯．　　　　　　　　　332·6—W13
　　　上海，交易所所員養成所，民十年．　198面．

332·8　利息問題

國際投資淺說；周佛海著．　　　　　　080—D225—147
　　　上海，商務，民十六年．　59面．　「百科小叢書」

投資常識；韋伯勝著．　　　　　　　　332·8—W198
　　　上海，商務，民十三年．　再版．　59面．　「商業叢書第七種」

利息問題；吳應圖編．　　　　　　　　332·8—W285
　　　上海，中華，民十五年．　116面．　「常職叢書第十九種」

334　合作主義

合作制度；東方雜誌社編．　　　　　080—T60—22
　　　上海，商務，民十四年．　83面．　「東方文庫」

合作論；Clayton原著，徐誦律譯．　　334—C579
　　　上海，商務，民十三年．　121面．　「新智識叢書之一」

勞動組合；J.Clayton原著，黃兆升譯．　334—C579l
　　　上海，商務，民十三年．　91面．　「新智識叢書」

協作論；（法）季特原著，樓桐孫譯．　　　　334—G361

　　上海，商務，民十四年．　392面．　「經濟名著第五種」

消費合作運動；（日）位田群易原著，林欒·唐敬果合譯·324—P261

　　上海，商務，民十三年．　255面．

合作主義；孫錫麒著·　　　　　　　　　　r 334—527

　　上海，商務，民十三年．　2册·

協作社的效用；戴傳賢著·　　　　　　　334—T121

　　上海，民智，民十五年．　四版·　70面·　「國民黨叢刊之五」

信用合作社經營論；于樹德著·　　　　　334—y363

　　上海，中華，民十二年．　654面·　「新中學會經濟叢書」

消費合作社；王效文譯·　　　　　　　080—P225—37

　　上海，商務，民十三年·　77面·　「面科小叢書第三十七種」

合作銀行通論；吳頌皋著·　　　　　　080—P225—27

　　上海，商務，民十二年·　42面·　「面科小叢書」

335　社會主義

社會主義史；（德）俺伯亞原著，胡漢民譯·　　335—B38

　　上海，民智，民十六年·　150面·

社會主義史；趙蘭坪編·　　　　　　　　335—C209

　　上海，商務，民十七年·　133面·　「新時代史地叢書」

社會主義與社會改良；（美）REly原著，何飛雄譯·335—E01

　　上海，商務，民十三年·　再版·　322面·

社會主義與進化；夏山會，李牋楨譯。　　335—K165

　　上海，商務，民十五年·　四版·　151面·　「新時代叢書」

各國社會運動史；劉秉麟編・　　　　　235—L372
　　　上海，商務，民十六年・　197面・　「現代社會科學叢書」

近世社會思想史；徐文亮譯・　　　　　335—P233
　　　上海，開明，民十七年・　217面・

綜合研究各國社會思潮；邵振青著・　　335—S170
　　　上海，商務，民十年・　150面・

大同共產主義；朱謙之著・　　　　　　335—C281
　　　上海，泰東，民十六年・　196面・

鮑爾希維克之分析；（法）Pierre Charles 原著，唐誦蓁譯・
　　　　　　　　　　　　　　　　　　335—C386
　　　上海，民智，民十七年・　54面・

共產主義批評；室伏高信原著，沈茹秋譯・　335—S273
　　　上海，開明，民十五年・　230面・

布爾什維主義底心理；（美）施罷戈原著，陳國榘譯・335—SP25
　　　上海，商務，民十五年・　三版・　149面・　「時代叢書」

社會主義與個人主義；（英）王爾德原著，袁振英譯・
　　　　　　　　　　　　　　　　　　335—W645
　　　香港，受匡出版部，民十七年・　54面・

財產起原論；（英）列文斯基原著，陳適譯・　335·01—L291
　　　上海，公民，民十年、　90面・　「公民叢書經濟類第三種」

馬克思主義與社會史觀；社會主義研究社譯、　335·4—W67
　　　上海，民智，民十六年、

反科學的馬克思主義；郭任遠著、　　335·5—K423
　　　上海，民智，民十六年・　180面、

唯物史觀與倫理之研究；胡漢民著　　335—H405

91

上海，民智，民十六年． 三版 306面．

新經濟學；（德）羅撒盧森堡原著，陳壽僧譯． 335•5—L979
中國新聞社，民十六年． 314面．

336 財政學

財政詮要；壽景偉著． 080—P225—60
上海，商務，民十三年． 68面． 「百科小叢書第六十種」

財政學大綱；（美）亞當士原著，劉秉麟譯． 336—Ad17
上海，商務，民十四年． 四版． 154面．

最新財政學；張家驤著． 336—C152
上海，商務，民十七年． 314面．

財政學總論；陳啓修著． 336—C270
上海，商務，民十四年． 再版． 186面．

財政學；黃可權輯． 340—C289
民元年． 282面． 「見法政講義第二冊」

財政學；孟森著． 336—M121
上海，商務，民五年． 221面．

財政學；壽景偉編． 336— 3C2
上海，商務，民十四年． 240面．

財政總論；（日）小川郷太郎原著，何崧齡譯． 336—S410
上海，商務，民十六年． 206面． 「經濟叢書」

社會問題與財政；（日）小川郷太郎原著，甘浩澤等譯． 336—S410
上海，商務，民十三年． 387面． 「新智識叢書」

比較財政學；（日）小林丑三郎原著，宋敩仁譯． 336—S410
上海，商務，民六年． 四版． 2冊．

豫算決算論表解；上海科學書局新譯所編・　　　0f0—S155—336

上海，該局，民二年・　7面・　「表解叢書」

各國豫算制度論；（日）工藤重義原著，李狷龍譯・　336—K389

上海，羣益，民元年・　255面・

豫算決算論；（日）工藤重義原著，易應湘譯　　336—K389

上海，羣益，清宣統三年・　248面・

張文襄公電稿加稅免釐部分；李景銘摘鈔・　336・2—C152

北京，經濟學會・　「176」面・

最近各省金融商況調查錄；桂紹熙編　　336—K344

民五年・　66面・

336・2　稅則

關稅與國權；賈士毅著・　　　336・2—C478

財政部滬調查貨價處，民十六年・　650面・

租稅；王音春著・　　　080—P225—129

上海，商務，民十六年・　61面・　「百科小叢書第一二九種」

日本收回關稅權之經過；盛俊譯・　336・2—C320

財政部駐滬調查貨價處，民十四年・　52面・

海關權與民國前途；金葆光編・　336・2—C668

上海，商務，民十七年・　「238」面・

中國關稅制度論；（日）高柳松一郎原著，李達譯・　336・2—L370

上海，商務，民十三年・　250面・　「經濟學書社叢書」

修改稅則始末記；李景銘編・　336・2—L181

北京，經濟學會，民八年・　2冊・

關稅問題；陳立廷著・　　　　　　　　　　336・2—C279

　　上海，青年協會，民十七年・　三版・　160面・　「公民教育叢刊」

關稅問題討論大綱；陳立廷編・　　　　　　336・2—C279

　　上海，青年協會・　〔0面・

中國關稅問題；北京銀行月刊社編・　　　　336・2—P223

　　北京，該社，民十二年・　「263」面・

中國關稅問題・　　　　　　　　　　　　　336・2—H249

　　嚮導週報社，民十四年・　74面・　「嚮導叢書第二種」

中國關稅問題；馬寅初著・　　　　　　　　080—P225—4

　　上海，商務，民十二年・　再版・　40面・　「百科小叢書第四種」

中國海關制度沿革；馮德森輯・　　　　　　336・2—y139

　　上海，商務，民十四年・　136面・

中國陸路關稅史；童蒙正編・　　　　　　　080—P225—89

　　上海，商務，民十五年・　115面・　「百科小叢書第八十六種」

中國厘金問題；王振先著・　　　　　　　　336・2—W136

　　上海，商務，民十四年・　再版・　115面・

中國鹽政小史；歐宗佑編　　　　　　　　　080—P225—336

　　上海，商務，民十六年・　84面・　「百科小叢書第一百三十種」

膠州灣鹽業調查錄；景本白編・　　　　　　336・261—C698

　　北京，鹽政雜誌社，民十一年・　38面・

川鹽紀要；林振翰編・　　　　　　　　　　336・261—L316

　　上海，商務，民八年・　618面・

浙鹽紀要；林振翰編・　　　　　　　　　　336・261—L316c

　　上海，商務，民十四年・　396面・

粵鹽紀實；鄒琳編・　　　　　　　　　　　336・261—T694

上海，商務，民十一年。 294面。

336·24　所得稅

英國所得稅；金國寶著。　　　　　　　　　　　C80—P225—66
　　　　上海，商務，民十三年。　104面。　「百科小叢書第六十六種」

所得稅論；（美）施理曼原著，王官彥，王官鼎合譯。　336·24—S246
　　　　中華經濟學會，民十年。　136面。

336·3　公債

公債論表解；蔣筠編。　　　　　　　　　　　〔080—S155—336
　　　　上海，科學書局，民三年。　86面。　「表解叢書」

公債；何公敢著。　　　　　　　　　　　　080—p225—59
　　　　上海，商務，民十三年。　80面。　「百科小叢書第五十九種」

內國公債史；徐滄水編。　　　　　　　　　336·3—S47C
　　　　上海，商務，民十二年。　172面。

中華民國公債法規；徐滄水著。　　　　　　336·3—S476C
　　　　上海，銀行週報社，民十一年。　100面。

公債論；（日）田中穗積原著，陳輿年譯。　　336·3—T332
　　　　上海，商務，民二年。　三版。　181面。

整理中國外債問題；萬穎鳴著。　　　　　　336·3—W124
　　　　上海，光華，民十六年。　103面。

內國公債彙覽；中國銀行總司庫編。　　　　336·3—y275
　　　　北京，銀行週報社，　182面。

336·4　歐洲財政史

歐戰財政紀要；陳燦編·　　　　　　　　　336·4—C270
　　　上海，商務，民十一年·　119面·

德意志之戰時經濟；（瑞）嘉塞爾原著，陳燦譯·336·43—C480
　　　北京大學，民七年·　90面·

336·51　中國財政史

民國財政史；賈士毅編·　　　　　　　　336·51—C478
　　　上海，商務，民十三年·　2冊·

中國財政史；胡鈞編·　　　　　　　　　336·51—H401
　　　上海，商務，民九年·　408面·

中國財政史畧；徐式莊編·　　　　　　　336·51—S481
　　　上海，商務，民十五年·　105面·　「學藝叢刊」·

民國財政論；楊汝梅著·　　　　　　　　336·51—y14
　　　上海，商務，民十七年·　再版·　372面·

革命後之江西財政；張靜廬編·　　　　　336·51—C171
　　　上海，光華，民十六年·　94面·

338　物價問題

物價問題；周佛海著·　　　　　　　080—P225—64
　　　上海，商務，民十三年·　115面·　「百科小叢書第六十四種」

物價指數淺說；金國寶著·　　　　　080—P225—103
　　　上海，商務，民十五年·　124面·　「百科小叢書第一百零三種」

編制上海物價指數論叢；盛俊編·　　　　　　　　338·5—C320
　　　財政部駐滬調查貨價處，民十四年·　75面·

上海市場；福忠甲著·　　　　　　　　　　338·4—P151
　　　財政部駐派調查貨價處，民十四年·　96面·

股份公司經濟論；（日）上田曾次郎原著，周沉剛譯·
　　　上海，商務，民十二年·　［258］面·　　338·7—S156

338·9　勞動法

勞動法；孫紹康編·　　　　　　　　　　338·9—S527
　　　上海，商務，民十六年·　118面·

339　貧乏

救貧叢談；（日）河上肇原著，楊山水譯·　　339—H214
　　　上海，商務，民十六年·　96面·

貧乏論；（日）河上肇原著，止止譯·　　　339—H214P
　　　上海，泰東，民十二年·　54面·　「新人叢書第一種」

340　法律

法律；周鲠生著·　　　　　　　　　　　　080—P225—13
　　上海，商務，民十四年·　38面·「百科小叢書第十三種」

法學通論；陳敬第著·　　　　　　　　　　340—C270
　　上海，羣益，民二年·　四版·　186面·　「法政講義第一集第一冊」

法學通論表解總論；上海科學書局編譯所編·　080—S155—340
　　上海，該局，民元年·　46面·「表解叢書」

法學通論表解各論；上海科學書局編譯所編·　080—S155—340
　　上海，該局，民元年·　2冊·「表解叢書」

法政講義；陳崇基輯·　　　　　　　　　　340—C289
　　上海，羣益，民元年·　三版·　10冊·

法政彙刊；　　　　　　　　　　　　　　340—L178
　　24冊·

法學通論；孟森著·　　　　　　　　　　　340—M211
　　上海，商務，民三年·　97面·

法意；（法）孟德斯鳩原著，嚴復譯·　　　340—M212
　　上海，商務，民四年·　再版·「611」面·

公民；法制；陶彙曾著·　　　　　　　　　340—T247
　　上海，商務，民十四年·　第二冊·

法制概要；陶保霖編·　　　　　　　　　　340—T248
　　上海，商務，民九年·　再版·　80面·

大陸近代法律思想小史；方孝嶽編·　　　340·1—F174
　　上海，商務，民十四年·　二冊·「世界叢書」

中國古代法理學；王振先著·　　　　　　340·1—W136

98

上海，商務，民十四年・ 65面・ 「國學小叢書」

法律經濟辞典；（日）清水澄原著，郭開文等譯・ R—340・3—T668

上海，羣益，民三年・ 567面・

法律大辞書；（日）百科辭書編輯部編・ R—840・3—P225

東京，同文館，明治四十二年・ 6冊・ 「日本百科辭書」

漢譯日本法律經濟辞典；（日）田邊慶彌原著，王我藏譯・

R—340・3—T326

上海，商務，民二年・ 14版・ 148面・

341 國際公法

國際公法要覽；羣益書社編・ 341—C956

上海，該社，民三年・ 168面・

平時國際公法表解；王達善編・ 090—S155—341

上海，科學書局，民二年・ 78面・

平時國際公法；（日）中村進午原著，陳時夏譯・ 341—C978

上海，商務，民四年・ 五版・ 333面・

平時國際公法；金保康輯・ 340—C289

民二年・ 234面・ 「見法政講義第四冊」

二十世紀國際公法；（法）彊偶原著，朱文蔚譯・ 341—F257

上海，民友社，民二年・ 496面・

現行國際法；甯協萬著・ 341—N242

上海，商務，民十六年・ 751面・

國際公法之將來；何本海原著，陳宋熙譯・ 341—OP5

上海，泰東，民十七年· 100面·

春秋國際公法；張心澂著· 341—C270

北京，張仲清，民十三年· 「364」面·

341·1 國際會議

萬國聯合論；（美）陀留布勒原著，（英）梅益盛，陸詠笙合譯·

341·1—T766

上海，廣學會，民五年· 104面·

國際同盟論；（英）羅仁斯原著，（英）羣安仁，王官鼎合譯·

341·1—L435

上海，廣學會，民八年· 80面·

國際聯盟概況；鄭懿秀譯· 341·1—C359

上海，商務，民十五年· 261面·

萬國聯盟；周顧生著· 341·1—C778

上海，商務，民十一年· 269面·

國際聯盟；夏渠著· 341·1—H256

上海，商務，民十七年· 90面· 「新時代史地叢書」

國際聯盟講評；（日）信夫淳平著，王岫廬譯· 341·1—S437

上海，公民，民十年· 156面· 「公民叢書」

國際聯盟及其趨勢；吳品今著· 341·1—w293

上海，商務，民十四年· 再版· 2冊· 「時代叢書」

國際紛爭與國際聯盟；信夫淳平原著，薩孟武譯· 341·1—S437S

上海，商務，民十七年· 418面·

巴黎和議後之世界與中國；汪兆銘編· 341·1—w166

上海，民智，民十五年· 206面·

華盛頓會議小史；周守一編．　　　　　　　　　241·1→C785
　　上海，中華，民十二年．　四版．　354面．　「新世紀叢書」

華會見聞錄；賈士毅編．　　　　　　　　　　341·1→C478
　　上海，商務，民十二年．　再版．　320面．

日內瓦三國海軍會議始末記；張懋鎔編．　　　341·1→C112
　　民十七年．　84面．

341·2　國際條約

國際條約大全；商務印書館編譯所編．　　　R—341.211—S152
　　上海，該館，民十四年．　四版．　970面．

協商及參戰國與德國之和平條約；新學會社編．
　　　　　　　　　　　　　　　　　　　341·2—S155m
　　上海，該社，民九年．　「346」面．

國際條約要義；濱田來編．　　　　　　　　341·2—T383
　　上海，中華，民三年．　136面．

341·3　戰時國際公法

戰時國際公法表解；上海科學書局編．　　　030—S155—341
　　上海，該局，民二年．　65面．　「表解叢書」

戰時國際公法；金保康輯．　　　　　　　　340—C289
　　民二年·再版．　149面．　見法政講義第四冊

戰時國際公法；(日)中村進成午原著，陳時夏譯・　341·3—C978
　　　上海，商務，民四年・　159面・

局外中立精義；(英)羅倫原著，王肇焜等合譯・　341·3—L438
　　　上海，商務，民三年・　150面・

341·5　國際私法

中國國際法論；(日)今井嘉幸原著，張森知譯・　341·5—C676
　　　上海，商務，民四年・　317面・

國際私法表解；張誠一編・　080—S155—341
　　　上海，科學書局，民二年・　84面・「表解叢書」

國際私法；傅疆輯・　340—C289
　　　民二年・　・再版　298面・　見法政講義第四冊

國際私法；(日)山田三良原著，李倬譯・　341·5—S149
　　　上海，商務，民四年・　三版　253面・

341·8　領事裁判權—中國

法權恢復運動；馬鳴謙編・　341·8—T□8
　　　新時代教育社，民十□年・　□面・「新時代民衆叢書」

領事裁判權；東方雜誌社編・　080—T810—18
　　　上海，商務，民十四年・　三版・　86面・「東方文庫」

領事裁判權與中國；國民外交叢書社編・　341·8—K405

領事裁判權問題；郝立輿編．　　　　　　　　080—B225—78

　　上海，商務，民十四年．・125面・「百科小叢書第七十八種」

領事裁判權討論大綱；黃秩庸編．　　　　　　341・8—H471

　　上海，青年協會，民十五年．゛89面・

天津租界及特區；南開大學政治學會編・　　　341・8—N120

　　上海，商務，民十五年．　114面・「市政叢書」

上海洋涇濱北首租界章程．　　　　　　　　　341・8—S155

　　上海，商務，民十五年．　46面・

租借地；金保康著．　　　　　　　　　　　　080—P225—128

　　上海，商務，民十六年，　53面・「百科小叢書」

上海公共租界收回問題；王世杰編．　　　　　341・8—W155

　　上海，太平洋，民十六年・　16面・

342　憲法　憲法史

憲法汎論表解；上海科學書局編・　　　　　　080—S155—342

　　上海，該局，民二年・92面・「表解叢書」

比較憲法表解；上海科學書局編・　　　　　　0゛0—゛155—342

　　上海，該局，民元年・5面・「表解叢書」

國法學；熊範輿著・　　　　　　　　　　　　240—C289

　　民二年・四版・226面・見法政講義第一册

歐美憲政眞相；陳壽凡著・　　　　　　　　　342—G287

　　上海，商務，民六年・310面・

憲法論綱；（日）法曹閣原著，陳文中譯・　　342—F111

　　上海，羣益，清宣統三年・再版・537面・

憲法研究書；（日）富岡康郎原著，吳與讓譯。　　　　342—F256

　　上海，商務，清宣統三年。　223面。

治法；盧信著。　　　　　　　　　　　　　　　　342—L406

　　上海，泰東，民十三年。　78面。

憲法學原理；（日）美濃部達吉原著，歐宗祐，何作霖合譯。
　　　　　　　　　　　　　　　　　　　　　　342—M180

　　上海，商務，民十四年。　316面。「政法叢書」

政治學及比較憲法論；（美）巴路捷斯原著，（日）高田譯。
　　　　　　　　　　　　　　　　　　　　　342—P118

　　上海，商務，民十五年。　七版。　2冊。

新國家論；薩孟武編。　　　　　　　　　　　　　342—S115

　　上海，商務，民十七年。　219面。「政法叢書」

世界新憲法；商務印書館編譯所編。　　　　　　　342—S162

　　上海，該館，民十一年。「282」面。

世界現行憲法；商務印書館編。　　　　　　　　　342—S162

　　上海，該館，民五年。　再版。869面。

世界聯邦共和國憲法；泰東圖書局編譯所編。　　　342—T135

　　上海，泰東，民十一年。　4冊。

憲法；（日）清水澄原著，盧弼，黃炳言譯。　　　342—T668

　　上海，昌明公司，清光緒三十二年。　443面。

比較憲法；王世杰著。　　　　　　　　　　　　　342—W165

　　上海，商務，民十六年。　822面。「現代社會科叢書」

法美憲政正文；商務印書館編譯所編。　　　　　342—S162F

　　上海，該館，民元年。　101面。

美法英德四國憲法比較；（英）溫澤爾原著，楊錦森等譯。
　　　　　　　　　　　　　　　　　　　342—W245

　　上海，中華，民二年。　60面。

歐洲新憲法述評；東方雜誌社編·   C80—T860—17
    上海，商務，民十四年· 三版· 99面· 「東方文庫」

英國立憲鑑；（英）冀安仁著·   242•42—M821
    上海，廣學會，民元年· 80面·

英制綱要；錢文選著·   342•42—T616
    上海，商務，民九年· 134面·

英國憲政叢書；汪大燮著·   342•42—W175
    上海，商務，清宣統三年· 3冊·

德國憲法；朱和中譯·   332•43—H824
    上海，民智，民十二年· 196面·

新德國社會民主政象記；張嘉森著·   342•43—C152
    上海，商務，民十一年· 397面·

法國憲法釋義；金季譯·   342•44—C662
    上海，商務，民二年· 再版· 94面·

法國政府大綱；趙蘊琦著·   342•44—C219
    上海，商務，民十一年· 198面· 「世界叢書」

法國民主政治；朱文 著·   342•44—C830
    上海，民友社，民二年· 五版· 280面·

瑞士民主政治；Boujour原著，許同華譯·   342•494—B642
    上海，商務，民十二年· 155面·

瑞士的政府和政治；布魯克原著，趙蘊綺譯·   342•494—B791
    上海，商務，民十三年· 344面· 「世界叢書」

美國憲法釋義；（美）卜布爾原著，沈允昌譯·   342•73—P385
    上海，商務，民五年· 再版· 87面·

美國政府大綱；趙蘊琦著·   342•73—C219

上海，商務，民十年· 344面· 「世界叢書」

美國政治精義；沈步洲譯·   342·73—220

上海，中華，民四年· 3冊·

美國共和政鑑；（美）特韋斯原著·錢智修譯·   342·73—T258

上海，商務，民元年· 86面·

342·51 中國憲法

中國民治論；鮑明鈐著·   342·51—B323

上海，商務，民十四年· 「412」面·

國憲議；張君勱著·   342·51—C152

著者自印，民十一年· 「168」面·

憲法芻議；陳國綱著·   342·51—C278

唯一研究所，民十一年· 再版· 52面·

中國比較憲法論；鄒敬秀著·   342·51—C359

上海，世界，民十六年· 122面·

中華民國根本法及草案；商務印書館編譯所編· 342·51—S162

上海，商務，民十一年· 81面·

中華民國政府大綱；曾友豪著·   342·51—T523

上海，商務，民十五年· 「350」面·

中華民國法統遞嬗史；王景濂，唐乃霈合編· 342·51—W136

無錫，民視社，民十一年· 224面·

中華憲法平議；（美）偉羅璧原著，萬兆芝譯· 342·51—w684

上海，中華，民八年· 152面·

343 刑法

刑法總論；李維鈺輯。　　　　　　　　　340—2C89
　　　民二年．　383面．　見法政講義第三册

刑法各論；袁永廉輯．　　　　　　　　　340—C289
　　　民二年．　「392」面．　見法政講義第二册

刑法各論表解；王毓炳著．　　　　080—S155—343
　　　上海，科學書局，民元年．　102面．　「表解叢書」

中華民國暫行刑律釋義；陳承澤著．　　343.51—C270
　　　上海，商務，民十四年．　六版．　183面．

中華現行刑律要義；陳承澤著．　　　　343.51—C270
　　　上海，中華，民二年．　99面．

新刑律釋義；秦瑞玠著．　　　　　　　343.51—T648
　　　上海，商務，民十四年．　六版．　322面．

獨逸監獄法；柳大諲輯．　　　　　　　340—C289
　　　民四年．　331面．　「見法政講義第三册」

345 法典—中國

中華民國法令大全三編；商務印書館編譯所編．R—345.1—163
　　　上海，該館，民十二年．　四版．

中華六法；商務印書館編譯所編．　　　345.1—s162
　　　上海，該館，民十一年．　6册．

現行中華新六法；丁�榮編．　　　　　345.1—T546

上海，文明，民十三年．　12冊．

現行律民事有效部份集解；鄭爰諏編．　　345·1—D359

上海，世界，民十七年．　251面．

大理院判例解釋現行六法集解；周東白輯．　·345·1—C787

上海，世界，民十七年．　3冊．

大理院法律解釋分輯；王世裕著．　　·345·1—w156

上海，商務，民十一年．　四版．　164面．

最新司法判詞；商務印書館編譯所編．　345·1—S162

上海，商務，民十年．　4冊．

國民政府最高法院解釋法律文件彙編第一集；郭衛編．

345·1—K429

上海，法學編譯社，民十七年．　80面．

國民政府現行法令大全六法全書合編；郭衛等編．

345·1—K429w

上海，法學編譯社，民十七年．　2冊．

347·1　民法

民法總則；周大烈，陳國祥輯．　　　340—C289

民二年．　754面．　「見法政講義第七冊」

民法總則表解；上海科學書局編．　　080—S155—347·1

上海，該局，清宣統三年．　22面．　表解叢書」

民法要義；（日）梅謙次郎原著，陳承澤，陳時夏合譯·347·1—M184

上海，商務，民二年．　5冊．　「法學名著」

民法原論；（日）富井政章原著，陳海瀛，陳海起合譯· 347·1—F256

    上海，商務，民二年· 五版· 459面·

民法財產；壬許著· 347·1—J129

    上海，華盦，民二年· 四版· 3冊· 「法政講義第一集第22—2
    4冊」

民法相續法表解；上海科學書局編· 080—S155—347

    上海，該局，民二年· 64面· 「表解叢書」

民法財產物權；姚華輯· 40—C289

    民二年· 363面· 見法政講義第八冊

民法物權表解；趙國材著· 080—S155—347

    上海，科學書局，民元年· 22面· 「表解叢書」

民法財產債權担保；壬許輯· 340—C280

    民二年· 831面· 見法政講義第八冊

民法債權表解；趙國材著· 080—S155—347

    上海，科學書局，民元年· 36面· 「表解叢書」

親屬法大綱；陶彙曾著· 347·6—T247

    上海，商務，民十七年· 457面· 「政法叢書」

民法親屬法表解；上海科學書局編· 080—S155—347

    上海，該局，民二年· 70面· 「表解叢書」

347·7 法商

商法總則；陳漢第輯· 340—C289

民二年· 285面，　見法政講義第九冊

中國商業法令；鄒希陶譯·　　　　　　　　　　347·7—C359

民十五年· 86面·

大理院判例解釋現行商法大全；周東白輯·　347·7—C783

上海，世界，民十三年· 「472」面·

比較商法論；王家駒著·　　　　　　　　　347·7—W137

上海，中華，民六年· 248面·

商法總則表解；上海科學書局編·　　　　080—S155—347

上海，該局，民元年· 28面· 「表解叢書」

商法海法商表解；上海科學書局編·　　　080—S155—030

上海，該局，民二年· 78面· 「表解叢書」

商法商行爲；雷光宇輯·　　　　　　　　340—C289

民二年· 352面· 「見法政講義第十冊」

商法商行爲表解；上海科學書局編·　　　080—S155—030

上海，該局，民二年· 96面· 「表解叢書」

商法保險法表解；上海科學書局編·　　　080—S155—347

上海，該局，民三年· 76面· 「表解叢書」

商法手形法；方表輯·　　　　　　　　340—C289

民二年· 340面，　見法政講義第十冊

商法手形法表解；上海科學書局編·　　　080—S155—347

上海，該局·民二年· 6面· 「表解叢書」

破產法表解；上海科學書局編·　　　　　080—S55—347

上海，該局，民二年· 70面·

改訂商標法要義；章圭琢著·　　　　　　349—C189

上海，商務，民十四年· 再版· 42面·

110

新商法商人通例公司條例釋義；民友社輯·　　347·7—M°39
　　　上海，該社，民三年·　「913」面·
公司條例釋義；姚成瀚編·　　　　　　347·7—y152
　　　上海，商務，民十年·　四版·　「266」面·
票據法研究續編；徐滄水輯·　　　　　347·7—S476
　　　上海，銀行週報報社，民十四年·　「274」面·
票據法原理；王敬鸞編·　　　　　　　347·7—W158
　　　上海，商務，民十一年·　93面·
票據法研究；銀行週報社輯·　　　　　347·7—y275
　　　上海，該社，民十一年·　244面·
海商法；陳鴻慈輯·　　　　　　　　　340—c289
　　　民二年·　四版·　314面·　見法政講義第十冊
著作權律釋義；秦瑞玠著。　　　　　347·7—T648
　　　上海，商務，民三年·　再版·　65面·
商法會社；陳時夏輯。　　　　　　　340—c289
　　　民二年·　「587」面·　見法政講義第九冊
商會法通釋；歐陽瀚存著·　　　　　3 7·7—0133
　　．　上海，商務，民十三年·　89面·
商法調查案理由書；上海慈會等編·　　347·7—T162
　　　上海，民友社，民元年·　810面·

347·9　訴訟法

訴訟常識；胡暇著·　　　　　　　　　347·9—H405
　　　上海，商務，民十一年·　82面·

民事訴訟法論綱；（日）高木豐三原著，陳與年譯·　47·9—KI77
　　　上海，商務，民十二年·　四版·　2冊·　「法學名著」

民刑事訴訟須知；周鳳辇編·　　　　　343—C774
　　湖北高等審判廳，民七年·　203面·

民事訴訟法；季祖虞輯·　　　　　　　340—C289
　·　民二年·　233面·　見法政講義第五冊

民事訴訟法；李穆輯·　　　　　　　　340—C289
　　　民二年·　151面·　見法政講義第五冊

民事訴訟法；黃祖治　　　·　　　　　340—C289
　　　民二年·　222面·　見法政講義第五冊

民事訴訟法；李穆輯·　　　　　　　　340—C289
　　　民二年·　471面·　見法政講義第六冊

民事訴訟法要論表解；上海科學書局編·　030—S155—47
　　　上海，該局，民元年·　60面·　「表解叢書」

民事訴訟法各論表解；上海科學書局編·　080—S155—374
　　　上海，該局，民元年·　2冊·　「表解叢書」

刑事訴訟法；張一鵬著·　　　　　　　340—C289
　　　民二年·　10面·　見法政講義第七冊

刑事訴訟法要論表解；上海科學書局編·　080—S155—347
　　　上海，該局，民元年·　48面·　「表解叢書」

華洋訴訟例案彙編；姚之鶴著·　　　　341·5—y151
　　　上海，商務，民四年·　2冊·

347·9　法院　審判　·法庭

法院編制法表解；上海科學書局編·　　　　　080—S155—347
　　　上海，該局，民三年·　2冊·「表解叢書」

各國法庭制度；青年協會書報部編·　　　　　347·9—T665
　　　上海，該會，民十五年·　58面·「公民敎育叢刊」

審判心理學大意；（德）馬勃原著，陳大齊譯·　347·91—M328
　　　上海，商務，民十四年·　194面·「尙志學會叢書」

349　外國法

英律摘要；（英）羅賓生原著，張爾雲譯·　　349·42—R56
　　　上海，商務，民九年·　97面·

德國六法；商務印書館編譯所譯·　　　　　，349·43—S162
　　　上海，商務，民二年·　再版·　877面·

小本日本六法全書；商務印書館編譯所譯·　349·52—S162
　　　上海，該館，民三年·「524」面·

民法要義；（日）梅謙次郎原著，孟森譯·　349·527—M184
　　　上海，商務，民二年·　2冊·

民法要義；（日）梅謙次郎原著，金泯瀾譯·　349·527—M184
　　　上海，商務，民二年·　258面·

民法要義；（日）梅謙次郎原著，陳與燊譯·　349·527—M184
　　　上海，商務，民二年·　317面·

民法要義；（日）梅謙次郎原著，陳承澤，陳時夏合譯·349·527—M184
　　　上海，商務，民二年·　311面·

刑事訴訟法論；（日）松室致原著，陳時夏譯·　349·527—S573

上海，商務，民二年· 320面·

商法論；（日）松波仁一郎原著，秦瑞玠譯· 319·527—S573S

上海，商務，民二年· 3冊·

日本商法論；（日）松波仁一郎原著，秦瑞玠譯· 340·5277—573

上海，商務，民二年· 三版· 222面· ［法學名著］

350 行政法

行政法總論；白鵬飛著· 350—P227
　　上海，商務，民十六年·　316面·　「學藝叢書」

行政法總論；熊範輿輯· 340—C289
　　民元年·　28.面　見法政講義第一冊

行政法總論表解· 080—S155—350
　　上海，科學，民元年·　56面·　「表解叢書」

比較行政法；（美）葛德奈原著，民友社譯· 350—G62
　　上海，民友社，民二年·　544面·

比較行政法表解；上海科學書局編輯所編 080—S155—350
　　上海，科學，民二年·　2冊·　「表解叢書」

行政法汎論；（日）清水澄原著，金泯瀾譯· 350—T668
　　上海，商務，民二年·　六版·　「271」面·

行政法各論；陳崇基著· 340—C289
　　民元年·　202面·　見法政講義第一冊

行政法各論；（日）清水澄原著，商務印書館編譯所譯·350—T668S
　　上海，商務，民六年·　七版·　152面·

法國行政法；（法）麥坊德彌原著，項方等譯· 350—P225
　　上海，商務，民元年·　186面·

351 中央政府

政府論；（美）黎卡克原著，梁同譯· 351—L215
　　上海，科學會，民三年·　200面·　「政治學第二編」

列國政治異同考；（美）Reib原著· 351—R271

上海，商務，清光緒三十三年，　再版．　322面．

世界共和國政要；商務印書館編譯所編．　　　　351—S162

上海，商務，民二年．　三版．　226面．

各國近時政況；（日）小野塚喜平次原著，林覺民譯．　351—S410

上海，商務，民元年．　318面．

352　地方政府

省制條議；張嘉森著．　　　　　　　　　　352—C152

上海，商務，民五年．　再版．　84面．

省憲輯覽；愚厂輯．　　　　　　　　　　　352—y357

上海，德記，民十年．　「299」面．

湖南省憲法草案．　　　　　　　　　　　352—H432

上海，泰東，民十年．　28面．

地方自治通論；陳顧遠著．　　　　　　　　352—C278

上海，泰東，民十一年．　228面．

地方自治講義；甘鵬雲編．　　　　　　　　352—C760

湖北地方自治研究社，清光緒三十四年．　214面．

地方自治制度表解；上海科學書局編輯所編．　080—S155—352

上海，科學，民二年．　2冊．　「表解叢書」

地方自治精義；（日）織田萬原著，泰東圖書局譯．　352—C625

上海，泰東，民十二年．　72面．

各國地方自治綱要講義；中國內務部編．　352—C97K

上海，泰東．　241面．　「地方自治講義第一種」

地方自治講義；（日）水野鍊太郎原著，商務印書編譯　所譯．352-S162

116

上海，商務，清宣統三年． CC面．

地方自治討論大綱；孫祖基著． 3/2—S511

上海，青年協會書局，民十五年． 250面． 「**公民教育叢刊十六種**」

自治論；（日）獨逸學協會原譯，謝冰重譯． 352—1773

上海，商務，清宣統二年． 五版． 159面．

地方行政要義；王倬編． 352—W136

上海，商務，民三年． 2冊．

352·1 市政

市政制度；張慰慈著． 352·1—C172

上海，亞東，民十四年． 370面．

市政指南；李宗黄著． 352·1—L181

上海，商務，民十六年． 54面．

市町村自治行政論；孟繼旦編． 352·1—M210

東京，東華書局，清光緒三十四年． 242面．

市政述要；白敦庸著． 352·1—P227

上海，商務，民十七年． 15面．

市政經營論；（日）矢田七太郎原著，吳劍秋譯． 352·1—S259

上海，商務，民十四年． 212面． 「**都市叢書**」

市政新論；董修甲著． 352·1—T856

上海，商務，民十六年． 三版． 210面．

市組織法；董修甲著， 352·1—T856

上海，商務，民十七年． 185面． 「**市政叢書**」

美的市政；楊哲明著． 352·1—y121

上海，世界，民十六年． 70面．

都市問題之研究；（日）栃內吉胤原著，楊名逢譯． 352·1—7132
　　雲南，昆明市政公所，民十三年． 146面． 「市政叢刊之二」

市政府論；阮毅存著． 352—y427
　　上海，世界，民十六年． 88面．

現代歐美市制大綱；顧彭年著． 080—P225—18
　　上海，商務，民十二年． 再版． 「百科小叢書第十八種」

新村市；東方雜誌社編． 080—T830—19
　　上海，商務，民十四年　三版． 100面． 「東方文庫」

352·11　市政府一法令

現行地方自治法令講義；中國內務部編． 352·101—C976n
　　上海，泰東． 222面． 「地方自治講義第二種」．

現行關係地方自治各項法規；中國內務部編．
352·101—C976
　　上海，泰東，民十四年． 九版． 162面． 「地方自治講義第三種」

縣自治法要義；劉世長著． 352·101—LS74
　　上海，商務，民十三年． 再版． 116面．

縣自治法釋義；潘上鶯著． 352·101—P1549
　　杭州，潘上鶯律師事務所，民十年． 「122」面．

中華民國現行地方自治法令；商務印書館編所譯編．
352·101—S162
　　上海，商務，民十三年． 再版． 64面．

352·15 市政府—各地

山西地方自治綱要；中國內務部編· 352•15—C9762S

上海，泰東· 476面·「地方自治講義第十二種」

廣東地方自治；中國內務部編· 352•15—C976Kw

上海，泰東· 295面·「地方自治講義第十一種」

一歲之廣州市；黃炎培著· 352•15—H489

上海，商務，民十五年· 三版· 108面·

膠州行政；（德）沙美原著，朱和中譯· 352•15—S141

上海，民智書局，民十六年· 226面·

湖南自治運動史上編；王無爲著· 352•15—W162

上海，泰東，民九年· 179面·

352·19 世界各國

東京市之市政；李謨著· 352•19—L192

上海，民智，民十二年· 212面·

英德法美比較都市自治論；（美）門羅氏原著，朱毓芬譯·

352•19—M926

上海，中華，民十年·「186」面·

美國市政府；（美）孟洛原著，臧啓芳譯· 352•19—M926

上海，商務，民十四年· 500面·「政法名著」

英國田園市；（日）弓家七郎原著，張維翰譯· 352•19—M164

上海，商務，民十六年· 81面·「市政叢書」

352·2　警察

警界必攜；郭公闕經·　　　　　　　　　　351·74—K424
　　　上海，商務，民十年·　五版·　2冊·

違警罰法要義；吳源瀚編·　　　　　　　　351·74—w299
　　　內務部編譯處，民七年·　120面·

警察實務義解；上海科學書局編輯所編·　　C89—S155—352
　　　上海，科學書局，民二年·　2冊·　「表解叢書」

警察法表解；上海科學書局編輯所編·　　　090—S155—352
　　　上海，科學書局，民二年·　96面·　「表解叢書」

352·4　衛生（參見314公共衛生）

衛生行政講義；中國內務部編·　　　　　　352·051—C976w
　　　上海，泰東·　210面·　「地方自治講義第七種」

城市衛生學；G.Jewett原著，李韞東譯。　352·41—L552
　　　上海，廣學會，民十二年·　60頁·

市衛生論；宋介著·　　　　　　　　　　　352·4—S554
　　　上海，商務，民十五年·　61面·　「市政譯書」

352·5　工程　（參見425土木工程）

都市計畫法制要論；（日）池田宏原著，蔣紹封譯·
　　　　　　　　　　　　　　　　　　　　852·5—C655
　　　雲南，昆明市政公所，民十三年·　222面·　「市政叢刊之一」

道路水利及土木行政講義；中國內務部編·　352·051—C976t
　　　上海，泰東·　130面·　「地方自治講義第九種」

市政工程學；凌鸿勛著．　　　　　　　　　.352.5—L340
　　　上海，商務，民十三年．　234面．

352·9　其餘市政問題（參見所屬各項如教育行政參見.71.）

教育行政，警察行政；張則川，劉遠駒合著．　352.9—C171
　　湖北地方自治研究社，清光緒三十四年．　263面．

教育行政講義；中國內務部編．　　　　　352.9—C976C
　　　上海，泰東．　210面．「地方自治講義第六種」

勸業及公共營業講義；中國內務部編．　352.9—C976Ch
　　　上海，泰東．　300面．「地方自治講義第八種」

地方財政學要義講義；中國內務部編．　352.9—C976d
　　　上海，泰東．　344面．「地方自治講義第五種」

戶籍法講義；中國內務部編．　　　　　352.9—C976h
　　　上海，泰東．　409面．「地方自治講義第四種」

慈善行政講義；中國內務部編．　　　　352.9—C976tE
　　　上海，泰東．　137面．「地方自治講義第十種」

都市居住問題；（德）Pohle原著，陳迪光譯．　352.—P754
　　　上海，商務，民十三年．　210面．「新智識叢書」

355　軍事學

軍事常識；蔣方震著．　　　　　　　　.355—T563
　　　上海，商務，民六年．　二冊．

孫子兵法史証；支偉成編．　　　　　　　　　　355·01─C624
　　　上海，泰東，民十五年．　171面．　「諸子研究之八」

七子兵畧；陳益標點．　　　　　　　　　　　　355·01─C270
　　　上海，掃葉山房，民十五年．　268面．

兵的改造與其心理；朱執信著．　　　　　　　　355·05─C821
　　　上海，民智，民十五年．　六版．　72面．　「國民叢書第一種」

行軍指要(英)哈密原著，(布)金楷理口譯，趙元益重譯·　355·01─H105
　　　上海，江南製造局．　六冊．

新軍論（法）卓來原著，劉文島，廖世劢合譯·　　355·01─J327
　　　上海，商務，民十五年．　三版．　418面．　「共學社時代叢書」

精神講話一斑；林修海著．　　　　　　　　　　355·01─L326
　　　上海，國光，民十五年．　再版．　58面．

曾胡治兵語錄；蔡鍔輯．　　　　　　　　　　　355·01─T416
　　　上海，商務，民十五年．　七版．　45頁．

增補曾胡治兵語錄；蔣中正增輯　　　　　　　　355·01─T561
　　　中國國民黨陸軍軍官學校，民十三年．　116面．

軍語；　　　　　　　　　　　　　　　　　　　355·03─C955
　　　310面．

列强青年之軍事預備敎育；中央陸軍軍官學校編·355·07─C979
　　　國民革命軍軍事雜誌社，民十七年．　302面．

軍事敎育全書；鄒明倫著．　　　　　　　　　　355·08─C781
　　　著者刊，清光諸三十三年．　481面．

德國練兵要書；（德）康貝原著，李丹崖譯．　　355·08─K153
　　　序清光緒甲申年．　二冊．

軍事學大全；崔作模著．　　　　　　　　　　　355·08─T736
　　　上海，商務．　244面．

歐戰最新改良軍事叢編；彊木善孚著• 355•08—T820
民十三年• 第一冊•

兵工問題；陸世益著• 355•11—L432
上海，商務，民十五年• 再版• 「114」面•

裁兵計畫書；蔣方震著• 355•11—T563
上海，商務，民十一年• 「207」面•

陣中要務令草案• 355•3—C297

陸軍軍隊符號；陸軍軍學編輯局編• 355•3—L425
北京，陸軍部纂譯官處，民十三年• 50面•

應用戰法命令正篇• 355•3—y285
上海，漢武社，清宣統三年• 55頁

戰術學• 355•4—C141
三冊•

歐洲發明新戰術；黃海泉著• 355•4—H475
武昌，著易堂，民十四年• 112面•

戰術學教程；日本士官學校編• 355•4—J141
上海，漢武社，民元年• 3冊•

前敵須知；（英）克利穎原著，舒高第，鄭昌棪合譯• 355•4—K205
上海，江南製造局• 四冊•

戰法新書；顧臧，馮寅賓合譯• 355•4—K253
上海，均益圖書公司，清光緒三十三年• 305面•

實兵指揮之參考；廣州軍事研究社編• 355•4—K820
該社，民十五年• 260面•

歐戰發明小部隊攻擊法；（法）白丹原著，黃海泉譯•
355•4—P227

武昌，永盛，民十二年• 76面•

臨陣管見；(布)斯拉弗斯原著，金楷理口譯，趙元益重譯·

355·4—S589

上海，江南製造局· 四冊·

最新應用戰術；王作新著· 355·4—W136

北京，武學書館，民十二年· 再版· 315面·

兵要地理；軍學編輯局編· 355·47—C954

三冊合一·

古今戰事圖說：平定粵匪之部；陳曾壽著· 395·4—C289

上海，商務，序清光緒廿五年· 五冊·

新兵器之研究；鄒燦斌著· 355·8—T696

湖北軍警週刊社，民十四年· 128面·

步兵前哨；賀忠良著· 356—H180c

上海，漢武社，民元年· 55頁·

步隊行軍篇；賀忠良著· 356—H180d

上海，漢武社，民元年· 50頁·

步兵偵探；賀忠良著· 356—H180s

上海，漢武社· 四版· 66頁·

步兵射擊教範解說；李蒙滋譯· 356—L191

保定，墨花齋，民六年· 242面·

步兵操典草案· 356—P409

274面·

步兵操典；文明書局編· 356—W259

上海，中華，民十五年· 248面·

礮法畫譜；丁友雲著· 358—T354

上海，江南製造局，清光緒十四年· 25頁·

124

野戰礮兵射擊教範解義.　　　　　　　358—y197
　　228面.

360　紅十字會

紅十字會之歷史；（美）莫約西原著·　　　　　　　360—N178
　　　上海，商務，民八年·　37面·

364　盜匪問題

中國盜匪問題之研究；何西亞著·　　　　　　　　364—H210
　　　上海，泰東，民十四年·　再版·　102面·

364　犯罪學

犯罪學；朗伯羅梭民原著，劉麟生譯·　　　　　　　364—L838
　　　上海，商務，民十一年·　431面·　「共學社社會經濟叢書」

監獄官練習要書；田荊華等合著·　　　　　　　　365—C598
　　　監獄研究社，清光緒三十四年·　29面·

感化錄；金兆鑾等合著　　　　　　　　　　　　365—C662
　　　上海，商務，民十二年·　59面·

監獄服務；（日）山田虎一郎講授，劉元績，李明經合編·　365—S122
　　　東京，伊藤幸吉，清光緒三十三年·　137面·

日本監獄制度；（日）小河滋次郎講述，王人鑑譯·　　365—S410
　　　赤城，法政研究會，清光緒三十三年·　31面·

監獄學；（日）小河滋次郎，印南於菟吉講授，田慶咸等合編·

　　　　　　　　　　　　　　　　　　　　　　　365—S410

　　　東京，伊藤幸吉，清光緒三十三年·　166面·

126

366 秘密會社

中國秘密社會史；商務印書館編譯所編．   366—S162

上海，商務，民十二年． 五版． 169面．

世界之秘密結社；東方雜誌社著．   C80—T86012

上海，商務，民十四年． 三版． 76面． 「東方文庫第十二種」

368 保險學

保險學；王效文著．   368—W155

上海，商務，民十四年． 2冊．

人壽保險學；S·S·Huebner原著，徐兆蓀譯   368·3—H87

上海，務商，民十四年． 269面． 「經濟叢書社叢書之九」

369·4 童子軍

少年中國運動；王光祈著．   369·4—W146

上海，中華，民十四年． 二版． 230面． 「少年中國學會小叢書」

童子軍追踪術；張亞良著．   369·43—C173

上海，商務，民九年． 再版． 93面．

童子軍結繩法；張亞良著．   369·43—C173c

上海，商務，民十四年． 六版． 85面．

童子軍自由車隊訓練法；張亞良著．   369·43—C173t

上海，商務，民十一年． 四版． 102面．

童子軍引擎使用法；張亞良著．   369·43—C173y

上海，商務，民十一年． 三版． 94面．

參與萬國童子軍大會報告；章嶷著·　　　3C9·43—C177
　　　上海，商務，民十四年·　128面·

幼童軍敎練法；程季枚著·　　　369·43—C331
　　　上海，商務，民十年·　再版·　96面·

童子軍中國旗語；程季枚著·　　　3C9·43—C331t
　　　上海，商務，民十三年·　69面·

童子軍專論；治永清著·　　　369·43—C658
　　　上海，商務，民十五年·　184面·　「北京師範大學叢書」

英國少年義勇團；（日）今西嘉藏原著，朱元善譯·369·43—C676
　　　上海，商務，民八年·　三版·　162面·

童子軍徽章；朱樸著·　　　369·43—C853
　　　上海，商務，民十年·　再版·　66面·

童子軍斥候必携；瞿同慶譯·　　　369·43—.874
　　　上海，務商，民十三年·　五版·　57面·

童子軍初步；中國童子軍協會著·　　　369·43—C976
　　　上海，商務，民十一年·　六版·　155面·

童子軍規律；中華全國童子軍協會編·　　369·43—C976K
　　　上海，商務，民十四年·　六版·　116面·

英國幼女團；（英）貝登堡原著，汪仁侯譯·　369·43—P251
　　　上海，商務，民十一年·　97面·

童子軍烹調法；蔣千，呂雲彪合著·　　360·43—T561P
　　　上海，商務，民十一年·　三版·　60面·

童子軍游戲法；蔣千，呂雲彪合著·　　369·43—T561y
　　　上海，商務，民十年·　再版·　52面·

童子軍日記；杜定友著·　　　369·43—T768
　　　上海，商務，民八年·　三版·　94面·

童子軍體操；魏鼎勛著·　　　　　369·43—W207
　　上海，商務，民十三年·　五版·　70面·

童子軍露營須知；吳銘之著·　　　　369·43—W290
　　上海，商務，民九年·　三版·　70面·

童子軍橋梁建築法；嚴家麟著·　　　369·43—y211C
　　上海，商務，民十三年·　三版·　59面·

童子軍營舍建造法；嚴家麟著·　　　369·43—y211y
　　上海，商務，民十三年·　再版·　54面·

女童軍教練法；周起鵬著·　　　　　369·43—C771
　　上海，商務，民十一年·　109面·

初級女童子軍；汪仁侯著·　　　　　369·46—W169
　　上海，商務，民十二年·　65面·

370　教育學

教育入門；沈子善等合著．　　　　　　　　370—C771

　　上海，中華，民十五年．　148面．

教育論；斯賓塞爾原著，任鴻雋譯．　　　　370—S33

　　上海，商務，民十二年．　127面．

教育的理法問題；蘇儒善著．　　　　　　　370—S460

　　上海，亞東，民十五年．　148面．

教育學原理；孫貴定著．　　　　　　　　　370—S518

　　上海，商務，民十三年．　138面．

教育學講義；蔣維喬著．　　　　　　　　　370—T568

　　上海，商務，民元年．　116面．

教育學；楊嘉椿著．　　　　　　　　　　　370—y121

　　上海，商務，民十一年．　56面．

教育之改造；（日）中島半次郎原著，陳適譯．　370·1—C978

　　上海，公民，民十年．　44面．　「公民叢書教育類第五種」

教育哲學大綱；范壽康著．　　　　　　　　370·1—F132c

　　上海，商務，民十四年．　再版．　79面．　「學藝彙刊」

教育哲學；（美）杜威原著，沈振聲筆述，劉伯明譯．　370·1—D515c

　　上海，泰東，民十四年．　五版．　151面．

孔子教育哲學；葛琨著．　　　　　　　　　370·1—K423

　　民十四年．　170面．

教育哲學大意；波特原著，孟憲承譯．　　　370·1—R614

　　上海，商務，民十三年．　160面．

現代教育思潮；樊炳清著．　　　　　　370·8—C544—1·2

　　上海，商務，民十一年．　三版．　14面．　「教育叢書一集一編」

敎育思潮槪說；鄭次川編·　　　　　　　080—P225—73

上海，商務，民十四年· · 35面· 「百科小叢書第七十三種」

現代敎育思潮；鄭次川，林科棠合譯·　　　370·1—C359

上海，商務，民十二年· · 109面·

敎育思潮大觀；（日）中島半郎原著，鄭次川譯·　370·1—C978

上海，商務，民十一年· 260面· 「新智識叢書之十六」

近代敎育思想；劉炳藜著·　　　　　　　370·1—L372

上海，北新，民十四年· 118面·

輓近敎育學說槪論；王駿聲著·　　　　　370·1—W158

上海，商務，民十三年· 再版· 124面·

司丹烈霍爾氏敎育學說；樊炳清著·　　　370·8—C544—1·5

上海，商務，民十一年· 三版· 36面· 「敎育叢書一集五編」

凱善西台奈氏敎育說；樊炳清著·　　　　370·8—C544—1·6

上海，商務，民十一年· 三版· 85面· 「敎育叢書一集六編」

杜威敎育學說之研究；（日）永野芳夫原著，林科棠譯·

370·1—D515

上海，商務，民十三年· 100面·

杜威敎育哲學；（美）杜威講演，金海觀等合記·　370·1—D515d

上海，商務，民十一年· 再版· 111面· 「南京高等師範叢書第四種」

敎育上興味與努力；（美）杜威原著，張醻卿，楊偉文合譯·

370·1—D515c

上海，商務，民十二年· 48面·

明日之學校；（美）杜威原著，朱經農，潘梓年合譯·

370·1—D515m

上海，商務，民十二年· 286面·

民本主義與教育；（美）杜威原著，鄒恩潤譯．　　370·1—D515m
　　上海，商務，民十七年．　653面·　「現代敎育名著」

平民主義與教育；（美）杜威講述，常道直譯．　　370·1—D515P
　　上海，商務，民十四年．　四版．　368面．　「共學社教育叢書」

全民敎育論發凡；常乃德著．　　　　　　　　　　370·1—C195
　　上海，商務，民十五年．　235面．　「民鐸叢書第一種」

敎育研究實用主義；朱元善著．　　　　　　　　　370·1—C819
　　上海，商務，民三年．　178面·

個性與教育；敎育雜誌社編．　　　　　　　　　　370·8—C544—60
　　上海，商務，民十四年．　106面．　「敎育叢書第六十種」

個性敎育；范壽康著．　　　　　　　　　　　　　370·1—F192
　　上海，商務，民十三年．　120面．　「師範小叢書」

個性論；（美）桑代克原著，智新城譯．　　　　　370·1—T093
　　上海，中華，民十一年．　48面·　「敎育叢書」

學校與社會；（美）杜威原著，劉衡如譯．　　　　370·1—D515S
　　上海，中華，民十一年·　146面·　「敎育小叢書」

社會學與敎育；敎育雜誌社編·　　　　　　　　　370·8—C544—45
　　上海，商務，民十四年·　94面·　「敎育叢箸」

敎育之社會原理述要；敎育雜誌社編．　　　　　　370·8—C544—46
　　上海，商務，民十四年·　91面·　「敎育叢箸第四十六種」

社會與敎育；陶孟和著·　　　　　　　　　　　　370·1—T248
　　上海，商務，民十二年·　三版·　262面·　「北大叢書之六」

密勒氏人生敎育；鄭宗海，俞子夷合譯·　　　　　370·1—M612
　　上海，商務，民十三年·　四版·　266面·「北京高師叢書第三種」

敎育與人生；（英）羅素原著，李大年譯·　　　　370·1—R911

上海，啓智，民十七年· 206面·

教育之改造；（日）中島半次郎原著，陳適譯· 370·1—C978
　　上海，公民，民十年· 44面· 「公民叢書教育類第五種」

實効教育論；錢智修編· 370·8—C544—5·10
　　上海，商務，民六年· 30面· 「教育叢書第三集第十編」

教育學與各科學；朱元善著· 370·8—C544—1·2
　　上海，商務，民十一年· 三版， 55面， 「教育叢書第一集第二編」

教育之科學的研究；（美）吉特氏原著，鄭宗海譯· 370·1—J881
　　上海，商務，民十三年· 52面·

370·15 教育心理學

教育心理學大要；教育雜誌社編· 370·8—C544—61
　　上海，商務，民十四年· 81面· 「教育叢書第六十一種」

學習之心理；朱元善編· 370·8—C544—3·4
　　上海，商務，民六年· 84面· 「教育叢書第三集第四編」

學習之基本原理；愛德華原著，錢希乃，倪其樂合譯· 370·15—E695
　　上海，商務，民十三年· 292面· 「師範叢書」

心智使用法；（美）基脱遥原著，俞人元譯· 370·15—K658
　　上海，商務，民十五年· 120面· 「新智識叢書」

學習心理學；派爾原著，朱定鈞，夏承楹合譯· 370·15—P993
　　上海，中華，民十四年· 三版· 202面· 「教育叢書」

教育心理學綱要；舒新城編· 370·15—S313
　　上海，商務，民十二年· 再版· 122面·

心理原理實用敎育學；舒新城著・　　　　　　　370·15—S313
　　　上海，商務，民十四年・　　七版・　　192面・・　「尚志學會叢書」

敎育心理學；(日)松本亦太郎，稻山崎淺次郎合著，朱兆萃，邱陵合譯・
　　　　　　　　　　　　　　　　　　　　　　370·15—S573

　　　上海，商務，民十三年・　　再版・　　271面・

敎育心理學；吳致覺著・　　　　　　　　　　　370·15—W281
　　　上海，商務，民十二年・　　79面・

370·2　敎育統計學

敎育統計學大綱；薛鴻志著・　　　　　　　　　370·2—S4:1
　　　北京高等師範編譯部，民十一年・　　148面，「北京高師敎育叢書」

370.3　敎育辭典

中國敎育辭典；王㶑等合編・　　　　　　　R—370·3—W155
　　　上海，中華，民十七年・

370·4　敎育論文集

敎育短評；敎育雜誌社編・　　　　　　　　370·8—C544—34
　　　上海，商務，民十四年・　　126面・　「敎育叢書第八十四種」

戰後敎育論；(英)巴德雷原著，陸懋德譯・　　　370·4—B143
　　　上海，商務，民十一年・　　60面・

杜威三大演講；(美)杜威講演，劉伯明，沈振聲合譯• 370•4—D515
      上海，泰東，民十年• 三版• 300面•

教育叢稿；李廷翰著• 370•4—I189
      上海，中華，民十年• 382面•

教育文存；陸費逵著• 370•4—L426
      上海，中華，民十一年• 再版• 414面•

英美教育近著摘要；衛士生等合著• 370•4—W221
      上海，商務，民十三年• 430面•

世界教育會議之經過；殷芝齡著• 370•63—y270
      上海，商務，民十二年， 72面•

370•72 師範教育

師範學校論；賈豐臻著• 370•8—C544—1•8
      上海，商務，民十一年• 三版• 87面• 「教育叢書第一集第八編」

師範生的良友；張化工著• 370•72—C172
      上海，商務，民十三年• 54面•

370•8 教育叢書

教育叢書三集•「缺第二集第三編，第三集第十一編」 370•8—C544
      上海，商務，民四年至六年， 細目分見各類

教育叢著；教育雜誌社編•八十六種，缺1,4—34種• 370•8—C545
      上海，商務，民十四年， 細目分見各類

370·9　教育史

教育史；范壽康著·　　　　　　　　　　　　370·9—F132
　　　上海，商務，民十二年·　　426面·

教育史；李步青著·　　　　　　　　　　　　370·9—L105
　　　上海，中華，民十一年·　十四版·　100面·

教育史；楊游著·　　　　　　　　　　　　　370·9—y127
　　　上海，商務，民十一年·　十版·　79面·

西洋教育小史；王誨初著·　　　　　　　　　080—2225—93
　　　上海，商務，民十五年·　43面·　「百科小叢書第九十三種」

西洋教育史大綱；姜琦著·　　　　　　　　　370·9—C721
　　　上海，商務，民十一年·　再版·　496面·

西洋教育制度的演進及其背景；莊澤宣著·　　370·9—C916
　　　上海，民智，民十七年·　266面·

西洋教育史綱要；王鳳喈著·　　　　　　　　370·9—W140
　　　上海，商務，民十一年·　128面·

近三世紀西洋大教育家；（美　格萊夫斯原著，莊澤宣譯·
　　　　　　　　　　　　　　　　　　　　370·9—G784
　　　上海，商務，民十四年·　180面·　「現代教育名箸」

近代教育史；（美）格萊夫斯原著，吳康譯·　370·9—G784d
　　　上海，商務，民十二年·　再版。「468]面·　「世界叢書」

中國教育史；陳青之著·　　　　　　　　　　370·951—C270
　　　北京師大心理室，民十五年·　290面·　「北京師大教育叢書之五」

中國教育制度沿革史；郭秉文著·　　　　　　370·951—K426
　　　上海，商務，民十一年·　164面·

中國教育史大綱；王鳳喈著·　　　　　　　　370·951—W140

上海，商務，民十七年· 39面· 「北京師大叢書」

371 敎授法 管理 行政 敎員

敎授法概要；兪子夷編·   570·8—3544—3·1
　　　上海，商務，民六年· 112面· 「敎育叢書」

科學敎授之我見；祁天錫原著，程湘帆譯·   371·3—C417
　　　上海，伊文思，民十三年· 18面·

新敎授法原論；入澤宗壽原著，羅迪先譯·   371·3—J154
　　　上海，商務，民十三年· 234面·

敎育方法原論；（美）克伯屈原著，孟憲承，愈慶棠合譯·
　　　　　　　　　　　　　　　　　　　　371·3—K659
　　　上海，商務，民十六年· 464面· 「現代敎育名著」

敎學指導；程湘帆著·   371·3—C645
　　　上海，商務，民十五年· 189面·

修學指導；鄭宗海著·   575—C351
　　　上海，商務，民十三年· 再版· 84面· 「東南大學叢書」

敎授時間之研究；朱元善編·   570·8—3544—2·2
　　　上海，商務，民十一年· 55面· 「敎育叢書」

協動敎學法

協動敎學法的嘗試；敎育雜誌社編·   370·8—3544—58
　　　上海，禹務，民十四年· 90面· 「敎育叢著第五十八種」

試行協動教學法的成績報告；教育雜誌社編．

370•8—C544—59

上海，商務，民十四年．　110面．　「教育叢著第五十九種」

實驗各科動的教育法；呂雲彪等合著．　　371•3—L453S

上海，商務，民十二年．　124面．

動的教育學；繆序賓，呂雲彪合編．　　370•1—M261

上海，商務，民十年．　100面．

分團教授

分團教授之實際；朱元善編．　　370•8—C514—3•2

上海，商務，民六年．　47面．　「教育叢書第三集第二編」

實驗分團教授法；陳文鍾等合著．　　371•3—C282

上海，商務，民八年．　237面．

分團教授精義；呂雲彪等合著．　　371•3—L453

上海，商務，民八年．　104面．

設計教學法

實驗設計教學法；芮佳瑞著．　　080—P225—9

上海，商務，民十二年．　70面．　「百科小叢書第九種」

設計教學法輯要；廉紹言，薛鴻志合著．　　371•3—K453

上海，商務，民十二年．　196面．　「北京師範大學叢書」

設計教學試驗實況；沈百英著· 371·3—S220
上海，商務，民十一年· 78面·

設計教學法；（美）克拉可韋瑞原著 沈有乾譯· 371·3—K855
上海，中華，民十二年· 128面·

設計教育大全；（日）松清泰嚴原著，沫本等合譯· 371·3—S174
上海，商務，民十二年· 188面·

單級教授 複試教授

單級教師之友；陳子仁著· 371·3—C289
上海，商務，民十五年· 148面·

革新單級教育；李曉農，辛尙燦合著· 371·3—L185
上海，商務，民十三年· 111面·

複試教授法；范祥善著· 371·c—F132f
上海，商務，民四年· 170面·

道爾頓制

道爾頓制原理；芮佳瑞著· [08C—P225—34
上海，商務，民十二年· 86面·〔百科小叢書第三十四種〕

柏克赫司特女士與道爾頓制；中華教育改進社編·
371·38—C976
上海，商務，民十四年， 32面·

139

道爾頓式教育的研究；林本譯．　　　　　　371·38—L325
　　上海，商務，民十三年．　58面．

柏女士講演討論集；許與凱輯．　　　　　　371·38—P221
　　北京晨報社出版部，民十四年．　2.0面．

道爾頓研究室制；（美）杜家原著，錢希乃，諸葛龍合譯．
　　　　　　　　　　　　　　　　　371·38—D515
　　上海，商務，民十四年．　四版．　104面．

道爾頓制實驗報告；廖世承著．　　　　　　771·38—L282
　　上海，商務，民十四年．　188面．　「東南大學教育科叢書」

道爾頓制教育；柏克赫司特女士原著，趙廷爲，曾作忠合譯．
　　　　　　　　　　　　　　　　　371·38—P228
　　上海，商務，民十三年．　183面．

道爾頓制概觀；舒新城著．　　　　　　　　371·38—S313
　　上海，中華，民十二年．　216面．

道爾頓制淺說；舒新城著．　　　　　　　　371·38—S313C
　　上海，中華，民十三年．　112面．

湖北省立模範小學校試行道爾制一年的經過；王義周
　編．　　　　　　　　　　　　　　　371·38—W143
　　湖北省立模範小學校勤業商社，民十三年．　70面．

371.39　　其餘各種教學法

英語教學法；張士一講演．　　　　　　　　371·39—C170
　　上海，中華，民十二年．　再版．　41面．

葛雷學校之組織；江蘇省立第一師範學校編．　371·39—C514
　　上海，商務，民十三年．　再版．　67面．

教育的發問答；朱元善著• 371•39—C839
　　上海，商務，民十一年• 57面• 「教育叢書第二集第三編」

各科教授法；范壽康著• 371•39—F132
　　上海，商務，民十二年• 144面•

生活教育設施法；顧樹森著• 371•39—K252
　　上海，中華，民三年• 114面•

新制各科教授法；李步青著• 371•39—L195
　　上海，中華，民四年• 100面•

修學効能增進法；（美）韋伯爾博士原著，鄭宗海譯•
　　　　　　　　　　　　　　　　　　　371•39—w769
　　上海，商務，民十三年• 36面•

各科教授法精義；（日）森岡常藏原著，白作霖譯• 371•39—S202
　　上海，商務，民三年• 337面•

自然研究校外教授實施法；蔡松筠著• 371•39—T414
　　上海，商務，民十一年• 196面• 「理科叢刊」

校外教授實施法；蔡松筠著• 371•39—T414S
　　上海，商務，民十一年• 196面•

371.42　職業教育

職業教育概論；莊澤宣著• C80—P225—92
　　上海，商務，民十五年• 2面• 「百科小叢書第九十二種」

職業教育之理論及職業之調查；教育雜誌社編
　　　　　　　　　　　　　　　　370•8—C544—65
　　上海，商務，民十四年• 8面• 「教育叢著第六十五種」

工藝科教學法；敎育雜誌社編．　　　　370·8—C544—55
上海，商務，民十四年．　77面．　「敎育叢著五十五種」

手工敎授法；趙傳璧編．　　　　　370·8—C544—3·7
上海，商務，民六年．　54面．　「敎育叢著三集七編」

職業敎育論；朱景寬譯．　　　　　370·8—C544—2·10
上海，商務，民十一年．　44面．　「敎育叢書二集十編」

手工敎育論；朱元善編．　　　　370·8—C544—1·9
上海，商務，民十一年．　165面．　「敎育叢書第一集第九編」

青年職業指導；（美）卜龍飛原著，王文培譯．　371·42—B623
上海，中華，民十三年．

職業敎育眞義；朱元善著．　　　　371·42—C839
上海，商務，民六年．　258面．

職業指導實驗；莊澤宣著．　　　　371·42—C916
上海，商務，民十四年．　207面．

職業敎育槪論；莊澤宣著．　　　　371·42—c916
上海，商務，民十五年．　72面．　「百科卜叢書第九十二種」

職業心理學；（美）古力非此原著，鄒恩潤譯．　371·42—G875
上海，商務，民十五年．　176面．　「職業敎育叢刊」

職業指導大綱；郎聲霄著．　　　　371·42—L140
上海，泰東，民十六年．　2冊．

小學職業陶冶；（美）勒維特氏布郎氏原著，楊聯鄂，彭望芬合譯．
　　　　　　　　　　　　　　　371·42—L489
上海，商務，民十四年．　66面．　「職業敎育叢刊第六種」

職業技師養成法；（日）秋保治安原著，熊崇煦譯．　371·42—T676
上海，商務，民八年．　165面．

142

職業敎育研究；郵恩潤著・　　　　　　　　　371・42—T692
　　　　上海，商務，民十二年・　再版・　116面・　「職業敎育叢刊第一種」

社會的國民敎育；（日）田中義一原著，董瑞樁譯・　371・43—T332
　　　　通俸敎育研究會，民六年，　73面・

　　　　　371・5　　學校行政

敎育行政効率問題一部份的研究；敎育雜誌社編・
　　　　　　　　　　　　　　　　　　370・8—c544—36
　　　　上海，商務，民十四年・　83面・

學校管理法；郭秉文著・　　　　　　　　370・8—C544—2・6
　　　　上海，商務，民十一年・　34面・　「敎育叢書第二集第六編」

大學校管理法；（美）W・E・Chartes原著，何炳松譯・　371・5—C38
　　　　上海，公民，民十一年・　66面・　「公民叢書敎育類第六種」

學校管理法；范壽康著・　　　　　　　　371・5—F132
　　　　上海，商務，民十二年・　95面・

學校庶務之研究；蔣世剛著・　　　　　　371・5—T571
　　　　上海，商務，民十三年・　160面・

實驗簡易理化器械製造法；蔡文森著・　370・8—C544—2・9
　　　　上海，商務，民十一年・　186面・　「敎育叢書第二集第九編」

371.7　學校衞生

小學校救急法；朱鍊編・　　　　　　　　　370・8—C544—2・7
　　上海，商務，民十一年・　再版・　63面・「教育叢書二集七編」

體育之進行與改造；教育雜誌社編・　　　　370・8—c544—68
　　上海，商務，民十四年・　80面・「教育叢著第六十八種」

小學體育敎學法；教育雜誌社編・　　　　　370・3—c544—69
　　上海，商務，民十四年・　70面・「教育叢著第六十九種」

學校健康之保護；丁福保著・　　　　　　　610・8—T347—371・7
　　上海，譯書公會，清宣統三年・　127面・「丁民醫學叢書」

衞生科敎學法大綱；愛博敦原著，朱有光譯・　371・7—A653
　　上海，伊文思，民十四年・　126面・

袖珍學校衞生；薛德熠著・　　　　　　　　371・7—S413
　　江陰，華通印書館，民十一年・　80面・

學生衞生寶鑑；吳傳綏譯・　　　　　　　　371.7—W281
　　上海，中華，民八年・　再版・192面・「衞生叢書之一」

學校衞生學；印有模著・　　　　　　　　　371・7—y288
　　上海，商務，民四年・　七版・78面・

初級體育敎練法；（美）葛雷原著，錢江春，戴昌鳳合譯・
　　　　　　　　　　　　　　　　　　　　371・73—G793
　　上海，中華，民十三年・　三版・122面・

體育敎材；麥克樂，沈重威合著・　　　　　371・73—M123
　　上海，商務，民十七年・　528面・

衞生故事和敎學法；沈百英著・　　　　　　371・73—S220
　　上海，商務，民十二年・　56面・

371.8　學校課外運動

學校劇；范壽康著．　　　　　　　　　　08c—P225—36
　　上海，商務，民十二年．　63面．　「百科小叢書第三十六種」

學校風潮的研究；教育雜誌社編．　　　　370·8—C544—74
　　上海，商務，民十四年．　81面．　「教育叢著第七十四種」

學潮研究；顧倬著．　　　　　　　　　　371—K246
　　上海，中華，民十一年．　117面．

訓育之理論與實際；教育雜誌社編．　　　370·8—C544—73
　　上海，商務，民十四年．　95面．　「教育叢著第七十三種」

學校生活指導法；朱元善編．　　　　　　370·8—C544—3·6
　　上海，商務，民六年．　58面．　「教育叢書第三集第六編」

學校之社會的訓練；朱元善編．　　　　　370·8—C544—3·5
　　上海，商務，民六年．　65面．　「教育叢書三集第五編」

學生社會服務之研究；(美)朝慕儒著．　　371·8—H439
　　上海，青年會組合，民三年．　106面．

中國學生運動小史；查良鑑著．　　　　　371·8—C110
　　上海，世界，民十六年．　84面．

學生自治須知；芮佳瑞著．　　　　　　　371·5—j161
　　上海，商務，民十一年．　三版．　59面．

學生與政治；高爾邸，高爾柏合著．　　　371·8—K167
　　上海，新文化書社，民十四年．　234面．

371.9　特殊教育

特殊教育之實施；教育雜誌社編．　　　　370·8—C544—42
　　上海，商務，民十四年．　94面．　「教育叢書第三十四種」

天才教育論；朱元善編．　　　　　　　　370•8—C544—2•11
　　上海，商務，民十一年．　33面．　『敎叢書二集第十一編』

特別教育；周維城著．　　　　　　　　　371•9—C781
　　上海，商務，民六年．　128面．

372　小學敎育

優良小學事彙第一輯；敎育部普通司輯．　　372—C544
　　上海，商務，民八年．　294面．

兒童的敎育；（美）愛倫凱原著，譯沈澤民．　372—K52
　　上海，商務，民十四年．　92面．

兒童與敎材；（美）杜威原著，鄭宗海譯．　372—D515
　　上海，中華，民十一年．　28面．　「敎育叢書」

小學校與家庭；顧旭侯著．　　　　　　　372—K248
　　上海，商務，民十一年．　56面．

小學敎師必携；商務印書館編譯所編．　　　371—S162
　　上海，商務，民三年．　35面．

兒童之訓練；G. shiller原著，陳鴻璧譯．　372—Sh62
　　上海，商務，民十三年．　107面．　「新智識叢書之二十一」

兒童矯弊論；葉農生譯．　　　　　　　　372—y188
　　上海，中華，民六年．　94面．

小學敎育參考書；敎育雜誌社編．　　　　370•8—C544—85
　　上海，商務，民十四年．　三冊．　『敎育叢書第八十五種』

146

兒童自治施行實況；敎育雜誌社編・   370・8—G544—75

　　上海，商務，民十四年・　三冊・　「敎育叢著第七十五種」

372.01　小學敎學法

小學敎學法概要；敎育雜誌社編・   370・8—C544—47

　　上海，商務，民十四年。　74面・　「敎育叢著第四十七種」

現代小學敎學法綱要；朱鼎元著・   372・01—C837

　　上海，商務，民十四年・　219面・

小學實施設計敎學法；崔唐卿著・   372・01—T735

　　北京師大附小，民十四年・　三版・　236面・

設計組織小學課程論；（美）龐錫爾原著，鄭宗海，沈子善合譯

　　　　　　　　　　　　　　　372・01—B644

　　上海，商務，民十四年・　416面・　「現代敎育名著」

372.102　心理測驗

學齡兒童智力測驗法；程浩澤・   080—P225—41

　　上海，商務，民十三年・　87面・　「百科小叢書第四十一種」

比奈氏智能發達診斷法；樊炳淸著・   370・8—C544—2・5

　　上海，商務，民十一年・　35面・　「敎育叢書二集第五編」

敎育測量；（美）愛里斯等原著，張棄潔，胡國鈺合譯・

　　　　　　　　　　　　　　　372・102—Ay74

　　北京高等師範，民十一年・　350面・　「北京高師叢書」

兒童心智發達測驗法；（法）蒙尼特原著，費培傑譯·
372·102—B512

上海，商務，民十二年·　128面·　「教育叢書」

智力測驗法；陳鶴琴，廖世承合著·
372·102—C275

上海，商務，民十一年·　再版·　250面·　「南京高師叢書」

智慧測量；許興凱著·
372·102—H376

北京，晨報社，民十二年·　202面·　「晨報社叢書第十二種」

麥柯爾教育測量法撮要；（美）麥柯爾原著，柯佐周譯·
372·102—M124

武昌，中山大學出版部，民十六年·　202面·

比納西蒙智力測驗；推孟原著，華超譯·
372·102—T273

上海，商務，民十三年·　二冊·　「世界叢書」

測驗統計法概要；俞子夷著·
372·102—Y370

上海，商務，民十四年·　再版·　75面·

372·2　幼稚園

幼稚教育及日美之幼稚園；教育雜誌社編·
370·8—C544—72

上海，商務，民十四年·　72面·　「教育叢著第七十二種」

蒙鐵梭利教育之兒童；裴雷女史原著，顧樹森等合譯·372·2—P255

上海，中華，民六年·　84面·　「教育叢書之一」

小學游技；譚競公著·
372·2—T162

上海，商務，民五年·　再版·　109面·

幼稚園課程研究；唐翼譯·
372·2—T206

上海，中華，民十二年·　91面·

孩子們的音樂；（日）田邊尚雄原著，豐子愷譯・　　372・2—T336
　　　上海，開明，民十七年・　128面・

幼稚園教育；王駿聲著・　　　　　　　　　372・2—W436
　　　上海，商務，民十六年・　109面・　「師範叢書」

設計的兒童游戲；楊彬如著・　　　　　　　372・2—Y436
　　　上海，商務，民十一年・　84面・

實用主義兒童訓練法；沈鏡清著・　　　　　372・207—S211
　　　上海，商務，民五年・　再版・　122面・

小學各科教學法

小學自然科教學法；教育雜誌社編・　　　370・8—C544—54
　　　上海，商務，民十四年・　90面・　「教育叢著第五十四種」

作文及文學教學法；教育雜誌社編・　　　370・8—C544—49
　　　上海，商務，民十四年・　167面・　「教育叢著第四十九種」

小學國語教學法概要；教育雜誌社編・　　370・8—C544—48
　　　上海，商務，民十四年・　89面・　「教育叢著第四十八種」

外國語教學法；教育雜誌社編・　　　　　370・8—C544—57
　　　上海，商務，民十四年・　102面・　「教育叢著第五十七種」

小學校商業科教授法；朱元善編・　　　　370・8—C544—3・12
　　　上海，商務，民六年・　53面・　「教育叢書三集第十二編」

小學算術教學法及練習法；教育雜誌社編・

　　　　　　　　　　　　　　　　　　370・8—C544—51
　　　上海，商務，民十四年・　90面・　「教育叢著第五十一種」

初級算術教授法；陳友松，廖榮善合著，　　　372·7—C292
　　上海，伊文思，民十四年·　38面·

小學公民教育及教學法；教育雜誌社編·　　370·—C544—52
　　上海，商務，民十四年·　94面·「教育叢書」

小學校的公民教育；趙宗預著·　　372·83—C201
　　上海，商務，民十七年·　155面·

小學公民科教學法；唐浤聲著·　　372·83—T201
　　上海，中華，民十四年·　二版·　109面·「教育小叢書」

小學史地教學法；教育雜誌社編·　　370·8—C544—53
　　上海，商務，民十四年·　81面·「教育叢著第五十三種」

小學地理教學法；薛鋰泰著·　　372·8—S411
　　上海，中華，民十一年·　三版·　80面·「教育小叢書」

373　中學教育

中學訓練問題；陳啓天著·　　372—C270
　　上海，中華，民十一年·　48面·「師範叢書」

中學教育；廖世承著·　　373—L282
　　上海，商務，民十三年·　444面·「師範叢書」

初級中等教育；曾作忠著·　　373—T531
　　上海，中華，民十三年·　268面·「北京師大叢書」

中學校之博物學教學法；教育雜誌社編·　　370·9—C544—50
　　上海，商務，民十四年·　90面·「教育叢著第五十種」

374 家庭教育 自動教育

勤勞教育論；朱元善編・　　　　　　　　　370•8─C544─?•8

上海，商務，民六年・　133面・　「教育叢書三集第八編」

自習主義教學法；陳遜著・　　　　　　　　　374─C288

上海，商務，民十年・　三版・　247面・

家庭教育；陳鶴琴著・　　　　　　　　　　　374─C275

上海，商務，民十五年・　100面・　「東南大學教育科叢書」

美國家事教育；莊澤宣著・　　　　　　　　　374─C916

上海，商務，民十年・　再版・　173面・

家庭教育與學校；熊露高著・　　　　　　　　374─H356

上海，商務，民十二年・　71面・

常識修養法；鄒德謹著　　　　　　　　　　　374─J697

上海，商務，民十一年・　五版・　54面・　「通俗教育叢書」

各科常識問答；湖南五育閎進會編・　　　　　374─H432

長沙，荷花池，南華書社・　民十五年・　再版・　2冊・

常識講義；上海交通大學學生會義務學校編・　374─M152

上海，民智，民十二年・　70面・

實務才幹養成法；鄒德謹，蔣正陪合編・　　　374─T697

上海，商務，民六年・　再版・　37面・　「通俗教育叢書」

自學自習法；朱元善編　　　　　　　　　　　370•8─C544─2•1

上海，商務，民十一年・　再版・　92面・　「教育叢書二集一編」

學校團；秦同培著・　　　　　　　　　　　　370•8─C544─1•10

上海，商務，民十一年・　53面・　「教育叢書一集第十編」

成人教育；教育雜誌社著・　　　　　　　　　370•3─C544─66

上海，商務，民十四年・　93面・　「教育叢著第六十六種」

151

實用主義科外教育設施法；楊辭曆著・　　　　374—Y121
　　上海，商務，民十四年・　三版・　240面・

375　課程

小學的新課程；教育雜誌社編・　　　　370・8—C544—3
　　上海，商務，民十四年・　2冊・　「教育叢書」

小學課程概論；程湘帆叢・　　　　375—S345
　　上海，商務，民十二年・　268面・　「中華教育改進社叢書之一」

新學制中學的課程；教育雜誌社編・　　　　370・8—C544—2
　　上海，商務，民十四年・　75面・　「教育叢書」

教材之研究；教育雜誌社編・　　　　370・8—C544—76
　　上海，商務，民十四年・　94面・　「教育叢書」

社會化的學程；德爾滿原著，鄭國梁譯・　　　　375—T273
　　上海，商務，民十二年・　3冊・　「燕京大學叢書」

新學制課程標準綱要；全國教育聯合會編　　　　375—T720
　　上海，商務，民十四年　　再四・　面・

376　女子教育（參見396婦女問題）

女子教育之問題及現狀；教育雜誌社編・　　370・8—C544—71
　　上海，商務，民十四年・　74面・　「教育叢書第七十一種」

新女子職業教育；段繼江著· 376—T816
上海，中華，民十二年· 72面·

378 專門及大學教育

國立北京大學廿周年紀念册 378·511—P223
北京大學，民六年· 438面·

學校指南；商務印書館編輯所編· 378·51—S162
上海，商務，民十二年·

379 公共及義務教育

平等教育計畫；張崇玖著· 379—C152
上海，泰東，民十一年· 98面·

各國教育談；陳其昌等合著· 379—C278
上海，商務，民十三年· 155面·

視察教育世界一周記；賈豐臻著· 379—C475
上海，商務，民十一年· 再版· 256面·

通俗教育談；顧倬著· 379—K246
上海，中國圖書公司，光緒三十三年· 63面·

平民教育實施法；顧旭侯等合著· 379—K248
上海，商務，民十四年· 106面·

露天學校；李乃得波耶斯原著，黃光斗譯· 379—L189
上海，泰東，民十一年· 94面·

貧民教育譚；李廷翰編・　　　　　　　　　　　379—I198
　　　上海，敎育雜誌社，民二年・　三版・　99面・

敎育問答；（日）淺野馴三郎原著，甘浩澤譯・　　379—T629
　　　上海，商務，民十四年・　98面・　「百科問答叢書」

二百兆平民大問題；吳敬恆著・　　　　　　　　379—W281
　　　上海，商務，民十三年・　75面・

國家主義的敎育；余家菊，李璜合著・　　　　　379—y346
　　　上海，中華，民十二年・　三版・　162面・　「少年中國學會叢書」

義務敎育之研究及討論；敎育雜誌社編・　　370・8—c544—63
　　　上海，商務，民十四年・　78面・　「敎育叢著第六十三種」

歐美之義務補習敎育；敎育雜誌社編・　　370・8—C544—64
　　　上海，商務，民十四年・　90面・　「敎育叢著第六十四種」

各地方實施義務敎育彙刊；　　　　　　　　379—K201
　　　北京敎育部，普通敎育司・　110面・

義務敎育之商榷；袁希濤編・　　　　　　　　379—y421
　　　上海，商務，民十年・　57面・

平民學校敎學法；賴成鑅著・　　　　　　　379・1—L20
　　　上海，商務，民十六年・　80面・　「城市平民敎育叢刊」

平民學校管理法；殷祖赫著・　　　　　　　379・1—y270
　　　上海，商務，民十六年・　32面・　「城市平民敎育叢刊」

世界各國學制考；吳家鎮・　　　　　　　　379・1—W281
　　　上海，商務，民十三年・　493面・　「人文叢書」

庚子賠款與敎育；敎育雜誌社編・　　　　379・8—C544—83
　　　上海，商務，民十四年・　三冊・　「敎育叢著第八十三種」

美國退還庚子賠欵餘額經過情形；章之汶等合譯．

379.11—C177

上海，商務，民十四年． 175面． 「中華教育改進社叢刊之二」

379.14 教育法令

教育法令選；教育雜誌社編． 370.8—C544—86

上海，商務，民十四年． 三冊． 「教育叢著第八十六種」

教育新法令；中國教育部編． 379.14—C976

上海，商務，民八年． 8版． 4冊．

新編普通教育法令；丁譽鑾著． 379.14—T346．

上海，中華，民十一年． 再版． 215面．

379.15 學校視察法

教育視察與視察後的感想；教育雜誌社編． 370.8—c544—78

上海，商務，民十四年． 92面． 「教育叢著第七十八種」

學校調查綱要；張裕卿著． 379.152—C173．

上海，商務，民十二年． 36面．

覘學綱要；王光鑾著． 379.152—W145

上海，商務，民九年． 3版． 88面．

學校參觀法；湯中，蔡文森合著． 379.152—T190

上海，商務，民十四年． 四版． 210面．

379·173　鄉村教育

鄉村教育研究及研究法；教育雜誌社編·　　370·8—C544—44
　　　　上海，商務，民十二年·　70面·　「教育叢著第四十四種」

農村教育；顧復著·　　379·172—K247
　　　　上海，商務，民十五年·　五版·　79面·

鄉村教育；喻諒烈著·　　379·172—y382
　　　　上海，商務，民十六年·　168面·　「師範叢書」

379·4—9　世界各國教育狀況

世界教育狀況；陸費達著·　　379·4—L426
　　　　上海，商務，清宣統三年·　訂正再版·

歐戰後各國教育之改革；教育雜誌社編·　　370·8—C544—77
　　　　上海，商務，民十四年·　96面·　「教育叢著第七十七種」

德法英美國民比較論；余寄譯·　　379·4—C978
　　　　上海，中華，民六年·　188面·

歐洲新教育·　　379·4—R661
　　　　上海，商務，民十四年·　369面·　「師範叢書」

八年歐美考察教育團報告；袁希濤等合編·　　379·4—y421
　　　　上海，商務，民九年，　354面·

英國教育要覽；余家菊著·　　379·42—y346
　　　　上海，中華，民十四年·　212面·

德國教育之精神；（日）吉田熊次原著，華文祺等合譯·
　　　　　　　　　　　　　　　　　　　　379·43—C395
　　　　上海，商務，民五年·　230面·

德國敎育之實況；陸現亮著·   379·43—L420

上海，中國圖書公司，民五年·　172面·

德國工商補習學校；（德）培倫子原著，陸振邦譯·

379·43—P258

上海，商務，民十四年·　88面·　「職業敎育叢刊」

蘇俄之敎育；（俄）司各脫尼林原著，許崇清譯·　379·47—N27

上海，商務，民十七年·　226面·　「現代敎育名著」

比利時之新學校；（法）利葉原著，陳能盧譯·　379·493—F416

上海，商務，民十一年·　141面·

敎育獨立問題之討論；敎育雜誌社編·　370·8—C544—S5

上海，商務，民十四年·　101面·　「敎育叢著第三十五種」

孟祿的中國敎育討論；陳寶泉等合著·　379·51—C285

上海，中華，民十二年·　再版　168面·

中國敎育統計概覽；中華敎育改進社編·　379·51—C976

上海，商務，民十三年·　60面·　「中華敎育改進社叢書」

中國敎育問題的討論；劉廷芳著·　379·51—L375

上海，中華基督敎青年會全國協會書報部，民十一年·　56面·

中國敎育一瞥錄；王卓然著·　379·51—W137

上海，商務，民十二年·　392面·

江蘇敎育行政概況；蔣維喬著·　379·514—T565

上海，商務，民十三年·　88面·

吉林近三年間敎育概況；吉林敎育廳編·　379·516—C394

吉林，該廳，民十年·　54面·

考察日本斐律賓敎育團記實；陳寶泉等譯·　379·52—C285

上海，商務，民六年·　212面·

日本留學指掌；崇文書局編．　　　　　　　　　379·52—C986
　　　東京，大葉久吉，明治三十八年．　537面．

考察日本實業補習教育記要；李步青，路孝植合著．
　　　　　　　　　　　　　　　　　　379·52—L195
　　　上海，商務，民七年．　103面．

調查日本教育紀要；唐碧澤．　　　　　　　　379·52—T211
　　　通俗教育研究會，民五年．　92面．

新大陸之教育；黃炎培著．　　　　　　　　　379·7—H489
　　　上海，商務，民六年．　256面．

美國鄉村教育概觀；古楳著．　　　　　　　　379·7—K265
　　　上海，中華，民十五年．　三版．　100面．　「教育叢書」

美國教育徹覽；汪懋祖著．　　　　　　　　　379·73—W172
　　　上海，中華，民十一年．　再版．　232面．　「教育叢書」

東南洋之新教育；黃炎培著．　　　　　　　　379·91—H489
　　　上海，商務，民十一年．　2冊．

380 商業 交通

380·3 商業政策

商業學表解；上海科學書局編輯所編·　　080－S155－380
上海，科學書局，清宣統元年·　66面·「表解叢書」

國際商業政策；（美）菲士克原著，周傳海譯·　　380·3－F541
上海，商務，民十三年·　147面·

商業政策；（奧）菲里波維原著，馬君武譯·　　380·3－P538S
上海，中華，民十三年·　二冊·「新文化叢書之一」

商業政策；（日）井土辰九郎原著，吳瑞譯·　　380·3－T364
上海，泰東，民四年·　328面·「政法叢書之一」

380·6 交通

交通政策；（奧）菲里波維原著，馬君武譯·　　380·6－P538
上海，中華，民十三年·　183面·

交通史；王倬著·　　380·6－W136
上海，商務，民十二年·　152面·

中國近世道路交通史；楊得任著·　　380·6－y139
吉林，永衡印書局，民十七年·　230面·「站員敎育叢書第十種」

交通救國論：一名交通事業治標策；葉恭綽著·
　　380·6－y185
上海，商務，民十三年·　111面·

380·8　商業地理

商業地理；蘇繼廎著·　　　　　　　　　　　　380·8—S460
　　　上海，商務，民十三年·　再版·　2冊·

商業地理；曾廎著·　　　　　　　　　　　　　380·8—T533
　　　上海，商務，民九年·　三版·　2冊·

380·9　商業史

世界商業史；（日）和田垣謙三原著，徐崇捍，周葆鑾合譯·
　　　　　　　　　　　　　　　　　　　　　380·9—H216
　　　上海，商務，民元年·　199面·

近世商業史；趙文鋭著、　　　　　　　　　　380·9—C218
　　　上海，商務，民十七年·　238面·　「新智識叢書」

中國商業史；王孝通著·　　　　　　　　　　080—P225—22
　　　上海，商務，民十四年·　三版·　112面·　「百科小叢書」

中國商戰失敗史；黃炎培，龐三松合著·　　　380·951—H189
　　　上海，商務，民六年·　220面·

中國商業史；陳燦著·　　　　　　　　　　　380·951—C270
　　　上海，商務，民十四年·　187面·

上海通商史；（英）裴昔司著，程遜譯·　　　380·951—C742
　　　上海，商務，民十五年·　三版·　91面·

382　國際貿易

國際貿易；吳應圖著．　　　　　　　　　382—W299

上海，中華，民十三年．　115面．「常識叢書第八種」

中國國際貿易；殷壽光著．　　　　　　　382—y272

上海，世界書局，民十六年．　125面．

今世中國貿易通誌；陳重民著．　　　　　R382—C270

上海，商務，民十三年．　633面．

383　郵政

郵政章程；中國一交通部一郵政總局．　　383—C976

郵政總局，民十五年．　270面．

中華民國十三年郵政儲金事務總論；中國一交通部一郵政

總局編．　　　　　　　　　　　　383—C976C

郵政總局．．41面．

中華民國十四年郵政事務總論；中國一交通部一郵政總局編．

郵政總局．　70面．

383—C976C

郵政辦事手續；奚楚明著．　　　　　　383—H249

上海，郵務海關英文專校，民十四年．　84面．

日本郵政全書；郵政研究社編．　　　　383—y324

東京，秀光社，清光緒三十三年．　824面．

385　鐵道　航業

鐵道學表解；上海科學書局編輯所編·　　　　〔89—9〕55—385

　　上海，科學書局，民二年·　3冊·　「表解叢書」

美國鐵路管理法；溫震龍著·　　　　385—T198

　　上海，商務，民十二年·　231面·

中國鐵道要鑑；劉馥易，振乾合著·　　　　385—T814

　　上海，昌明公司，清宣統元年·　再版·　520面·

中國鐵道外債論；吳鼎昌著·　　　　385—W29^6

　　奉天，圖書發行所，清宣統二年·　90面·

鐵道常識；嚴曾壽著·　　　　385—y211

　　武昌，共進書社，民十二年·　52面·

各國航業競爭；國民外交叢書社編·　　　　327·51—K405

　　上海，中華，民十五年·　55面·　「國民外交小叢書」

389　度量

中外度量衡幣比較表；杜亞泉等合著·　　　　389—T769

　　上海，商務，民六年·　七版·　147面·

390 風俗 禮節

世界風俗談；東方雜誌社編．　　　　　　　080—T86C—13
　　上海，商務，民十四年．　三版．　79面．　「東方文庫」

中國風俗史；張亮采著．　　　　　　　　390—C162
　　上海，商務，民十五年．　11版．　222面．

392·3 家庭問題

新家庭；姜繼襄著．　　　　　　　　　392·3—C521
　　民十二年．　156面．

家庭問題；易家鉞著．　　　　　　　　392·3—E188
　　上海，商務，民十一年．　四版．　177面．　「時代叢書」

家庭改進運動辦法大綱；傅若愚著．　　392·3—F247
　　上海，青年協會，民十四年．　27面．　「家庭改進叢書第一種」

中國家庭問題；易家鉞，羅敦偉合著．　392·3—I112
　　上海，泰東，民十五年．　178面．　「家庭研究社叢書」

家庭新論；沈鈞儒著．　　　　　　　　392·3—S211
　　上海，商務，民十四年．　再版．　70面．

家庭的研究；謝頌羔著．　　　　　　　392·3—S423
　　上海，美以美會，民十四年．　113面．

家庭進化論；嚴恩椿著．　　　　　　　392·3—Y211
　　上海，商務，民十二年．　四版．　90面．

392·5　婚姻問題

中國古代婚姻史；陳顧遠著·　　　　　　　392·5—C278
上海，商務，民十四年·　　148面·　「國學小叢書」

家庭與婚姻；東方雜誌社編·　　　　　　　080—F860—29
上海，商務，民十四年·　2版·　125版·　「東方文庫」

社交與性愛；黃粱譯·　　　　　　　　　392·5—H478
上海，出版合作社，民十五年·　118面·

戀愛與結婚；（瑞典）愛倫凱原著，朱舜琴譯·　392·5—K52
上海，光華書局，民十五年·　再版·　302面·

婚姻訓；盧壽籛著·　　　　　　　　　　；392·5—L406
上海，中華，民八年·　80面·　「婦女叢書之一」

結婚論；宋喜釗，費保彥合譯·　　　　　　392·5—S554
上海，中華，民八年·　四版·　60面·

德國人之婚姻問題；王光祈著·　　　　　　392·5—W145
上海，中華，民十四年·　2版·　85面·　「少年中國學會小叢書」

395　交際禮節

交際全書正續補；鐵冷著·　　　　　　　　395—T319
上海，中原書局，民十六年·　13版·　2冊·

396　婦女問題

婦女將來與將來的婦女；張友松譯·　　　　080—L966—396
上海，北新書局·　120面·　「明日叢書」

婦女之過去與將來；李漢俊譯．　　　　　　　396—L185
　　　上海，商務，民十一年．　再版．　206面．「新智識叢書之三」

婦女運動；東方雜誌社編．　　　　　　　080—T861—27
　　　上海，商務，民十四年．　三版　2冊．「東方文庫」

女子自殺的解剖．　　　　　　　396—C152
　　　南京，中山，民十七年．　146面．「知行叢書之二」

婦女問題，張佩芬著．　　　　　　　396—C68
　　　上海，商務，民十五年．　4版．　112面．「新智識叢書」

日本婦女運動考察紀畧；陳維輯．　　　　　　　396—c290
　　　上海，商務，民十七年．　266面．「現代婦女叢書」

女性論；瑪飛著．　　　　　　　396—F204
　　　上海，中華，民十五年．　108面．「新文化叢書」

婦女與經濟；（美）紀爾曼原著，鄒敬芳譯．　　　396—G42
　　　上海，學術研究會，民十三年．　316面．「學術研究會叢書」

自由女性；（美）高德曼女士原著，盧劍波譯．　　　396—G569
　　　上海，屍明，民十六年．　186面．「婦女問題研究會叢書」

性的故事；（英）赫勃脫夫人原著，枀濤譯．　　　396—H415
　　　上海，開明，民十六年．　145面．「婦女問題研究會叢書」

婦女職業問題；易家越著，　　　　　　　396—I112
　　　上海，泰東，民十五年．　4版．　138面．「家庭研究社叢書」

婦女職業與母性論；東方雜誌社編．　　　080—T860—28
　　　上海，商務，民十四年．　三版．　94面．「東方文庫」

母性復興論；（瑞典）愛倫凱原著，黃石譯．　　　396—K52
　　　上海，民智，民十五年．　124面．

婦女之天職；季理斐著．　　　　　　　396—M175

上海，廣學會，民十二年． 44面．

女性問題研究集；梅生著． 396—M185

上海，新文化，民十七年． 4冊．

中國婦女問題討論集；梅生著． 396—M185c

上海，新文化，民十五年． 6冊．

婦女年鑑；梅生編． 396—M185F

上海，新文化，民十三年． 2冊．

婦女與社會；(法)倍信爾原著，沈踹先譯． 596—P123

上海，開明，民十六年． 758面． 「婦女問題研究會叢書」

婦女問題十講增訂；(日)本間久雄原著，姚伯麟譯． 396—P260

上海，學術研究會，民十三年． 2冊． 「學術研究會叢書」

婦女問題十講；(日)本間久雄原著，章錫琛譯， 396—P260

上海，開明，民十五年． 316面． 「婦女問題叢書第一種」

婦女修養談；謝死壘著． 396—S425

上海，中華，民九年． 2c5面． 「女學叢書之一」

女性中心說；(日)堺利彥編，李達譯． 396—s199

上海，商務，民十五年． 134面． 「新時代叢書」

女性中心說；(日)堺利彥譯，夏丏尊漢譯． 396—W34

上海，民智，民十四年． 再版． 182面．

中國婦女戀愛觀；王平陵著． 396—w153

上海，光華，民十五年． 再版． 73面．

與謝野晶子論文集；張嫻譯． 396—Y356

上海，開明，民十五年． 162面．

中國婦女在法律上之地位；趙鳳喈著． 396·2—c204

上海，商務，民十七年， 152面． 「社會研究淺刊第二種」

女性與文學；輝羣女士著． 396·8—H503

166

上海，啓智書局，民十七年・ 102面・ 「表現小叢書之一」

女人的故事；(英)喬治原著，胡學勤譯・　　　　396•9—G293

上海，開明，民十六年・ 226面・ 「婦女問題研究會叢書」

婦女寶鑑；中華書局編，　　　　　　R—396—C926

上海，中華，民九年・

398　諺語　歌謠

諺語的研究；小說月報社編・　　　　808—Sh41—15

上海，商務，民十四年・ 56面・ 「小說月報叢刊第十五種」

歌謠論集；鐘敬文著・　　　　　398—C959

上海，北新書局，民十七年・ 436面・

民間文學；徐蔚南著・　　　　　398—S483

上海，世界，民十七年・ 再版・ 65面・

希臘神話；沈雁冰著・　　　　398•4—S224

上海，商務，民十四年・ 112面・ 「兒童世界叢刊」

民謠集；何中孚輯・　　　　398•8—H199

上海，泰東，民十三年・ 80面・

中國民歌研究；胡懷琛著・　　　398•8—H405

上海，商務，民十四年・ 121面・

歌謠；吳啓瑞等合輯・　　　　398•8—W287

上海，中華，民十三年・ 8冊・「平民文學叢書」

分類標點中英對照名言大辭典；許嘯天著・398•903—H371

上海，羣學社，民十五年・ 1082面・

400　語學

400 語言學

世界語概要；後覺著·   080—P225—96
    上海，商務，民十五年·   134面· 「百科小叢書第九十六種」

國際語運動；東方雜誌編·   080—T860—70
    上海，商務，民十四年·   92面· 「東方文庫」

德國學校近世語教授法；周越然譯·   4o7—P226
    上海，商務，民五年·   162面·

世界語講義；盛國成著·   408.9—C320
    上海，民智，民十一年·   286面·

萬國語音學大意；沈彬著。   414—S220
    上海，中華，民十一年·   再版·   52面·

英文典表解；上海科學書局所輯編·   080—S155—425
    上海，科學書局，清光緒三十二年   54面· 「表解叢書」

東文典學表解；上海科學書局編輯所編·   080—S155—495
    上海，科學書局，清光緒三十二年·   47面· 「表解叢書」

495·1 中國語言學

小學常識；徐敬修著·   495·1—S476
    上海，大東，民十四年·   114面· 「國學常識之一」

字義類例；陳獨秀著·   495·1—C289
    上海，亞東，民十四年·   115面·

文字源流；張之純，莊慶祥合著·   495·12—C152
    上海，商務，民十五年·   25版·   60面·

文字源流參考書；張之純編·   495·12—C152

上海，商務，民十四年．　6版．　97面．

文始；章炳麟著．　　　　　　　　　　　495•12—C189

中國文字學大綱；何仲英著．　　　　　　495•12—H190
　　上海，商務，民十二年．　3版．　104面．

495•11　國語

小學國語話敎學法；張士一著．　　　　　495•11—C170
　　上海，中華，民十一年．　81面．　「國語叢書」

國語學草創；胡以魯著．　　　　　　　　495•11—H406
　　上海，商務，民十二年．　147面．

新學制國語敎科書；顧頡剛，葉紹鈞，合輯．　495•11—K2?6
　　上海，商務，民十三年．　6冊．

國語敎學法；黎錦熙著．　　　　　　　　495•11—L215K
　　上海，商務，民十三年．　264面．

國語敎學法講義；劉儒著．　　　　　　　495•11—L379
　　上海，商務，民十一年．　124

國語常識會話；陸衣言著．　　　　　　　495•11—L427K
　　上海，中華，民十二年．　5版．　24面．

黎錦熙的國語講壇；陸衣言著．　　　　　495•11—L427L
　　上海，中華，民十年．

國語文；馬國英著．　　　　　　　　　　495•11—M116K
　　上海，中華，民十二年．　54面．　「國語講義第七種」

國語交際會話馬國英著．　　　　　　　　495•11—M166K
　　上海，中華，民十一年．　33面．

172

王璞的國語會話；王璞著．   495·11—W154

     上海，中華，民十二年．   232面．

實用國語會話；王璞著．   495·11—W154s

     上海，商務，民十一年．   5版．   58面．

國語話；炳樂嗣著．   495·11—y269K

     上海，中華，民十五年．   40面．   「國語講義第六種」

國語概論；樂嗣炳著．   495·11—y269K

     上海，中華，民十二年．   30面．   「國語講義第一種」

國語旗語；樂嗣炳著．·   495·11—y269K3

     上海，中華，民十二年．   再版．   44面、   「國語講義第十二種」

495·12 國音

國語發音學；後覺著．   495·12—H243

     上海，中華，民十一年．   74面．   「國語講義第三種」

國音學；高元著   495·12—K179

     上海，商務，民十一年．   145面．

增補訂正國音易解；黎均荃，陸衣言合著．   495·12—L215

     上海，中華，民十一年．   48面．

國音字母排列法；劉著董著．   495·12—L373

     上海，中華，民十五年．   45面．

國語發音學大意；陸衣言著．   495·12—L427

     上海，中華，民十一年．   3版．   68面．

中華國音留聲機片課本；陸衣言等合著．   495·12—L427C

     上海，中華，民十一年．   7版．   72面．

國音入聲字指南；馬國英著．   495·12—M116y
    上海，中華，民十五年． 77面．

國音獨習法；馬國音著．   495·12—M116y1
    上海，中華，民十二年． 29面．

國音；蔣鏡芙著．   495·12—T561
    上海，中華，民十二年． 4版． 45面． 「國語講義第二種」

比較實驗國語正音法；秦鳳翔著．   495·12—T645
    上海，中華，民十一年． 72面．

國語發音學；汪怡著．   495·12—W200
    上海，商務，民十三年． 325面．

聲韻沿革大綱；樂嗣炳著．   495·12—y269s
    上海，中華，民十五年． 34面． 「國語講義第五種」

國語辨音；樂嗣炳著．   495·12—y269K
    上海，中華，民十五年． 46面． 「國語講義第四種」

495·121　注音字母

國音字母書法體式；中華書局編譯所編．   495·121—C976
    上海，中華，民十二年． 再版． 10面．

注音字母教授法；陸衣言著．   495·121—L427
    上海，中華，民十年． 3版． 146面．

495·13　中國字典

康熙字典；凌紹雯編．   R—495·13—K151
    14冊．

辭源；陸爾奎等合編·　　　　　　　　　　R—495·131—L425
　　　　上海，商務，民九年·　6版·　4冊·

中華大字典；徐元誥等合編·　　　　　　　R—495·13—Su484
　　　　上海，中華，民四年·　4冊·

國文成語辭典；莊適著·　　　　　　　　　R—495·13—C918
　　　　上海，中國圖書公司和記，民十五年·　7版·　「1030」面·

注音新辭典；中華書局編譯所編；　　　　　R—495·113—C976
　　　　上海，中華，民十年·　603面·

中華民國最新字典；葛天爵等合編·　　　　495·13—K428
　　　　上海，會文堂，民十七年·　14版·

虛助詞典；施括乾著·　　　　　　　　　　495·13—S245
　　　　上海，亞東，民十二年·　84面·

495·15　中國文法

馬氏文通；馬建忠著·　　　　　　　　　　495·15—M112
　　　　上海，商務，清光緒三十一年·　2冊·

中等國文典；章士釗著·　　　　　　　　　495·15—C190
　　　　上海，商務，民十一年·　302面·

國文法草創；陳承澤著·　　　　　　　　　495·15—C270
　　　　上海，商務，民十一年·　119面·

國文法之研究；金兆梓著·　　　　　　　　495·15—C662
　　　　上海，中華，民十一年·　140面·

文法要略；莊慶祥著·　　　　　　　　　　495·15—C916
　　　　上海，商務，民十一年·　2冊·

國語聲調研究；侯覺著・　　　　　　　　　　495•15—H243
　　　上海，中華，民十五年・　109面・　「國語小叢書」

國語文法四講；易作霖著・　　　　　　　　　495•15—I124
　　　上海，中華，民十三年・　224面・

國文作法；高語罕著・　　　　　　　　　　495○15—K179
　　　上海，亞東，民十二年・　再版・　452面・

漢文典；來格恂著・　　　　　　　　　　495•15—L127
　　　上海，商務，民九年・　2冊・

語體文法；李適著・　　　　　　　　　　495•15—L181
　　　上海，中華，民九年・　90面・

國語文法綱要六講；黎錦熙著・　　　　　　495•15—L215
　　　上海，中華，民十四年・　72面・

國語文法；黎明著・　　　　　　　　　　495•1—L216
　　　上海，中華，民十二年・　33面・

中國語法講義；孫俍工著・　　　　　　　495•15—S519
　　　上海，亞東，民十二年・　3版・　168面・

文法津梁；宋文蔚著・　　　　　　　　495•15—S568
　　　上海，商務，民十一年・　11版・　3冊・

白話文速成法；達文社著・　　　　　　495•15—T119
　　　上海，中華，民十二年・　5版・　50面・

白話文做法；戴渭清等合著・　　　　　495•15—T132
　　　上海，新文化，民十二年・　210面・

國語虛字用法；戴渭清著・　　　　　　495•15—T133
　　　上海，商務，民十二年・　109面・

國語文法概要；崔唐卿著・　　　　　　495•15—T735

176

北京師範大學附屬小學，民十三年． 64面．

中國語法綱要；楊樹達著． 495·15—y137

上海，商務，民十年． 4版． 78面．

500 自然科學

180

500　自然科學

科學與將來；（英）J·B·S·Halbine原著，張東民譯·

080—H129—501

上海，北新，民十七年·　70面·　「明日叢書」

科學的將來；（英）羅素原著，李元譯·

080—R911—501

上海，北新，民十七年·　4?面·　「明日叢書」

科學基礎；東方雜誌社編·　080—T860—46

上海，商務，民十四年·　3版·　82面·　「東方文庫第四十六種」

科學分類論；阮毅成著·　501—y426

世界科學新譚；孟喬椿著·　500—M211

上海，亞東，民十七年·　2冊·

科學與未來之人生；（英）羅素原著，趙文銳譯·　500—R911

上海，中華，民十五年·　38面·

科學叢談；（美）斯洛孫原著？尤佳章譯·　500—S155

上海，商務，民十七年·　289面·　「新智識叢書」

最近自然科學概觀；（日）大町文衞原著，劉文藝譯·　500—T134

上海，商務，民十五年·

自然科學之革命思潮；中華學藝社編·　501—C976

上海，商務，民十五年·　139面·　「學藝彙刊14」

科學方法；胡寄南著·　501—H401

上海，世界，民十六年·　51面·

科學的改造世界；李元著·　501—L202

上海，北新，民十七年·　238面·　「科學叢書之一」

科學原理；（日）平林初之輔原著，周梵公譯·　501—P367

上海，務商，民十三年・　『新智識叢書』

最近自然科學；（日）田邊元原著，周昌壽譯 ｡　　502—T386
上海，商務，民十五年・　165面・

理科大要；學務公所圖書課編・　　502—H386
天津學務公所，清光緖三十三年・　172面・

大塊文章；潘梓年譯・　　504—B957
上海，北新，民十六年・　208面・

蘭氏科學常談續編；（英）蘭克司得原著，伍周甫譯・502—L247
上海，商務，民十七年・　215面・　「新智識叢書」

科學雜俎；東方雜誌社編・　　080—T800—58
上海，商務，民十四年・　3版・　4冊・　「東方文庫」

科學敎育之原理及其敎授法；敎育雜誌社編・
370,3—C544—67
上海，商務，民十四年・　92面・　「育叢著第六十七種」

理化新敎授法；朱元善編・　　370・8—C544—2・S
上海，商務，民十一年・　46面・　「敎育叢書」

理科淺說；丁錫華編・　　507—T351
上海，中華，民八年・　再版・　28面・　「通俗敎育叢書」

少年自然科學叢書；鄭貞文,胡嘉詔合編・　　503—C351
上海，商務，民十四年・　10冊・

先秦自然學槪論；陳文濤著・　　509—C290
上海，商務，民十七年・　172面・　「國學小叢書」

510　數學

羅素算理哲學；傅種孫，張邦銘合譯・　　　　　　　510·1—R911
　　上海，商務，民十一年・　349面・　「羅素叢書」

初級混合數學；程廷熙，傅種孫合編・　　　　　　　510—C346
　　上海，中華，民十二年・　第一冊・

混合算學教員準備書；段青華校・　　　　　　　　　510—T819
　　上海，商務，民十五年・　第一冊・

數學辭典；趙縟編・　　　　　　　　　　　　　R—510·3—C209
　　上海，羣益，民十二年・　再版・　「990」面・

數學遊戲大觀；陳壞書等合編・　　　　　　　　　　510·7—C275
　　，上海，商務，民十五年・　312面・

蓋氏對數表；F·G·Gauss原著，杜亞原，壽孝天合譯・　510.8—G237
　　上海，商務，民十三年・　101面・

511　算學

算術學表解；上海科學書局編輯所編・　　　　　（80—S155—511
　　上海，科學書局，清光緒三十三年・　52面・　「表解叢書」

新的算術；龔寶善著・　　　　　　　　　　　　　　511—K383
　　上海，泰東，民十五年　288面・

算術，現代初級中學教科書；嚴濟慈著・　　　　　　511—y212
　　上海，商務，民十二年・　291面・

珠算入門；達文社編・　　　　　　　　　　　　　　511·2—T119
　　」海，中華，民九年・　138面・

512　代數

代數習題詳解；張鵬飛，華襄治合著·　　　　512—C168
　　　上海，中華，民十五年·　4版·　285面·

代數學教科書；陳文著·　　　　512—C290
　　　上海，商務，民九年·　333面·

二次方程式詳論；何魯著·　　　　512—H2059
　　　上海，務商，民十四年·　125面·　「算學叢書第七種」

代數學；何魯著·　　　　512—H205t
　　　上海，商務，民十三年·　208面·

初學代數學；胡桂馨著·　　　　512—H405C
　　　上海，商務，民十三年·　335面·　「大同大學叢書」

藤澤博士續初等代數學教科書；黃際迥譯·　　512—H471
　　　武昌國立高等師範學校，民六年·　286面·

大代數學講義；(H)上野清原著，王家炎，張廷華合譯·512—S516
　　　上海，商務，民九年·　812面·

查理斯密初等代數學；王家炎譯·　　　512—SW53
　　　上海，商務，民十一年·　「449」面·

代數學，現代初中教科書；吳在淵著·　　512—W297
　　　上海，商務，民十二年·　上冊·

方程式論；FLoran Cajori原著·　　512·2—C124
　　　上海，中華，民十四年·　「294」面·

最小二乘式；李協著·　　　512·2—L185

上海，商務，民十三年． 117面． 「算學叢書第一種」

盧數詳論；何魯，段子燮合著． 512·24—H205
上海，商務，民十六年． 102面．

代數學問題解法指導；匡文濤著． 512·9—K336
上海，中華，民十四年． 193面．

513 幾何

立體幾何學表解；上海科學書局編輯所編． 090—S155—513
上海，科學書局，民元年． 46面． 「表解叢書」

幾何學講義；（日）上野清原著，張廷華譯． 513—S156
上海，商務，民十一年． 657面．

非歐几里得幾何學；武崇經譯． 513—W202
上海，商務，民八年． 79面．

溫德華士幾何學；張彝，周藩合譯． 513—W488
上海，商務，民十一年． 466面．

平面幾何學教科書；（日）菊池大麓原著，黃元吉譯．
513·1—C885
上海，商務，民元年． 256面．

幾何學教科書；（日）樺正董原著，曾鈞譯． 513·1—H450
上海，中國圖書公司，清光緒三十三年． 197面．

近世平面幾何學；郭鳳藻，武崇經合著． 513·1—K422
上海，商務，民八年． 178面．

何崇禮平面幾何學問題解法；王酔六著． 513·1—W159
上海，科學會編譯部，民三年． 303面．

平行綫論；羅巴曲斯奇原著，齊汝璜譯．　513·13—L781
　　上海，商務，民十七年．　50面．

立體幾何學教科書；（日）菊池大麓原著，胡豫譯．513·3—C885
　　上海，商務，民元年．　93面．

幾何學教科書：立體；（日）椿正薫原著，曾鈞譯．513·3—E450
　　上海，中國圖書公司，清光緒三十三年．　95面．

幾何學講義；（日）上野清原著，張廷華譯．　513·3—S156
　　上海，商務，民五年．　170面．

幾何學：立體部；謝洪賚編．　513·3—S418
　　上海，商務，190 年．　222面．

定量問題；王邦珍著．　513·9—W153
　　上海，商務，民十七年．　280面．　「學藝叢書」

514　三角學

三角法表解；上海科學書局編輯所編．　080—S155—514
　　上海，科學書局，清光緒三十二年．　42面．　「表解叢書」

三角術；趙惇乾著．　514—C205
　　上海，商務，民十三年．　〔287〕面．

溫德華士三角法；顧樹魁譯．　514—W488
　　上海，商務，民十一年．　〔284〕面．

新中學平面三角法教科書；胡仁源著．　514·5—H407
　　上海，中華，民十二年．　74面．

平面三角法講義；匡文濤著．　514·5—K336
　　上海，商務，民八年．　526面．

球面三角法講義；匡文濤著·　　　　　　514·6—K336
上海，商務，民八年·　233面·

516　解析幾何

解析幾何學表解；上海科學書局編輯所編·　　080—S155—516
上海，科學書局，民二年·　41面·　「表解叢書」

解析幾何學講義；匡文濤編·　　　　　　516—K336
上海，商務，民七年·　340面·

斯密氏及改勒解析幾何學原理；龔文凱譯·　516—m65
上海，科學會編譯部，民二年·　636面·

溫特渥斯解析幾何學；鄭家斌譯·　　　516—W488
上海，商務，民六年·　300面·

517　微積分學

微分學表解；上海科學書局編輯所編　　080—S155—517
上海，科學書局，民二年·　38面·　「表解叢書」

微分積分學；（日）長澤龜之助原著，馬瀛譯·　517—C198
上海，商務，民三年··　350面·

微積分學講義；匡文濤編·　　　　　　517—K336
上海，商務，民十一年·　再版·　394面·

級數概論；（日）林鶴一，小倉金之助合著，歐陽祖綬譯。517—L315
　　上海，商務，民十七年。　695面。　「算學叢書」

微分積分學；彭世鵬著。　　　　　　　　　517—P27S
　　上海，中華，民四年。　2冊。

520 天文學

宇宙；(ㄇ)石井重美原著，黃家金譯·　　　　520—S250
　　武昌，時中，民十四年·　68面·　「地學小叢書」

天空現象談；丁錫華著·　　　　520—T351tk
　　上海，中華，民十四年·　40面·　「通俗教育叢書之一」

談天；丁錫華著·　　　　520—T351tt
　　上海，中華，民十四年·　146面·　「學生叢書之一」

宇宙論；周昌壽著·　　　　080—P225—89
　　上海，商務，民五年，　71面·　「百科小叢書第八十九種」

526·9 測量法

實地測量法；王家炎著·　　　　526·9—W136
　　上海，商務，民十一年·　86面·

實用測量法；衛梓松著·　　　　526·9—W222
　　上海，商務，民八年·　164面·

529 曆法

曆法；林烱著·　　　　080—P225—21
　　上海，商務，民十二年·　再版·　53面·　「百科小叢書第二十一種」

新歷法；東方雜誌社編．　　　　　　　　　　080—T860—49
　　　上海，商務，民十四年．　3版．　74面．　「東方文庫」

二十世紀陰陽合歷；中華書局編譯所編．　　　529·3—C976
　　　上海，中華，民十三年．　214面．

530　物理

物理學原理及其應用；郭察理，謝玉銘合著，于樹樟譯．

530—C81

　　　　上海，商務，民十七年．　325面．

物理學；周昌壽著．

530—C771

　　　　上海，商務，民十四年．　241面．

實用物理學；Milikan anq Gale原著，周昌壽，高錡合譯．

530—M621

　　　　上海，商務，民十三年．　529面．

物理學；王兼善著．

530—W136

　　　　上海，商務，民十一年．　412面．

物理學問題精解；王枚生著．

530—W149

　　　　上海，商務，民十四年．　456面．

物理學問答；楊壽桐著．

530—y138

　　　　上海，文明，清光緒三十一年．　174面．

以太；周昌壽著．

080—P225—83

　　　　上海，商務，民十四年．　60面．　「百科小叢書第八十三種」

通俗相對論大意；費鼎編．

080—P225—17

　　　　上海，商務，民十二年．　69面．　「百科小叢書第十七種」

相對性原理；東方雜誌社編．

080—T860—48

　　　　上海，商務，民十三年．　再版．　90面．　「東方文庫」

相對律之由來及其概念；周昌壽著．

530·1—C771

　　　　上海，商務，民十二年．　90面．　「學藝彙刊之一」

愛因斯坦氏相對論及其批評；（德）杜里舒原著，張君勱譯．

530·1—D831

　　　　上海，商務，民十三年．　40面．

相對原理及其推論；文元模譯・　　　530•1—Ei68
　　　上海，商務，民十四年・　89面・　「尙志學會叢書」

相對論淺釋；（德）愛因斯坦原著，夏元瑮譯・　　5301•—Ei68
　　　上海，商務，民十二年・　「122」面・　「通俗叢書」

從牛頓到愛因斯坦；（美）哈樓原著，文元模譯・　5:0•1—H249
　　　上海，商務，民十二年・　60面・

愛因斯坦和相對性原理；（日）石原純原著，周昌壽，鄭貞文
　　　合譯・　　　　　　　　　　　　　　530•1—S252
　　　上海，商務，民十二年・　180面・

相對論與宇宙觀；閒齋譯・　　　　　　5:0•1—W240
　　　上海，商務，民十二年・　115面・　「通俗叢書」

最近物理學概觀；（日）日下部原著，鄭貞文譯・　「530•2—J141
　　　上海，商務，民十五年・　3版　230面・

理化詞典；陳英才等合編・　　　　　　530•3—C292
　　　上海，中華，民九年・　「324」面・

物的分析；（英）羅素演講，任鴻雋譯記・　　530•4—R911
　　　上海，商務，民十一年・　64面・

理化簡易器械製作及實驗法；馬紹良著・　　530•7—M121
　　　上海，商務，民十一年・　192面・

物理遊戲；V.E.Johnson原著，錢嘉集，朱夢梅合譯・　「530•7—J638
　　　上海，商務，民十四年・　106面・

物理學實驗教程；（美）密爾根，蓋爾原著・　530•7—M621
　　　上海，商務，民十二年・　132面・

機械學大意；陳其文著・　　　　　　　531—C270
　　　上海，商務，民十一年・　57面・

機械學；劉振華著．　　　　　　　　　　　581—L356
　　　上海，商務，民十年．　210面．

放射淺說；程瀚章著．　　　　　　　　　　080—P255—26
　　　上海，商務，民十三年．　69面．　「百科小叢書第二十六種」

鐳錠；東方雜誌社編．　　　　　　　　　　080—T866—56
　　　上海，商務，民十四年．　3版．　78面．　「東方文庫」

540 化學

化學表解；上海科學書局編輯所編.   080—S155—540
    上海，科學書局，清光緒三十三年.   2冊.   「表解叢書」

化學；鄭貞文著.   540—C351
    上海，商務，民十二年.   614面.

化學；鄭貞文，鄭魯法合著.   540—C351
    上海，商務，民十二年.   20面.

化學；鍾衡臧著.   540—C962
    上海，中華，民十四年.   123面.

化學集成；孔憲萊著.   540—K411
    上海，商務，民十二年.   2冊.

化學概論；（美）麥費生，罕迭生原著.   540—M241
    上海，商務，民十五年.   615面.

漢譯麥費孫；罕迭生化學；（美）極白重訂，許博音譯.
                             540—M241
    上海，商務，民十一年.   412面.

化學；王兼善著.   540—W136
    上海，商務，民十一年.   465面.

化學教科書；閻玉振，王鶴清合著.   540—y244
    北京，文化學社，民十五年.   528面.

化學小史；程瀛章等合編.   080—P225—82
    上海，商務，民十四年.   74面.   「百科小叢書第八十二」

化學史通考；丁緒賢著.   540·9—T346
    北京大學出版部，民十四年.   420面.   「國立北京大學叢書之十一」

化學計算法解說；（日）近藤清次郎，池田清原著，尤金鱧，尤金　541——C677
緘合譯．
南通州，翰墨林書局，清光緒三十四年．　279面．

原子論淺說；李膚華著．　080——P225——29
上海，商務，民十二年．　46面．　「百科小叢書第二十九種」

原子構造概論；（日）竹內潔原著，陸志鴻譯．　541・2——C819
上海，商務，民十六年．　133面．　「學藝彙刊」

原子新論；（英）羅素原著，何道生譯．　541・2——R911
北京樸社出版經理部，民十六年．　150面．

原子說發凡；（英）羅素原著，鄭貞文譯．　541・2——R911
上海，商務，民十六年．　150面．

化學方程式；（日）藤井郷三原著，尤金鱧譯．　541・9——T77
南通州，翰墨林書局，清光緒三十四年．　14面．

化學實驗教程；（美）麥費孫，罕迭生原著，徐善祥譯．　542——S481
上海，商務，民十一年．　90面．

自學輔導化學實驗法；蔡桮筠編．　542——T414
上海，中華，民十六年．　168面．

分析化學實驗書；（英）克勞氏原著，項鑣方譯．　543——C626
上海，商務，民四年．　4版．　431面．

定性分析；陳世璋著．　544——C286
上海，商務，民十三年．　274面．

定性分析化學；顧樹森著．　544——K252
上海，商務，民二年．　205面．

無機化學教科書；任元，林先民合編．　546——J125
上海，中國圖書公司和記，民三年．　486面．

實驗無機化學；（美）斯密原著，鄔拘立譯・　　519——Sm.51
　　上海，商務，民十五年・　　259面・

實用有機化學敎科書；馬君武著・　　547——M112
　　上海，商務，民十一年・　　「421」面・

549　鑛物學

高等鑛物學講義；張錫田著・　　549——C170Kt
　　上海，商務，民十一年・　　614面，

鑛物鑑識法；張錫田著・　　549——C170KW
　　上海，商務，民十一年・　　225面・

地質鑛物學；張資平著・　　549——C171
　　上海，商務，民十三年・　　403面・

新式鑛物學；鍾觀詰著・　　549——C963
　　上海，商務，民三年・　　74面・

鑛物學；宋崇義著・　　549——S554
　　上海，中華，民十二年　116面・

鑛物學；杜若城著・　　549——T769
　　上海，商務，民十二年・　112面・

鑛物學；杜亞泉著・　　549——T769
　　上海，商務，民二年・　「180」面・

鑛物學講義；杜亞泉著・　　549——T769
　　上海，商務，民元年・　92面・

實用教科書鑛物學；吳冰心著·
上海，商務，民十一年· 206面·

549—W293

550 · 地質學

地文學表解；上海科學書局編輯所編·　　　　　c80—S155—551
　　上海，科學書局，清光緒三十三年·　41面·　「表解叢書」

自然地理學；張資平著·　　　　　　　　　　C80—P225—25
　　上海，商務，民十二年·　76面·　「百科小叢書第二十五種」

普通地質學；張資平著·　　　　　　　　　　550—C152P
　　上海，商務，民十五年·　287面·　「學藝叢書」

石雅；章鴻釗著·　　　　　　　　　　　　　550—C181
　　農商部地質調查所，民十年·　348面·　「地質專報乙種第二號」

通俗地質學；趙國賓著·　　　　　　　　　　550—C208
　　上海，商務，民十三年·　200面·　「新智識叢書」

地質學；（美）賴康武原著，包光韜，張逢辰合譯·　　550—C767
　　上海，商務，民四年·　「479」面·

地文學問答；（日）富山房原著，陳大棱譯·　　550—F256
　　上海，新民，清光緒二十九年·　124面·

地質學；謝家榮著·　　　　　　　　　　　　550—S416
　　上海，商務，民十三年·　244面·　「中國科學社叢書之一」

自然地理；傅運森著·　　　　　　　　　　　550—F247
　　上海，商務，民十三年·　14版·　81面·

最新自然地理學；余維濤著·　　　　　　　　550—y350
　　上海，昌明公司，清光緒三十一年·　184面·

地質學者達爾文；張資平著·　　　　　　　　550·9—C152b
　　上海，商務，民十五年·　140面·　「學藝叢刊」

地球的年齡；李仲揆著·　　　　　　　　　　C80—P225—153
　　上海，商務，民十六年·　90面·　「百科小叢書」

談地；史體綏著·　　　　　　　　　　　　　　551—S256
　　上海，中華，民十五年·　184面·　「學生叢書之一」

火山；章鴻釗著·　　　　　　　　　　　　　　080—P225—33
　　上海，商務，民十三年·　〔3〕面·　「百科小叢書第三十三種」

地震；翁文灝著·　　　　　　　　　　　　　　080—P225—3
　　上海，商務，民十三年·　90面·　「百科小叢書第三十二種」

氣象學；竺可楨著·　　　　　　　　　　　　　080—P225—1
　　上海，商務，民十二年·　再版·　71面·　「百科小叢書第一種」

地層測算術；劉季辰著·　　　　　　　　　　　551·7—L353
　　農商部地質調查所，民八年·　44面·

巖石通論；周則岳譯·　　　　　　　　　　　　080—P225—53
　　上海，商務，民十三年·　89面·　「百科小叢書第五十三種」

中國鑛產；黃著勳著·　　　　　　　　　　　　553—H471
　　上海，商務，民十五年·　〔396〕面·

中國鑛業紀要；丁文江，翁文灝合著·　　　　　553—T353
　　農商部地質調查所，民十年·　46面·　「地質專報丙種第一號」

煤；謝家榮著·　　　　　　　　　　　　　　　080—P225—10
　　上海，商務，民十二年·　再版·　87面·　「百科小叢書第十種」

煤業概論；王寵佑著·　　　　　　　　　　　　080—P225—101
　　上海，商務，民十五年·　144面·　「百科小叢書第一百零一種」

石炭；東方雜誌社編·　　　　　　　　　　　　080—T860—55
　　上海，商務，民十四年·　3版·　78面·　「東方文庫」

鐵；彭維基著·　　　　　　　　　　　　　　　080—P225—100
　　上海，商務，民十五年·　153面·　「百科小叢書第一百種」

中國鐵鑛誌；丁格蘭原著，謝家榮譯．　　　　　　553．3—T231
　　農商部地質調查所，民十二年．　1冊．

中國地勢變遷小史；李仲揆著．　　　　　　080—T225—2
　　上海，商務，民十五年．　版．　48面．「百科小叢書第二種」

中國地質圖說明書；譚錫疇譯．　　　　　　555—T161
　　上海，商務，民十四年．「120]面．

560 古生物學

古動物學；（法）補勤教授原著，周太玄譯． 560—3664
　　上海，商務，民十一年． 124面．

化石；張作人著． 080—P225—125
　　上海，商務，民十一年． 93面． 「百科小叢書」

570　生物學

普通生物學；陳楨著． 570—C270
上海，商務，民十五年． 4版． 29○面．

生物學；（日）丘淺次郎原著，薛德焴等合譯． ○70—C786
上海，商務，民十三年． ○42面． 「高等教育百科叢書」

近世生物學；王其樹著． 570—W186
上海，商務，民十七年． 3版， ［201］面．

生物之世界；（英）窪勒斯原著，尚志學會譯． ○70—W155
上海，商務，民九年． 2冊． 「尚志學會叢書」

生物學與長壽；周太玄著． 0○0—P225—152
上海，商務，民十六年． 6○面． 「百科小叢書」

生物學的人生觀；庫利斯帖恩愛哈持原著，張貽爵譯． 570·1—H11
上海，商務，民十三年． 351面． 「尚志學會叢書」

博物詞典；王烈等合編． R—5○0·3—P258
上海，中華，民十年． ［632］面．

博物學實驗教程；裘佳琛著． ○70·7—H455
上海，商務，民九年． 188面．

博物講義；李約著． 570·7—L202
上海，商務，民十一年． 192面．

科學小叢書；上海中華書局編譯所編． 570·8—T696
上海，中華，民十三至十五年． 八冊．

572　人類學

人類學大意；顧壽白著．　　　　　　　　　　080—P225—57
上海，商務，民十三年．　78面．「百科小叢書第七十五種」

人類之過去現在及未來；（H）丘淺次郎原著，上官垚登譯．
080—P225—42
上海，商務，民十三年．　95面．「百科小叢書第四十二種」」

人類進化論；張資平著．　　　　　　　　　　080—P225—74
上海，商務，民十四年．　95面．「百科小叢書第七十四種」」

人類進化觀；陳安仁著．　　　　　　　　　　572—C269
上海，泰東，民十五年．　再版．　152面．

人類學；陳映璜著．　　　　　　　　　　　　572—C292
上海，商務，民十二年．　257面．「北京大學叢書之四」

人類進化之研究；過旭根著．　　　　　　　　572—K432
上海，商務，民十四年．　165面．「新智識叢書」

原人；（英）湯姆遜原著，伍況甫譯．　　　　572—T384
上海，商務，民十六年．「科學叢書」

蠻性的遺留；（美）摩耳原著，李小峯譯．　572·7—M794
北京，北新，民十四年．　182面．

人的研究；法佛利野德原著，周太玄譯．　　573—F912
上海，中華，民十四年．　再版·149面．

上古的人；（法）房龍原著，任冬譯．　　　573—v896
上海，亞東，民十七年．　140面．

人與自然；（美）呂諸士原著，李小峯譯．　573·1—L451
北京晨報社，民十三年．　186面．「晨報社叢書」

人文地理學；張賚平著・　　　　　　　080—P225—71
　　　上海，商務，民十三年・　88面・　「百科小叢書第七十一種」

575　演化論

進化淺說；王賄初著・　　　　　　　　080—P225—70
　　　上海，商務，民十三年・　42面・　「百科小叢書第七十種」

進化論與善種學；東方雜誌社編・　　　080—T860—50
　　　上海，商務，民十四年・　三版・　78面・　「東方文庫」

進化與人生；（日）丘淺治郎原著，劉文典譯・　575—C736
　　　上海，商務，民十四年・　5版・　286面・

達爾文物種原始；馬君武譯・　　　　　575—D259
　　　上海，中華，民十四年・　5版・　5冊・　「新文化叢書」

地球與其生物之進化；（美）葛拉普博士講演，趙國斌，湯鍾建
　　筆記・　　　　　　　　　　　　　575—G751
　　　上海，商務，民十三年・　2冊・　「新智識叢書」

天演論；（英）赫胥黎原著，嚴復譯・　575—H982
　　　上海，商務，民十五年・　23版・　「114」面・

互助論；（俄）克魯泡特金原著，周佛海譯・　575—K927
　　　上海，商務，民十五年・　「403」面・　「社會經濟叢書」

進化；太朴譯・　　　　　　　　　　　575—M123
　　　上海，商務，民十二年・　131面・　「新時代叢書」

進化一從星雲到人類；（英）麥開柏原著，太朴譯・　575—M123
　　　上海，商務，民十三年・　131面・　「新時代叢書第七種」

通俗進化論；薛德焌著．　　　　　　　　　　　575—S413
　　上海，商務，民五年．　10C面．

575·1　優生學　遺傳學

遺傳學淺說；陳兼善著編．　　　　　　　　575·1—C270
　　上海，中華，民十五年．　151面．　「常識叢書」

遺傳論；（英）唐凱司德原著，周建人譯．　　575·1—D715
　　上海，商務，民十三年．　「154」面．　「新時代叢書第五種」

遺傳學；李積新著．　　　　　　　　　　　575·1—L181
　　上海，商務，民十二年．　112面．

遺傳學概論；王其澍著．　　　　　　　　　575·1—W137
　　上海，商務，民十五年．　「105」面．　「學藝叢書」

遺傳與優生；劉雄著．　　　　　　　　　080—P225—43
　　上海，商務，民十三年．　85面．　「百科小叢書第四十三種」

575—577　性論　細胞學　生命起原論

男女特性比較論；（德）發爾亭原著，余志遠譯．　575·5—V185
　　上海，商務，民十五年．　264面．　「新智識叢書」

性論；中華學藝社編．　　　　　　　　　575·9—C976
　　上海，商務，民十七年．　136面．　「學藝叢刊17」

性之原理；（日）丁田次郎原著，汪厥明譯．　575·9—T352
　　上海，商務，民十五年．　188面．　「新知識叢書」

人類性源論；發鴻年著．　　　　　　　　C80—P225—132
　　上海，商務，民十六年．　92面．　「百科小叢書」

生物之起源；費鴻年著．　　　　　　　　　　　　C80—P22—95
　　　上海，商務，民十五年．　70面．　「百科小叢書第九十五種」

新生命論；費鴻章著．　　　　　　　　　　　　080—P23—44
　　　上海，商務，民十三年．　75面．　「百科小叢書第四十四種」

原生；（法）派茹姆原著，蔣丙然譯．　　　　　576—P217
　　　上海，商務，民十一年．　121面．　「新智識叢書」

生命論；永井潛原著，胡步蟾譯．　　　　　　　576—y475
　　　上海，商務，民十七年．　275面．　「科學叢書」

細胞學大意；薛德焴著．　　　　　　　　　　　080—P225—31
　　　上海，商務，民十二年．　50面．　「百科小叢書第三十一種」

細胞與生命之起源；沙爾多利原著，周太玄譯．　576•3—Sa77
　　　上海，商務，民十六年．　199面．　「科學叢書」

生與死；（法）遠司脫原著，蔣丙然譯．　　　　577•2—D282
　　　上海，商務，民十六年．　322面．　「科學叢書」

生命之不可思議；（德）海鵬爾原著，劉文典譯．　577•2—H118
　　　上海，商務，民十四年．　再版，552面．　「哲學叢書」

死之研究；華文祺著．　　　　　　　　　　　　577•7—C235
　　　上海，商務，民十二年．　2冊．

580　植物學

植物學表解；上海科學書局編輯所編・　　　　080—SI55—580
　　上海，科學書局，清光緒三十三年・　43面・「表解叢書」

實用植物表解；上海科學書局編輯所編・　　　080—SI55—580
　　上海，科學書局，民元年・　65面・「表解叢書」

植物學教科書；（美）胡爾德原著，奚若，蔣維喬合譯・580—C832
　　上海，商務，民二年・　430面・

植物學；（美）计惠德編，杜亞泉譯・　　　　580—K120
　　上海，商務，民四年・　260面・

植物學；凌昌煥譯・　　　　　　　　　　　580—L340
　　上海，商務，民十五年・　114面・

植物教科書；馬君武著。　　　　　　　　　580—M112
　　上海，商務，民九年，「489」面・

三好學植物學講義；賁以仁等合譯・　　　680—M699
　　上海，商務，民十一年・　上中二冊・

實驗植物學教科書；（日）三好學原著，杜亞泉譯・580—M699
　　上海，商務，清宣統三年・　128面・

高等植物學；鄒柔文等著・　　　　　　　　580—T695
　　上海，商務，民十二年・　「470」面・

新撰植物學教科書；（日）三好學原著，杜亞泉譯・580—T760
　　上海，商務，宣統三年・　200面・

實驗植物學教科書；杜亞泉著・　　　　　　580—T769
　　上海，商務，民二年・　128面・

植物名實圖考；吳其濬著・　　　　　　R—580・3—W282
　　上海，商務，清道光二十八年・　864面・

植物名實圖考長編；吳其濬著．   R—580·3—W282
      上海，商務，民八年．   1129面．

植物學大辭典；孔慶萊等合編．   R—580·3—K411
      上海，商務，民七年．   再版． 「1628」面．

植物解剖學與生理學；（法）畢宋原著，李亮恭譯．   581—P689
      上海，商務，民十四年． 「348」面．

590 動物學

動物學表解；上海科學書局編輯所編·　　　　080—S155—590

　　上海，科學書局，清光緒三十三年·　55面·　「表解叢書」

實用動物學表解；上海科學書局編輯所編·　　080—S155—590

　　上海，科學書局，民二年·　94面·　「表解叢書」

動物與人生；陳大榕譯·　　　　　　　　　590—C288

　　上海，商務，民十三年·　183面·　「新智識叢書之五」

動物新論；（日）箕作佳吉原著，杜就田譯·　590—G387

　　上海，商務，民二年·　270面·

水產動物學；江蘇省立水產學校編·　　　　590—C514

　　上海，商務，民十五年·　248面·

動物學教科書；馬君武著·　　　　　　　　590—M112

　　上海，商務，民十年·　「484」面·

動物實驗指南；薛德焴著·　　　　　　　　590—S453

　　上海，商務，民七年·　五冊·

動物學；丁文江著·　　　　　　　　　　　590—T353

　　上海，商務，民十一年·　「854」面·

動物學；杜就田著·　　　　　　　　　　　590—T761

　　上海，商務，民十二年·　106面·

動物學大辭典；杜亞泉等合編·　　　　R—590·8—T769

　　上海，商務，民十一年·　4版·　「3050」面·

動物採集保存法；許家慶著·　　　　　　590·7—H389

　　上海，商務，民四年·　110面·

昆蟲故事；（法）法布爾原著，林蘭女士譯·　595—F112

　　上海，北新，民十六年·　136面·　「通俗科學叢書」

昆蟲研究法；鄒盛文著· 　　　　　　　　570·8—T696

　　　上海，中華，民十三年· 　26面· 「科學小叢書」

美麗的蝴蝶；施乃普著· 　　　　　　　　570·8—T696

　　　上海，中華，民十五年· 　27面· 「科學小叢書」

昆蟲採集製作法；許家慶著· 　　　　　　595·7—H369

　　　上海，商務，民元年· 　90面·

蟻；（日）松村年原著，祝枕江譯· 　　　080—P225—76

　　　上海，商務，民十四年· 　38面· 「百科小叢書第七十六種」

世界上爬行的動物；鄒盛文著· 　　　　　570·8—T696

　　　上海，商務，民十三年· 　34面· 「科學小叢書」

四季禽類；W，P，Westall原著，周則岳譯· 　080—P225—58

　　　上海，商務，民十三年· 　79面· 「百科小叢書第五十八種」

600 應用科學

211

600 應用科學

工業常識；（日）中村康之助原著，白鵬飛譯。　　600—C978
　　　上海，商務，民十四年。「121」面。

實業致富新書；盧壽錢著。　　　　　　　600—L406
　　　上海，中華，民五年。2冊。

巴拿馬太平洋萬國博覽會要覽；李宣龔著。　606—L196
　　　上海，商務，民三年。251面。

上海總商會商品陳列所報告書；上海總商會商品陳列所編。
　　　　　　　　　　　　　　　606—S155
　　　　上海，總會商品陳列所，民十一年。417面。

上海總商會商品陳列所第二次報告書；上海總商會商品陳
　　　列所編。　　　　　　　　606—S155a
　　　　上海，總商會商品陳列所，民十二年。232面。

新法事物發明史；趙宗預著。　　　　　　608—C201
　　　上海，商務，民十二年。三版。四冊。

發明與文明；黃士恆著。　　　　　　　608—H485
　　　上海，商務，民五年。三版。154面。「新智識叢書之二」

近世之新發明；葛綏成著。　　　　　　608—K427
　　　上海，中華，民十五年。144面。

近世世界商工業史；（日）桐生政次原著，人演社譯。609—T885
　　　上海，文明，清光緒二十九年。126面。

英國實業史；（英）吉賓斯原著，丁雄譯。　609—G352
　　　上海，廣學會，清光緒三十三年。160面。

德國實業發達史；（美）哈溫原著，吳之椿譯。609—H105
　　　上海，商務，民十二年。183面。「新智識叢書之一」

美國工商發達史；葉建伯著・　　　　　　　609—y181
　　　上海，商務，民十四年・　三版・　333面・

經濟改造中之中國工業問題；陳銘勛著，　609—C281
　　　新時代教育館，民十七年・　202面・

中國實業要論；金廷蔚著。　　　　　　　603—C669
　　　上海，商務，民十四年・　182面・

中國工業史；陳家驥著・　　　　　　　　609—C270
　　　上海，中國圖書公司和記，民六年・　134面・

中國工藝沿革史略；許衍灼著。　　　　　609—H379
　　　上海，商務，民七年・　134面・

通州興辦實業章程；翰墨林編譯印書局編・　609—H134
　　　南通、翰墨林編譯印書局，清宣統二年・　三版・　「389」面・

提倡國貨論，陳震異著・　　　　　　　　609—C270
　　　上海，太平洋，民十七年。　122面・

610 醫學

醫學通論；陳无咎著。   610—C291
　　上海，民智，民十二年．　80面．

醫學常識；洪式閭，鮑鑑清合編．   610—H522
　　上海，商務，民十六年．　255面．

普通醫學新智識；丁福保著。   610·8—T347—610
　　上海，文明，民二年．　二版。　104面．　「丁氏醫學叢書」

醫學綱要；丁福保著．   610·8—T347—610·2
　　上海，醫學書局，民四年。　三版。　「264」面．　「丁氏醫學叢書」

簡明醫學教書；   610·8—T347—610·4
　　上海，醫學書局．　224面．　「丁氏醫學叢書」

醫學指南；丁福保著。   610·8—T347—610·42
　　上海，醫學書局，民十一年。　四版。　「丁氏醫學叢書」

丁氏一家言；丁福保著．   610·8—T347—610·8
　　上海，醫學書局，民九年．　「307」面．　「丁氏醫學叢書」

醫學日記十種；戴麒等合編．   610·8—T347—610·83
　　上海，醫學書局．　「丁氏醫學叢書」

醫學小叢書四種；孫祖烈等合編。   610·8—T347—610·8
　　上海，醫學書局．　126面．　「丁氏醫學叢書」

醫話叢存；丁福保著．   610·8—T347—610·81
　　上海，文明，清宣統二年．　138面。　「丁氏醫學叢書」

醫海文庫；吳宗灝等合編．   610·8—T347—610·82
　　上海，醫學書局．　「丁氏醫學叢書」

醫海一滴；達觀等合編．   610·8—T344—614·5
　　上海，醫學書局．　「154」面．　「丁氏醫學叢書」

醫界之鐵椎；丁福保著。　　　　　　　　610·8—T347—616·07
　　上海，醫學書局，民六年。　二版。　158面。

新醫學六種；丁福保著。　　　　　　　　610·8—T347—616·07
　　上海，譯書公會，清宣統三年。　「138]面。

醫師開業術；（日）立神正夫原著，萬鈞譯。　610·8—T347—614·24
　　上海，醫學書局，民四年。　120面。　「丁氏醫學叢書」

中外醫通；丁福保著。　　　　　　　　　610·8—T347—615
　　上海，醫學書局，民三年。　二版。　428面。　「丁氏醫學叢書」

中西醫學三十種；盧謙等合編。　　　　　　610·8—T347—616
　　上海，學醫書局。　五冊。　「丁氏醫學叢書」

漢法醫典；（日）野津猛男著。　　　　　　610·8—T347—615·5
　　上海，　學書局，民五年。　72面。　「丁氏醫學叢書」

醫學新名詞解釋；萬鈞著。　　　　　　　610·8—T347—611·0114
　　上海，醫學書局，民七年。　98面。　「丁氏醫學叢書」

中國醫學史；陳邦賢著。　　　　　　　　610·8—T347—610·95
　　上海，醫學書局。　74面。　「丁氏醫學叢書」

西洋醫學史；丁福保著。　　　　　　　　610·8—T347—610·94
　　上海，丁氏醫院，民三年。　102面。　「丁氏醫學叢書」

醫學大辭書；（日）百科辭書編輯局編。　　R—610·3—P225
　　東京，同文館，明治四十三年。　四冊。　「日本百科辭書」

中國醫學大辭典；謝觀編。　　　　　　　R—610·3—S419
　　上海，商務，民十五年。　四版。　二冊。

南洋醫科考試問題答案；丁福保著。　　610·8—T347—610·41

上海，醫學書局，民二年。　二版。　「18」面。

太醫局程文。　　610·8—T347—610·1

上海，醫學書局，　「丁氏醫學叢書」

611　解剖學

人體解剖實習法；（日）石川喜直原著，萬鈞等合譯。

610·8—T347—611

上海，醫學書局，民四年。　196面。　「丁氏醫學叢書」

新撰解剖學講義；丁福保譯。　　610·8—T347—611·01

上海，醫學書局，民元年。　四冊。　「丁氏醫學叢書」

組織學總論；（日）二村領次郎原著，晉陵下工譯。

610·8－T347—612·014

上海，丁氏醫院，民二年。　203面。　「丁氏醫學叢書」

612　生理衛生學

生理衛生學表解；上海科學書局編輯所編。　　080—S155—612

上海，科學書局，（清）宣統三年。　43面。　「表解叢書」

生理學中外名詞對照表；孫祖烈著。　610·8—T347—612·0114

上海，醫學書局，民六年。　40面。

生理衛生學；顧壽白著。　　612—K252

上海，商務，民十五年。　188面。

生理衞生新教科書；（日）三島通良原著，杜亞泉，杜就田合譯・
612—S122

　　上海，商務，清光緒三十三年・　135面・

生理衞生教科書；（日）高橋本吉，山內繁雄原著，丁福保譯・
610・8—T347—613

　　上海，醫學書局，民三年・　二版・　118面・　「丁氏醫學叢書」

生理學講義；丁福保譯・　　　　　　610・8—T347—612・01

　　上海，醫學書局，民五年・　二冊・　「丁氏醫學叢書」

最新解剖生理衞生學；商務印書館編譯所譯・　　612—S162

　　上海，商務，民十一年・　472面・

人體生理衞生學提要；薛德焴者・　　　　612—S413

　　上海，商務，民十三年・　三版・　324面・　「武昌高等師範理科叢
書之一」

生理衞生學；宋崇義著・　　　　　　612—S554

　　上海，中華，民十五年，　114面・

生理學；（美）史砥爾原著，謝洪賚譯・　　612—St32

　　上海，商務，民三年・　［274］面・

生理及衞生學；王兼善著・　　　　　612—W136

　　上海，商務，民十年・　［292］面・

實用教科書生理衞生學；吳冰心著・　　612—W293

　　上海，商務，民十一年・　164面・

生理學講義；嚴保誠著・　　　　　　612—y225

　　上海，商務，民元年・　104面・

胃腸機能保養法；王羲龢著・　　　　612—W15?

　　上海，商務，民八年・　93面・　「通俗醫書」

實驗深呼級練習法；王懷琪編。　　　　　　　612·2—W141

　　上海，商務，民十五年。　三版。　「39」面。

內分泌；顧壽白著。　　　　　　　　　　　080—P225—30

　　上海，商務；民十三年。　52面。　「百科小叢書第三十種」

612·6　性敎育

性敎育與學校課程；敎育雜誌社編。　　　　370·8—C544—39

　　上海，商務，民十四年　190面。　「敎育叢書」

性敎育的理論；敎育雜誌社編。　　　　　　370·8—C544—38

　　上海，商務，民十四年。　89面。　「敎育叢書」

性敎育槪論；敎育雜誌社編。　　　　　　　370·8—C544—37

　　上海，商務，民十四年。　89面。　「敎育叢書」

巴哥羅底兩性敎育觀；敎育雜誌社編。　　　370·8—C544—42

　　上海，商務，民十四年。　76面。　「敎育叢書」

靑年期之性的衛生及道德；敎育雜誌社編。　370·8—C544—41

　　上海，商務，民十四年。　114面。　「敎育叢書」

男女性之分析；敎育雜誌社編。　　　　　　370·8—C544—40

　　上海，商務，民十四年。　72面。　「敎育叢書」

性敎育；柴福洸著。　　　　　　　　　　　612·6—C128

　　上海，世界，民十六年。　82面。

性與人生；周建人著。　　　　　　　　　　612·6—C771

　　上海，開明，民十六年。　120面。　「婦女問題研究會叢書」

世界性的風俗譚；胡仲持譯。　　　　　　　　　612·6—亞201

　　上海，光華，民十五年。　64面。

性的知識；（美）魯濱遜原著，方可譯。　　　612·6—R568

　　上海，開明，民十七年。　279面。

家庭性教育實施法；（美）珊格爾夫人原著，封照卿譯。

　　　　　　　　　　　　　　　　　　　　　612·6—S159

　　上海，商務，民十一年。　57面。　「婦女叢書第一集第六編」

結婚的愛；（英）司托撥著。　　　　　　　　612·6—St73

　　上海，北新，民十六年。　193面。

性教育；施多惠著。　　　　　　　　　　　　612·6—St79

　　上海，北新，民十七年。　223面。

性之生理與衛生；P，T，TreLi原著，任厂譯。　612·6—T663

　　上海，北新，民十六年。　再版。　239面。

性欲衛生篇；俞鳳賓著。　　　　　　　　　　612·6—Y370

　　上海，商務，民十四年。　84面。　「衛生學要義之一」

性的危機；袁振英著。　　　　　　　　　　　612·6—Y421

　　廣州，受匡出版部，民十七年。　105面。

生殖譚；華文祺，丁福保合譯。　　　　610·8—T347—612·6

　　上海，醫學書局，民十年。　四版。　96面。　「丁氏醫學叢書」

髮鬚瓜；江紹原著。　　　　　　　　　　　612·799—C519

　　上海，開明，民十七年。　21面。

脊椎動物的化學感覺；帕刻原著，臧玉海譯。　612·86—P225

　　上海，商務，民十七年。　156面。

痛饑懼怒時的身體變化；卡儂原著，臧玉淦譯。 612·821—C164
　　上海，商務，民十七年。 234面。

613 衛生學

實驗衛生學講本；丁福保著。 610·8—T347—613·01
　　上海，醫學書局，民七年。 二版。 212面。 「丁氏醫學叢書」

衛生碎金錄；穀君等合編。 610·8—T347—613·C2
　　上海，醫學書局。 「241」面。 「丁氏醫學叢書」

衛生文庫；伍廷芳等合編。 610·8—T347—613·04
　　上海，醫學書局。 「丁氏醫學叢書」

衛生學問答；丁福保著。 610·8—T347—613·07
　　上海，丁氏醫院，民二年。 十三版。 196面。 「丁氏醫學叢書」

氣候與健康；顧壽白著。 C3C—P225—39
　　上海，商務，民十三年。 64面。 「百科小叢書第三十九種」

衛生勉學法；朱元善，華文祺合編。 613—C839
　　上海，商務，民十二年。 126面。

人生二百年；顧實著。 613—K252
　　上海，商務，民十二年。 232面。

長生不老法；顧實著。 613—K252c
　　上海，商務，民九年。 137面。

攝身論；胡宣明，杭海合編。 613—s414
　　上海，商務，民十二年。 三冊。

衛生新論；吳竞著。 613—W287
　　上海，中國圖書公司和記，民十一年。 46面。

運動生理；程瀚章著・　　　　　　　　　　613・17─C275
　　上海，商務，民十三年・　286面・　「新智識叢書」

斷食治病法；（日）西川光次郎原著，王義穌譯・　613・2─S370
　　上海，商務，民九年・　再版・　92面・

日用衛生；孫佐著・　　　　　　　　　　　613・2─C530
　　上海，商務，民十二年・　103面・　「通俗教育叢書」

健康不老廢止朝食論；蔣維喬著・　　　　　613・2─T568
　　上海，商務，民十三年・　八版・　158面・

營化學；鄭貞文著・　　　　　　　　　　　Ot C─P225─40
　　上海，商務，民十三年・　82面・　「百科小叢書第四十種」

食物論；鄒德謹著・　　　　　　　　　　　613・2─T597
　　上海，商務，民十一年・　83面・　「通俗教育叢書」

食物與衛生；東方雜誌社編・　　　　　　　0R─T360─54
　　上海，商務，民十四年・　三版・　104面・　「東方文庫」

素食養生論；楊章父，孫重啓公合編・　　　613・2─y121
　　上海，中華，民十二年・　64面・

冷水浴；劉仁航著・　　　　　　　　　　　613・48─L364
　　上海，商務，民十六年・　69面・

衣服論；鄒德謹著・　　　　　　　　　　　613・48─T697
　　上海，商務，民十二年・　73面・　「通俗教育叢書」

陸軍衞生學；趙士法，陳捷合編．　　　　　　　613·67—C214
　　上海，商務，民九年．　再版．　2?3面．

軍隊衞生學；楊鶴璈著．　　　　　　　　　　613·67—y126
　　上海，商務，民十四年．　37面．　「醫學小叢書」

旅行衞生；莊適著．　　　　　　　　　　　　613·69—C918
　　上海，商務，民十年．　76面．「通俗教育叢書」

普通衞生救急治療法；（日）金澤嚴原著，盧讖譯．
　　　　　　　　　　　　　　　　610·8—T347—613.6
　　上海，醫學書局．　60面．

實驗却病法；丁福保著．　　　　　610·8—T347—613·061
　　上海，醫學書局，民九年．　五版．　[74]面．　「丁氏醫學叢書」

無藥療病法；（日）系左近原著，華文祺譯．　610·8—T347—613·08
　　上海，醫學書局，民八年．　五版．　76面．

簡易療病法；朱夢梅著．　　　　　　　　　613·8—C830
　　上海，商務，民六年．　再版．　139面．3「婦女叢書」

萬病自然療法；顧寶著．　　　　　　　　　61?·8—K252
　　上海，商務，民十一年．　四版．　136面．

通俗自療病法；蘇儀貞著．　　　　　　　　613·8—?460
　　上海，中華，民十二年．　三版．　74面．

613·7　體操

仿效體操；趙光紹著．　　　　　　　　　　613·7—C208
　　上海，商務，民十三年．　51面．

體育學；羅一東蓁．　　　　　　　　　　　613·7—L893
　　上海，中華，民十五年．　147面．

實驗五分鐘呼吸運動法；陸師通著．　　　　613·7—L432
　　上海，中華，民十五年．　22面．

體育之理論及實際；徐福生著．　　　　613·7—S477
　　上海，商務，民四年．　再版．　「208」面．

德國室內體操；吳欽泰著．　　　　613·7—T300—1·12
　　上海，商務，民十四年．　70面．　「體育叢書第一集第十二編」

設計的模仿操；楊彬如著．　　　　613·7—y136
　　上海，商務，民十二年．　「83」面．

保哲氏啞鈴體操；李培藻譯．　　　　613·71—B637
　　上海，商務，民十四年．　105面．

教室柔軟體操；（美）C，R，Borben原著，李浮夢譯．613·71—B644
　　上海，商務，民十四年．　55面．　「體育叢書第一集第十編」

設計式游戲操；崔唐卿著．　　　　613·71—T735
　　北京，師大附屬小學校，民十三年．　「88」面．

布蘭島成組木棍體操；（美）布蘭島原著，李培藻譯．
　　　　　　　　　　　　　　　613·72—B733
　　　　上海，商務，民十四年．　75面．

初級體育敎練法；（美）葛雷原著，錢江春，戴昌鳳合譯．
　　　　　　　　　　　　　　　613·72—G793
　　　　上海，中華，民十五年．　五版．　122面．

發達肌肉法；（美）邱力克原著，張壽仁譯．　613·72—G651
　　上海，商務，民十四年．　三版．　91面．　「體育叢書第一集第七編」

棍棒；國民體育社譯．　　　　613·72—K435
　　上海，商務，民十一年．　60面．　「體育叢書第一集第四編」．

米勒氏十五分鐘體操；張諤譯。　　　　　　613·72—M914
　　　上海，商務，民十四年。　七版。　99面。

業餘運動法；王懷琪著。　　　　　　　　613·72—W142
　　　上海，商務，民十五年。　三版。　82面。

神經衰弱養療法；盧壽籛著。　　　　　　613·8—L406
　　　上海，中華，民九年。　68面。

神經衰弱自療法；王義餘著。　　　　　　613·8—W155
　　　上海，商務，民十年。　73面。　「通俗醫書」

神經衰弱之大研究；華文祺，丁福保合編。　613·8—T347—616·8
　　　上海，醫學書局，民八年。　二版。　13面。　「丁氏醫學叢書」

腦髓與生殖之大研究；黃章森著。　　610·8—T347—612·82
　　　上海，醫學書局，清宣統元年。　二版。　62面。

人種改良學；陳壽凡著。　　　　　　　613·9—C287
　　　上海，商務，民十五年。　四版。　二冊。　「新智識叢書」

優生問題；（美）Havalock Ellis原著，王新命譯。　613·9—EL59
　　　上海，商務，民十三年。　72面。　「新智識叢書」

優生學與婚姻；（美）威廉魯濱生原著，高方譯。　613·9—R568
　　　上海，亞東，民十七年。　156面。

賢明的父母；（英）司托潑原著，水宵人譯。　613·9—St73
　　　上海，北新，民十六年。　58面。

胎教；宋嘉釗著・　　　　　　　　　　　　　　　　　612・9—S554
　　　上海，中華，民十五年・　78面・　「女學叢書之一」

胎教；陳象善著・　　　　　　　　　　　　　　　　　080—P225—75
　　　上海，商務，民十四年・　60面・　「百科小叢書第七十五種」

强種須知；丁林女士原著，沈駿英譯・　　　　　　　613・9—T439
　　　　　上海，廣學會，民十五年・　三版・　68面・

614　公共衛生

衛生叢書；中華衛生敎育會編・　　　　　　　　　　614—C976
　　　上海，商務，民十一年・　三版・　152面・

公民衛生；程瀚章著・　　　　　　　　　　　　　　[614—C235
　　　上海，商務，民十三年・　172面・　「新智識叢書」

中國衛生實用敎科書；愛博敦著・　　　　　　　　　614—N147
　　　上海，伊文思，民十二年・　16面・

近世法醫學；（日）田中赫吉原著，徐雲，丁福保合譯・
　　　　　　　　　　　　　　　　　　　610・8—T347—614
　　　　　上海，醫學書局，清宣統三年・　276面・　「丁氏醫學叢書」

法醫學；（日）石川清忠纂著，王佑，楊鴻通合譯・　614・2—S250
　　　上海，商務，民十年・　「741」面・

蚊蠅消滅法；陳家祥著・　　　　　　　　　　　　　614・43—C270
　　　上海，商務，民十六年・　45面・　「平民叢書」

治蠅要覽；費耕雨著・　　　　　　　　　　　　　　614・43—F187
　　　上海，商務，民十一年・　46面・

痘及種痘；錢守山，斯秀絹合編・　　　　　　　　　614・473—T613
　　　　　226・

上海，商務，民十一年·　48面·　『醫學小叢書』

鼠疫要覽；陳醫武著·　　　　　　　　　614·49—C270

上海，商務，民七年·　再版·　184面·

學校傳染病處理法；高鏡郎著·　　　　　614·5—K466

上海，商務，民十四年·　120面·

國民必讀防疫須知；顧鳴盛著·　　　　　614·5—K250

上海，文明，民七年·　62面·

預防傳染病之大研究；丁福保著·　　610·8—T347—614·5

上海，文明，清宣統三年·　128面·　『丁氏醫學叢書』

霍亂預防法；朱夢梅著·　　　　　　　014·514—C830

上海，商務，民八年·　46面·

實用急救法；趙士法著·　　　　　　　　614·8—C214

上海，商務，民十一年·　再版·　60面·　『南京高等師範叢刊第一理』

急症救治法；姚飛豬著·　　　　　　　　614·8—y151

上海，大東，民九年·　114面·

軍隊救急簡法·　　　　　　　　　　　　614·8—C955

上海，商務·　33面·

家庭侍疾法；丁福保著·　　　　　　610·8—T347—614·5

上海，醫學書局，民五年·　二版·　220面·　『丁氏醫學叢書』

家庭防病救險法；（美）凌聯原著，中華衛生教育會譯·

614·5—L340

上海，商務，民十四年·　五版·　45面·

家庭新醫學講本；丁福保著·　　　　610·8—T347—614·5

上海，醫學書局，民五年·　三版·　76面·　『丁氏醫學叢書』

615·1　藥物學

藥理學；余雲岫著·　　　　　　　　　　　　　615·1—y351
　　　上海，商務，民十一年·　二冊·

普通藥物敎科書；丁福保著·　　　　　　　610·8—T347—615·1
　　　上海，醫學書局·　104面·　「丁氏醫學叢書」
　　　　續編·　上海，醫學書局，民九年·

增訂藥物學綱要；丁福保著·　　　　　　610·8—T347—615·1
　　　上海，醫學書局，民九年·　二版·　422面·

拉德法英美日藥物名彙；華鴻編·　　　　615·1—H410
　　　上海，商務，民十一年·　5〔〕面·

藥物要義；姚昶緒著·　　　　　　　　　615·1—y151
　　　上海，商務，民十一年·　二冊·　「醫學小叢書」

藥物學大成；丁福保譯·　　　　　　610·8—T347—165·01
　　　上海，醫學書局，民十一年·　三版·　二冊·　「丁氏醫學叢書」

漢藥實驗談；（日）小泉榮次郎原著，晉陵下工譯·
　　　　　　　　　　　　　　　　　610·8—T347—615·1
　　　上海，醫學書局，民七年·　再版·　318面·　「丁氏醫學叢書」

西藥實驗談；丁福保著·　　　　　　610·8—T347—615·1
　　　上海，醫學書局，民九年·　三版·　4〔〕面·　「丁氏醫學叢書」

實用經驗治療學；葉祖章著·　　　　610·—T347—615·1
　　　上海，醫學書局，民九年·　306面·　「丁氏醫學叢書」

化學實驗新本草；丁福保著·　　　　610·8—T347—615·1
　　　上海，醫學書局，民十一年·　六版·　272面·　「丁氏醫學叢書」

家庭新本草；丁福保等合編·　　　　610·8—T347—615·1
　　　上海，醫學書局，民六年·　五版·　「100」面·　「丁氏醫學叢書」

毒物淺說；葉瞱著．　　　　　　　　　　080—P225—144

上海，商務，民十六年．　82面．「百科小叢書」

615·4　藥方

實用經驗良方，兒科經驗良方；丁福保，李群麟合編．

610·8—T347—615·4

上海，醫學書局，民七年．　三版．　113面．「丁氏醫學叢書」

醫科大學病院經驗方；（日）滇子太原編，萬鈞譯．

610·8—T347—615·4

上海，醫學書局，民三年．　217面．「丁氏醫學叢書」

新萬國藥方；丁福保著．　　　　　　610·8—T347—615·4

上海，醫學書局，民十一年．　四版．　659面，「丁氏醫學叢書」

中國經驗良方；葉瑗著．　　　　　　610·3—T347—615·4

上海，醫學書局，民六年．　39面．「丁氏醫學叢書」

簡明調劑學；（日）鈴木梅藏原著，張彭年譯．　610·3—T347—615·1

上海，醫學書局，民九年．　二版．　122面．「丁氏醫學叢書」

中西醫方會通；丁福保著．　　　　　610·8—T347—615·4

上海，醫學書局，民九年．　235面．「丁氏醫學叢書」

中西驗方新編；陳繼武著．　　　　　615·4—C270

上海，商務，民十四年．　五版．　520面．

良方彙選；中華書局編譯所編．　　　615·4—C976

上海，中華，民十一年．　再版．　132面．

湯頭歌訣；汪昂著・　　　　　　　　　　　　615・5—W172

　　上海，商務・　二冊・

616・01　微生物學

微生物；余雲岫著・　　　　　　　　　　　　616・01—Y354

　　上海，商務，民十年・　再版・　48面・

實用細菌學；姜白民著・　　　　　　　　　　616・01—C523

　　上海，商務，民十四年・　再版・　[28]面・

細菌；胡先驌著・　　　　　　　　　　　　　0'C—P225—5

　　上海，商務，民十二年・　再版・　49面・　「百科小叢書第五種」

616・07　診斷學

新脈學一夕談，或，發熱之原理；　　610・8—T347—616・07

　　上海，醫學書局，民三年・　二版・　[55]面・　「丁氏醫學叢書」

診斷學實地練習法；丁福保等合編・　　610・8—T347—616・07

　　上海，醫學書局，民七年・　三版・　[259]面・　「丁氏醫學叢書」

診斷學大成；丁福保著・　　　　　　610・8—T347—616・07

　　上海，醫學書局，民七年・　二版・　二冊・　「丁氏醫學叢書」

斷診一夕談；丁福保著・　　　　　　610・8—T347—616・07

　　上海，醫學書局，民三年・　二版・　[52]面・　「丁氏醫學叢書」

初等診斷學教科書；丁福保著・　　　610・8—T347—616・07

　　上海，醫學書局，民九年・　四版・　[98]面・　「丁氏醫學叢書」

230

內科**分類審症法**；丁福保著。 610•8—T347—616•07
　　上海，醫學書局，民八年• 二版。 96面。 「丁氏醫學叢書」

臨牀病理學；丁福保著。 610•8—T347—616•07
　　上海，醫學書局，民十一年• 二版。 294面。 「丁氏醫學叢書」

醫量；陳无咎著。 616•07—C291
　　上海，民智，民十七年。 再版。 〔54〕面。

616 內科

最新內科治療；（日）橋本節齋原著，姚蟲振譯。 616—C550
　　陝西，和濟書局，民三年• 614面•

內科學一夕談；顧鳴盛譯• 616—K250
　　上海，醫學書局，民五年。 107面• 「丁氏醫學叢書」

內科全書；汪脅美等合編。 616—W176
　　上海，商務，民十二年。 三版。 二冊。

內科學綱要；（日）安藤重次郎著。 610•8—T347—616
　　上海，文明，民元年• 二版• 374面• 「丁氏醫學叢書」

維納內科學；丁福保著• 610•8—T347—616
　　上海，醫學書局，民七年。 二版。 148面• 「丁氏醫學叢書」

近世內科全書；丁福保譯。 610•8—T347—616
　　上海，醫學書局，民九年• 二版。 二冊• 「丁氏醫學叢書」

內科全書；（日）河內龍若原著，丁福保譯。 610•8—T347—616
　　上海，醫學書局，民三年。 三版。 384面。 「丁氏醫學叢書」

內科錄要；侯光迪等合編• 610•8—T347—616

上海，醫學書局。

內科看護學；楊鴻慶著。　　　　　　　　　616—y126

上海，商務，民十四年。　120面。

新內經；丁福保著。　　　　　　　　　610·8—T347—616

上海，醫學書局，民三年。　四版。　二冊。「丁氏醫學叢書」

616　病理及治療學

新撰病理學講義；丁福保著。　　　　　610·8—T347—616

上海，醫學書局，民七年。　二版。　三冊。「丁氏醫學叢書」

頓死論；丁福保著。　　　　　　　　610·8—T347—616·1

上海，醫學書局，民六年。　32面。「丁氏醫學叢書」

實扶垤里亞血清療法；（日）馬島珪之助原著，李群麟譯。

610·8—T347—616·15

上海，文明，清宣統元年。　46面。

喉痧新論；丁福保著。　　　　　　610·0—T347—616·32

上海，醫學書局，民十一年。　三版。　48面。「丁氏醫學叢書」

赤痢新論；（日）志賀潔原著，華文祺，丁福保合譯。

610·8—T347—616·34

上海，醫學書局，民九年。　二版。　91面。「丁氏醫學叢書」

赤痢實驗談；丁福保著著。　　　　610·8—T347—616·34

上海，醫學書局，民六年。　「45」面。「丁氏醫學叢書」

皮膚病學美容法（日）山田弘倫原著，丁福保譯。

610·8—T347—616·5

上海，醫學書局，民七年，共88面。 「丁氏醫學叢書」

皮膚病學；（日）筒井八百珠原著，丁福保譯。　610•8—T347—616•5
上海，醫學書局，民七年•二版。 368面。 「丁氏醫學叢書」

寄生蟲病；姚永緒著。　　　　　　　　　　616•57—Y151
上海，商務，民十年。 47面。 「醫學小叢書」

中風之原因及治法；丁福保著。　　　610•8—T347—616•81
上海，醫學書局，民二年。 96面。 「丁氏醫學叢書」

傳染病；余雲岫著。　　　　　　　　　616•91—Y353
上海，商務，民十年。 再版。 46面。 「醫學小叢書」

急性傳染病講義；丁福保著。　　　　610•8—T347—616•91
上海，醫學書局，民九年。 二版。 294面。 「丁氏醫學叢書」

痲疹療治法；李天佐，孫重啟合編。　　616•912—L198
上海，中華，民十四年。 152面。

可怕的猩紅熱；胡定安著。　　　　　　616•917—H415
上海，商務，民十一年。 41面。

删定傷寒論；南涯吉益著。　　　　610•8—T347—616•2
上海，醫學書局，民五年。 二版• 25面• 「丁氏醫學叢書」

新傷寒論；（日）宮本叔原著，丁福保譯。　610•8—T347—616•927
上海，醫學書局，民四年。 三版。 74面。 「丁氏醫學叢書」

霍亂新論瘧疾新論合編；丁福保著。　610•8—T347—616•93
上海，醫學書局，民九年。 46面。 「丁氏醫學叢書」

616·95　花柳病

生殖器病學；（日）佐藤進原著，李祥麟譯。

616·95
610·8—T347—616·95

上海，醫學書局，民三年。　「62」面。

伍氏泌尿器病學，諾氏花柳病學；丁福保編。

610·8—T347—616·95

上海，醫學書局，民七年。　88面。　「丁氏醫學叢書」

淋病一夕話；李振軒著。

616·95—L199

上海，李振軒診所，民四年。　16面。

花柳病學叢刊；萬鈞著。

610·8—T347—616·95

上海，醫學書局，民九年。　再版。　76面。

花柳病；姚昶緒著。

616·95—L376

上海，商務，民十一年。　再版。　二冊。　「醫學小叢書」

最新花柳醫治法；顧鳴盛著。

616·95—K250

上海，文明，民八年。　再版。　152面。

花柳易知；中華書局編譯所編。

616·95—C976

上海，中華，民十一年。　再版。　38面。

瘰癧質斯彙編；孫祖烈著。

610·8—T347—616·991

上海，醫學書局，民六年。　100面。　「丁氏醫學叢書」

新撰虛勞講義；丁福保著。

610·8T—347—616·995

上海，醫學書局，民五年。　二版。　162面。

虛勞精義；李振軒著。

610·8—T347—616·995

上海，李振軒診所，民六年。　二版。　74面。

癆蟲戰爭記；丁福保著。

610·8—T347—616·995

上海，醫學書局，民五年。　二版。　「98」面。「丁氏醫學叢書」

肺癆病預防法；（日）竹中成憲原著，丁福保譯．

610・8—T347—616・995

上海，醫學書局，民六年． 四版． 95面． 「丁氏醫學叢書」

肺癆病一夕談；丁福保著。 610・8—T347—616・995

上海，醫學書局，民三年． 三版． 48面． 「丁氏醫學叢書」

肺結核症再發之預防（德）Lomisch原著，洪百容譯．

616・995—L838

上海，商務，民十一年． 57面．

最新癆病治療法；劉求是著． 616・995—L356

漢口，求是醫院，民十一年。 88面．

617　外科

安氏外科學，皮氏外科學；丁福保編． 610・8—T347—617

上海，醫學書局，民七年．「24」面． 「丁氏醫學叢書」

外科總論；（日）下平用彩原著，徐雲，萬鈞合譯．

610・8—T347—617

上海，醫學書局，民四年． 三冊． 「丁氏醫學叢書」

實用外科手術；汪于岡著。 617—W178

上海，商務，民九年。 269面。

外科療法；余雲岫著。 617—y354

上海，商務，民十一年。 再版． 48面． 「醫學小叢書」

創傷療法；丁福保著． 610・8—T347—617・1

上海，醫學書局，民五年． 二版． 180面． 「丁氏醫學叢書」

脚氣病之原因及治法；丁福保著． 610・8—T347—617・58

上海，文明，清宣統二年． 119面． 「丁氏醫學叢書」

療癧之原因及治法；丁福保著。　　　　　610·8—T347—617·5

上海，醫學書局，民六年。　二版。　138面。　「丁氏醫學叢書」

司氏眼科學，克氏眼科學；丁福保編。　　610·8—T347—617·7

上海，醫學書局，民十一年。　二版。　「48」面。　「丁氏醫學叢書」

眼科易知；中華書局編譯所編。　　　　　617·7—C976

上海，中華，民十一年。　三版。　26面。

沙眼；孫祖烈著。　　　　　　　　　　　617·77—S630

上海，泰東，民十一年。　41面。

618　婦孺科

近世婦人科全書；丁福保著。　　　　　　610·8—T347—618

上海，譯書公會，民元年。　三冊。

女性養生鑑；郭人驥，鄺人麟合著。　　　　618—K423

上海，商務，民十四年。　再版。　166面。　「醫林叢刊」

婦女衞生新論；（英）莎利勃原著，景邁譯。　　618—S14

上海，商務，民十四年。　291面。

婦女生育論；蘇儀貞著。　　　　　　　　618—S460

上海，中華，民十三年。　四版。　65面。

女性衞生常識；蘇儀貞著。　　　　　　　618—S461

上海，中華，民十四年。　57面。

女子應有的智識；（美）珊格夫人原著，趙元任夫人譯。　618—S58

上海，務商，民十五年。　再版。　101面。　「新智識叢書」

236

不姙症及治法；（日）宮田権之丞原著，周蕃譯．

610·8—T347—618·17

　　上海，醫學書局，民五年．　64面。　「丁氏醫學叢書」

子之有無法；（日）田村化三郎原著，丁福保譯。610·8—T347—618·17

　　上海，醫學書局，民八年．　「66」面．　「丁氏醫學叢書」

胎生學；（日）大澤岳太郎原著，丁福保譯．　610·8—T347—618·21

　　上海，丁氏醫院，民二年．　110面．　「丁氏醫學叢書」

胎產常識；劉无諍編．　　　　　　　　　　　618·2—W310

　　長沙，泰東，民十七年．　126面．

胎產病防護法；姚昶緒著．　　　　　　　　618·2—Y151F

　　上海，商務，民十年．　再版．　48面。「醫學小叢書」

胎產須知；姚昶緒著．　　　　　　　　　　618·2—Y151

　　上海，商務，民十年．　再版．　48面．「醫學小叢書」

姙娠生理篇；（日）今淵恆壽原著，丁福保譯．

610·8—T347—612·1

　　上海，醫學書局，民四年．　二版．　108面。「丁氏醫學叢書」

分娩生理學；（日）今淵恆壽原著，華文祺，丁福保合譯．

610·8—T347—618·41

　　上海，醫學書局，民七年．　二版．　112面．「丁氏醫學叢書」

竹氏產婆學；（日）竹中成憲原著，丁福保譯．610·8—T347—618·4

　　上海，醫學書局，民九年．　四版．　104面．「丁氏醫學叢書」

姙婦疹察法；丁福保著．　　　　　　610·8—T347—618·3

　　上海，醫學書局，民五年．　二版．　53面．「丁氏醫學叢書」

產科學初步；丁福保著．　　　　　　610·8—T347—618·2

　　上海，醫學書局，民四年．　二版．　136面．「丁氏醫學叢書」

618·9　小兒科

兒科叢刊；東壁等合編·　　　　　　　610·8—T347—618·9

上海，醫學書局。「114」面·「丁氏醫學叢書」

新纂兒科學；（日：伊藤龜治郎原著，丁福保譯·

610·8—T347—618·9

上海，醫學書局，民三年·　二版·　245面·「丁氏醫學叢書」

莫氏小兒科學，惠氏兒科學；丁福保編·　610·8—T347—618·9

上海，醫學書局，民七年·「256」面·「丁氏醫學叢書」

近世小兒科學；（日）齋藤秀雄原著，程瀚章譯·　　618·9—C120

上海，商務，民十六年·「720」面·

小兒病療治法；蘇儀貞著·　　　　　　　　618·9—S460

上海，中華，民十三年·　78面·

小兒病指南；姚冠豬著·　　　　　　　　　618·9—Y151

上海，商務，民九年·　48面·『醫學小叢書』

619　獸醫學

獸醫學大意；關鵬高著·　　　　　　　　　619—K297

上海，商務，民九年·　三版·　60面·

獸醫易知；中華書局編譯所編·　　　　　　619—C976

上海，中華，民十一年·　三版·　60頁·

621 機械學及電氣工程

氣機發達簡明史；孔屏鼇著· 　　　　080—P225—23
　　　上海，商務，民十五年· 　三版· 　6面· 「百科小叢書第二十三種」

蒸氣機；劉振華著· 　　　　627·1—L356
　　　上海，商務，民十六年· 　再版· 　217面· 「學藝叢書」

發電機電動機構造法；（英）A.H.Avery原著，馬紹良譯·
　　　　　　　　　　　　　　　　621·313—Av37
　　　上海，商務，民十二年· 　151面·

電機鐵路；陳章著· 　　　　080—P225—156
　　　上海，商務，民十六年· 　59面· 「百科小叢書」

無線電原理；王錫恩著· 　　　　080—P225—84
　　　上海，商務，民十四年· 　128面· 「百科小叢書第八十四種」

無線電學；王錫恩著· 　　　　621·3842—W155
　　　上海，商務，民十四年· 　三版· 　158面·

無線電話原理；（美）黑馬丁原著，諡觀譯· 　　080—P225—56
　　　上海，商務，民十三年· 　52面· 「百科小叢書第五十六種」

內燃機關；劉振華著· 　　　　621·4—L356
　　　上海，商務，民十四年· 　56面· 「學藝彙刊」

工廠設備，一名，工廠保安及衛生設備法 ；（日）勝田
　　　一原著，方漢城譯· 　　　621·7—230
　　　上海，商務，民十三年· 　159面·

622 礦業

礦物採集鑑定法；陳學郢，孫佐合編· 　　622—C275
　　　上海，商務，民三年· 　四版· 　104面·

中國十大礦廠調查記；顧琅著．　　　　　　　　622—K249
　　上海，商務，民五年．　497面．

礦業條例通釋；歐陽瀚存著。　　　　　　　　622·007—C133
　　上海，商務，民十三年．　97面．

625　土木工程

道路；劉友惠著．　　　　　　　　　　　　080—P225—67
　　上海，商務，民十三年．　95面．「百科小叢書第六十七種」

道路叢刊第一集；中華全國道路建設協會編．　　625—C976
　　上海，道路月刊發行部，民十四年．　「1522」面．

道路計畫書；易榮膺著．　　　　　　　　　　625·7—I126
　　上海，商務，民十四年．　再版．　118面．

歐美水利調查錄；宋希尚編．　　　　　　　　627—S566
　　南京，河海工程專門學校，民十三年．　334面．「河海叢刊」

行道樹；張福仁編．　　　　　　　　　　　　628·48—C154
　　上海，商務，民十七年．　101面．「市政叢書」

629　航空

飛行學要義；東方雜誌社編。　　　　　　　　080—T860—57
　　上海，商務，民十三年．　三版。　88面．「東方文庫」

航空論；黃璧著．　　　　　　　　　　　　　629·13—H484

上海，商務，民十四年． 131面．

航空戰術；軍學編輯局編．   629·13—C955
18面．

629·2 汽車

汽車學；裴元凱著   629·2—P256
上海，商務，民十六年． 再版。 178面．

摩托車與道路；吳山著．   629·2—W294
上海，中華，民十三年． 191面． 「常識叢書第五種」

630　農業

農業學表解；上海科學書局編輯所編・　　　　080—S155—630

　　　上海，科學書局，清宣統元年。　二册・　「表解叢書」

農業政策綱要；（日）橋本傳左衛門原著，黃通譯・　　630—C550

　　　上海，商務，民十六年・　179面・

農業政策；（奧）菲里波維原著，馬君武譯・　　　　630—P538

　　　上海，中華，民十五年・　280面・　「新文化叢書之一」

農業淺說；丁錫華著。　　　　　　　　　　　　　630—T350

　　　上海，中華，民八年・　36面。　「通俗敎育叢書之一」

農林學問答；萬鴻慶著。　　　　　　　　　　　　[630—W123

　　　上海，商務，民十一年・　45頁・

敎育中心中國新農村之建設；王駿聲著・　　　630·1—W136

　　　上海，商務，民十七年・　160面・　「師範叢書」

農村社會學；顧復著・　　　　　　　　　　　　630·1—K247

　　　上海，商務，民十三年・　114面・

中等農業經濟學；顏綸譯・　　　　　　　　　　630·1—y233

　　　上海，中華，民十四年・　113面・

中等農藝化學；蔣臘尹著。　　　　　　　　　　630·24—T561

　　　上海，中華，民十四年・　64面・

新體農業講義；唐昌治著。　　　　　　　　　　630·4—T201

　　　上海，商務，民十一年・　五版・　111面・

改進中國農業與農業敎育意見書；（美）白德斐原著，傅

　　　煥光譯・　　　　　　　　　　　　　　630·7—B982

　　　北京，敎育部，民十一年。　29面・

丹麥之農業及其合作；顧樹森著・　　　　　　　630—K252

上海，中華，民十六年． 78面． 「歐游叢刊第三集」

美國之農業敎育；徐正鑑著． 630•7—S482

上海，商務，民十三年． 235面．

中國農業敎育問題；鄒秉文著， 630•7—T695

上海，商務，民十二年． 69面．

大中華農業史；張援著． 630•951—C173

上海，商務，民十年． 164面．

中國農業之經濟觀；凌道揚著． 630•951—L341

上海，商務，民十四年． 再版． 89面．

農荒預防策；東方雜誌社編． 080—T860—23

上海，商務，民十四年． 三版． 95面． 「東方文庫」

土壤學；何炳甹著． 631—H210

上海，商務，民八年． 修訂再版． 128面．

中等農業氣象學；倪慰農著． 631•11—N192

上海，中華，民十五年． 124面．

中等農具學；顏綸譯． 631•3—y234

上海，中華，民十五年． 125面．

農具學；顏綸譯． 631•3—y234L

上海，商務，民八年． 127面．

肥料學表解；上海科學書局編輯所編． 080—S155—631

上海，科學書局，清宣統三年． 84面． 「表解叢書」

肥料學；陸旋著． 631•8—L432

上海，商務，民八年． 再版． 124面．

中等肥料學；蔣繼尹著．　　　　　　　　　　631·8—T561
　　　上海，中華，民十四年．　77面．

蟲害學；謝申圖著．　　　　　　　　　　　　632—S423
　　　上海，商務，民九年．　156面．

633　作物學

作物學；賈樹模著．　　　　　　　　　　　　633—C478
　　　上海，商務，民二年．　六版．　76面．

蘇俄農民政策述評；吳義田著．　　　　　　　650—W285
　　　共和書局，民十六年．　39面．

中等作物學：周汝沆著．　　　　　　　　　　633—C777
　　　上海，中華，民十四年．　121面．

中等稻作學；周汝沆著．　　　　　　　　　　633—C777da
　　　上海，中華，民十四年．　再版．　78面．

四十五大作物論；顏綸譯．　　　　　　　　　633—y234
　　　上海，商務，民十三年．　2冊．

中國作物論；原頌周著．　　　　　　　　　　633—y413
　　　上海，商務，民十三年．　407面．

麥；顧復著．　　　　　　　　　　　　　　　080—P225—98
　　　上海，商務，民十五年．　55面．　「百科小叢書第九十八種」

稻；孫毓武著．　　　　　　　　　　　　　　080—P225—97
　　　上海，商務，民十五年．　121面．　「百科小叢書第九十七種」

種草的方法；鄒盛文著．　　　　　　　　　　570·8—T696

上海，中華，民十四年・ 31面・ 「科學小叢書」

棉；過探先著・ 080—P225—8

　　上海，商務，民十二年・ 再版・ 92面・ 「百科小叢書第一集第八種」

殖棉學；章之汝著・ 633・51—C177

　　上海，商務，民十五年・ 221面・ 「中國科學社叢書」

中等棉作學；馮澤芳著・ 633・51—F203

　　上海，中華，民十四年・ 80面・

634 果木及森林

果樹盆栽法；吳瑜著・ 634—W299

　　上海，中華，民十四年・ 二版・ 92面・

桑樹栽培敎科書；鄭辟疆著・ 634・38—C358

　　上海，商務，民八年・ 四版・ 131面・

葡萄譜；劉德蕃著・ 634・8—L375

　　漢口，中華印務公司，民十一年・ 22面・

林學大意；林暌著・ 080—P225—54

　　上海，商務，民十五年・ 再版・ 90面・ 「百科小叢書第五十四種」

林業淺說；林暌著・ 080—P225—35

　　上海，商務，民十三年・ 41面・ 「百科小叢書第三十五種」

造林要義；陳植著・ 080—P225—141

　　上海，商務，民十六年・ 「88]面・ 「百科小叢書」

種樹的淺說；丁錫華著・ 634・9—T351

　　上海，中華，民十一年・ 五版・ 38面・・「通俗敎育叢書之一」

種樹的方法；鄒盛文著・　　　　　　　　　570・8—T396
　　　上海，中華，民十五年・　三版・　31面・　「科學小叢書」

森林學大意；淩道揚著・　　　　　　　　　634・9—L341
　　　上海，商務，民六年・　再版・　129面・

廣種白銀樹利益說；劉德藩著・　　　　　　634・9—L375
　　　漢口，中華印務公司，民十一年・　「30」面・

中等林學大意；殷良弼著・　　　　　　　　634・9—Y271
　　　上海，中華，民十四年・　112面・

635　園藝

種菜的方法；鄒盛文著・　　　　　　　　　570・8—T396
　　　上海，中華，民十四年・　22面・　「科學小叢書」

盆栽花木實驗法；花好月圓人壽室編・　　　　635—H448
　　　上海，國華，民九年・　「110」面・

園藝學；劉大紳著・　　　　　　　　　　　635—L375
　　　上海，商務，民八年・　117面・

園藝一斑；盧壽籛著・　　　　　　　　　　635—L106
　　　上海，中華，民十一年・　56面・　「女學叢書之一」

園作須知農作物篇；陸紹曾著・　　　　　　635—L432
　　　上海，中國圖書公司，民四年・　106面・

最新園藝法；孟昭升著・　　　　　　　　　635—M210
　　　上海，文明，民十三年・　再版・　42面・

簡明園藝學；丁錫華著・　　　　　　　　　635—T351
　　　上海，中華，民十一年・　59面・

藝蘭秘訣；清芬室主人編·   635—T667

   上海，國華，民九年· 76面·

花卉盆栽法；吳君瑚著·   635—W281

   上海，中華，民十五年· 106面·

種花的方法；鄒盛文著·   570·8—T696

   上海，中華，民十四年· 32面· 「科學小叢書」

姣艷的薔薇；鄒盛文著·   570·8—T696

   上海，中華，民十三年· 31面· 「科學小叢書」

636　畜牧

養畜學表解；上海科學書局編·   080—S145—636

   上海，科學書局，清宣統二年· 92面· 「表解叢書」

畜產學；關鵬萬著·   636—K297

   上海，商務，民七年· 114面·

家畜飼養汎論；（日）八鍬儀七郎，石崎芳吉合著，西師意譯·

      636—P111

   東京，大橋新太郎，清光緒三十三年· 160面·

養鷄淺說；盧壽籛著·   636—L406

   上海，中華，民十年· 38面· 「通俗教育叢書之一」

農業動物飼養法；吳劍心著·   636—W281

   上海，商務，民十三年· 67面·

最新養鷄法；王言綸，劉大綸合編·   636·5—W163

   上海，商務，民十三年· 126面·

638　蠶蜂

製絲新法；張青選著・　　　　　　　　　　638—C152
　　　　上海，宋兆信，清宣統元年・　116面・

製絲教科書；鄭辟疆著・　　　　　　　　　638—C358
　　　　上海，商務，民七年・　114面・

蠶體生理教料書；鄭辟疆著・　　　　　　　638—C35e81
　　　　上海，商務，民六年・　110面・

蠶體解剖教科書；鄭辟疆著・　　　　　　　638—C358e2
　　　　上海，商務，民七年・　86面・

蠶體病理教科書；鄭辟疆著・　　　　　　　638—C358e3
　　　　上海，商務，民七年・　116面・

養蠶法教科書；鄭辟疆著・　　　　　　　　638—C358y
　　　　上海，商務，民九年・　158面・

中國蠶業概況；萬國鼎著・　　　　　　　　638—W132
　　　　上海，商務，民十三年・　65面・

最新養蜂法；劉大綸著・　　　　　　　　　638·1—L875
　　　　上海，商務，民十三年・　63面・

實地養蜂法；王歷農著・　　　　　　　　　638·1—W147
　　　　上海，中華，民十四年・　89面・

養蜂採蜜管理法；張品南著・　　　　　　　638·1—T665
　　　　上海，新學會社，民十二年・　152面・

639　水產

水產學大意；關鵬萬著・　　　　　　　　　639—K297
　　　　上海，商務，民八年・　91面・

中等水產學；周監胺，魚華仙合編・　　　　639—C771
　　　　上海，中華，民十七年・　156面・

金魚養育法;(德)赫德各莫臘透原著;照士，嘴翁合譯. 639—H176
上海，商務，民六年. 99面.

640　家政

家政學表解；上海科學書局編輯所編・　　　　　　080—S155—640
　　　　上海，科學書局，清宣統元年・　　6⌒面・　「表解叢書」

家政學；（日）下田歌子原著，單士釐譯・　　　　　640—H279

實用一家經濟法；邵颺萍著・　　　　　　　　　　640—S171
　　　　上海，商務，民十一年・　五版・　164面・　「婦女叢書第一集第
　　　一編」

衣食住；沈德鴻編・　　　　　　　　　　　　　　640—S222
　　　　上海，商務，民十一年・　四版・　三冊・　「新知識叢書」

居住論；鄒德謹等合編・　　　　　　　　　　　　640—T697
　　　　上海，商務，民十四年・　159面・　「通俗敎育叢書」

家事實習寶鑑；王言綸著・　　　　　　　　　　　640—W163
　　　　上海，商務，民十五年・　三版・　215面・

家政淺說；姚銘思著・　　　　　　　　　　　　　640—Y162
　　　　上海，中華，民八年・　四版・　34面・　「通俗敎育叢書之一」

641　烹飪

人類的食；張伯倫著・　　　　　　　　　　　　　641—C355
　　　　上海，商務，民十七年・　150面・　「兒童史地叢書」

家庭食譜；李公耳著・　　　　　　　　　　　　　641—L188
　　　　上海，中華，民八年・　190面・

家庭食譜三編；時希聖著・　　　　　　　　　　　641—S236
　　　　上海，中華，民十四年・　214面・

家庭食譜四編；時希聖著·   641—S236
上海，中華，民十五年· 344面·

素食譜；時希聖著·   641—S236s
上海，中華，民十四年· 254面·

食物新本草；丁福保譯·   610·8—T347—641·1
上海，醫學書局，民六年· 三版· 151面·「丁氏醫學叢書」

烹飪一斑；盧壽籛著·   641·5—L406
上海，中華，民十一年· 56面·「女學叢書之一」

649　兒童養育法　看護學

看護學；丁福保著·   610·8—T347—610·73
上海，醫學書局，民七年· 三版· 168面·「丁氏醫學叢書」

病人看護法；姚昶緒著·   649—y151
上海，商務，民十一年· 48面·「醫學小叢書」

育兒問答；瞿宣穎著·   649—C873
上海，商務，民十一年· 163面·

育兒談；丁福保譯·   610·8—T347—649·1
上海，醫學書局，民六年· 四版· 66面·「丁氏醫學叢書」

育兒之模範；孫祖烈著·   610·8—T347—649·1
上海，醫學書局，民六年· 204面·

幼兒保育法；顧倬著·   649·1—K253
上海，商務，民十年· 44面·

育兒；盧壽籛譯·   649·1—L406
上海，中華，民十一年· 156面·

育兒一斑；盧壽籛著·　　　　　　　　　　　　　　649·1—L406?
　　　　上海，中華，民九年·　　128面·　「女學叢書之一」

育兒法；姚昶緒著·　　　　　　　　　　　　　　649·1—y151
　　　　上海，商務，民十年·　　45面·　「醫學小叢書」

玩具圖說；施詠湘著·　　　　　　　　　　　　　649·55—S247
　　　　上海，商務，民十年·　　三冊·　「手工叢書」

650　商業

經商要素；張慰中著．　　　　　　　　　　650—C173
　　　上海，泰東，民九年．　二冊．

新體商業講義；盛在珣著．　　　　　　　　650—C322
　　　上海，商務，民八年．　44面．

商業指南；中華書局編譯所編．　　　　　　650—C976
　　　上海，中華，民十五年．　[272]面．

能率增進法；黃士恆，薩君陸合編．　　　　650—H485
　　　上海，商務，民十年．　75面．　「商業叢書第六種」

上海商業名錄；徐珂著．　　　　　　　　　650.03—S478
　　　上海，商務，民十年．　504面．

現代商業經營法；過耀根著．　　　　　　　651—K433
　　　上海，商務，民十一年．　189面．

商店組織管理法；汪稷謝著．　　　　　　　651—W174
　　　上海，商務，民十一年．　二冊．　「商業叢書第四種」

654　電報

明密電報新書．　　　　　　　　　　　　　654—M251
　　　上海，文明．　90面．

明密碼電報書；商務印書館編譯所編．　　　654—S162
　　　上海，商務，民十六年．　90面．

實驗電報學；曾清鑒著．　　　　　　　　　654—T521
　　　上海，商務，民十四年．　[97]面．

655·19　雕版術

中國雕版源流考；留菴著·　　　　　　　　655•1951—L389

　上海，商務，民十三年·　四版·　68面·「文藝叢刻乙集」

656　鐵路管理

鐵路車務實驗談；鄭乃文著·　　　　　656—C365

　上海，中華，民十二年·　87面·

鐵路職務攬要；韋燕著·　　　　　　656—W199

　上海，商務，民七年·　98面·

657·簿記

查帳要義；徐廣德著·　　　　　　080—P225—65

　上海，商務，民十三年·　73面·「百科小叢書第六十五種」

成本會計概要；楊肇遇著·　　　　080—P225—47

　上海，商務，民十三年·　66面·「百科小叢書第四十七種」

銀行簿記法表解；上海科學書局編輯所編·　080—S153—657

　上海，科學編輯所，民三年·　82面·「表解叢書」

複式商業簿記；章祖源著·　　　　　657—C192

　上海，中華，民十二年·　185面·

工業簿記；（日）吉田良三原著，陳家璿譯·　　657—C359

　上海，商務，民十三年·　再版·　136面·

會計學；（日）吉田良三原著，張永宣譯．　　　　657—C359
　　上海，中華，民六年．　248面．

會計監查；韓秋白著．　　　　657—H123
　　北京，銀行周報社，民十三年．　62面．

工業會計攬要；李謨著．　　　　657—L192
　　上海，中華，民十五年．　69面．「常識叢書第十七種」

鐵路會計學；李懋勛著．　　　　657—L192t
　　上海，商務，民十三年．　333面．

商業簿記；李宣韓著．　　　　657—L196
　　上海，商務，民十一年．　八版．　二冊．

近世會計學；劉葆儒譯．　　　　657—L372
　　上海，商務，民十三年．　「348」面．

銀行簿記法；謝霖，李徽合著．　　　　657—S420
　　上海，中國圖書公司和記，民十六年．　十三版．　318面．

英美會計師事業；徐永祥著．　　　　657—S484
　　上海，銀行周報社，民十四年．　305面．「會計叢書第二種」

會計師制度之調查及研究；徐永祥著．　　　　657—S484k
　　上海，銀行周報社，民十二年．　142面．「會計叢書第一種」

銀行會計科目名辭．　　　　657—T627
　　上海，銀行周報社，序民十三年．　50面．

近世簿記法大綱；（日）東奭五郎原著，陳披神譯．　657—T861
　　上海，商務，民十三年．　132面．

審計學；吳應圖著．　　　　657—W299
　　上海，商務，民十六年．　再版．　295面．

新式商業簿記；楊汝梅著．　　　　657—Y130

上海，中華，民十五年．　五版．　254面．

最新商業簿記教科書；楊汝梅著．　　　　　　　　657—Y130t

日本，錦堂，清宣統元年．　增訂再版．　377面．

記帳單位論；楊冕著．　　　　　　　　　　　　657—Y132

上海，商務，民十一年．　77面．

商業簿記；楊端六著．　　　　　　　　　　　　657—Y132s

上海，商務，民十二年．　226面．

銀行成本會計論；銀行周報社編．　　　　　　　657—Y275

上海，銀行周報社，民十四年．　77面．

財政商業高等利息計算法；吳宗鑫著．　　　　　658—W281

上海，商務，民十二年．　164面．　「經濟叢書社叢書之二」

財政商業高等利息計算法練習問題解法；吳宗鑫著．
　　　　　　　　　　　　　　　　　　　　　　658—W281

上海，商務，民十二年．　94面．　「經濟叢書社叢書之二」

658　商業經營法

分業商品學；潘吟閣輯．　　　　　　　　　　　658—P162

上海，商務，民十七年．　142面．　「商業叢書第十三種」

商學研究；北京民國大學商學研究會編．　　　　658—P223

北京，民國大學商學研究會，民十五年．　121面．

進貨學；吳東初著．　　　　　　　　　　　　　658—Y132

上海，商務，民十二年．　210面．　「商業概要第二卷」

商品學；盛在珣著．　　　　　　　　　　　　　658—C322

上海，商務，民十三年．　九版．　72面．

店友須知；陳銘勳著· 658—C281
　　上海，商務，民十四年· 六版· 92面·

新式販賣術；華文祺著· 658—H442
　　上海，商務，民十一年· 175面· 「商業叢書第二種」

銷貨法五百種；蔡文森著· 658—T664
　　上海，商務，民十年· 164面· 「商業叢書第五種」

零售學；吳東初著· 658—W296
　　·上海，商務，民十二年· 113面· 「商業概要第一卷」

中國商業習慣大全；吳桂展等合編· 658—W287
　　上海，世界，民十二年· 「276」面·

科學的工廠管理法；張廷金譯· 658—C171
　　上海，商務，民十四年· 再版· 70面·

工廠適用學理的管理法；（美）戴樂爾原著，穆湘玥譯·
　　　　　　　　　　　　　　　　　　658—T213
　　上海，中華，民十四年· 再版· 80面·

659·1　廣告學

廣告須知；甘永龍著· 659·1—K122
　　上海，商務，民十四年· 七版· 105面· 「商業叢書第一種」

廣告心理學；（美）史可德原著，吳應圖譯· 659·1—SC86
　　·上海，商務，民十五年· 187面·

實用廣告學；蔣裕泉著· 659·1—T594
　　上海，商務，民十五年· 再版· 61面·

廣告心理學；（日）井澤十二郎原著，唐開斌譯．　　659·1—T664
上海，商務，民十四年．　125面·「商業叢書第十種」

660　化學工藝

無機化學工業；程瀛章，李儼祖合著．　　　　　　660—G383
　　上海，商務，民十四年．　615面．

理論實驗日用化學；（日）近藤耕藏原著，石鳴球譯．　660—C677
　　上海，商務，民十七年．　289面．

工業製造法；奚楚明著．　　　　　　　　　　　　660—H249
　　上海，商務，民十一年．　525面．

實驗小工藝；奚楚明著．　　　　　　　　　　　　660—H249s
　　上海，泰東，民十一年．　二冊．

工業藥品大全；胡超然著．　　　　　　　　　　　660—H401
　　上海，商務，民十六年．　七版．　653面．

實用工業知識；韓守蕃著．　　　　　　　　　　　660—K411
　　上海，公民書局，民十年．　207面．「工業叢書第二種」

最新化粧品製造法；郭本瀾著．　　　　　　　　　660—K426
　　上海，商務，民十三年．　203面．

日用工藝品製造法；毛嘯岑著．　　　　　　　　　660—M137
　　上海，商務，民十一年．　165面．

日用品製造法；博撲民著．　　　　　　　　　　　666—P231
　　上海，中華，民十一年．　四版．　182面．

化學工藝寶鑑；杜亞泉著．　　　　　　　　　　　660—T769
　　上海，商務，民十年．　398面．

工業化學實驗法；羅哲斯原著，韓組康譯．　　　　660.7—R631
　　上海，中華，民十五年．　525面．

鹽；鄭貞法著．　　　　　　　　　　　　　　　080—P225—99
　　上海，商務，民十五年．　125面．「百科小叢書第九十九種」

食品化學；劉倫編·　　　　　　　　　　　664—L367
　　　　上海，商務，民十六年·

糖；鄭肇法著·　　　　　　　　　　　　080—P225—142
　　　　上海，商務，民十六年·　80面·　「百科小叢書」

琺瑯器製造法；王言綸著·　　　　　　　666·2—W163
　　　　上海，商務，民十年·　再版·　89面·

陶瓷學；何應樞著·　　　　　　　　　　666·3—H213
　　　　上海，商務，民十三年·　149面·

染色學；沈覲寅著·　　　　　　　　　　667—S211
　　　　上海，商務，民十六年·　321面·

新編染色術；楊時中著·　　　　　　　　667·2—y137
　　　　上海，商務，民十二年·　63面·

煤膏；張輔良著·　　　　　　　　　　　[080—P225—143
　　　　上海，商務，民十六年·　94面·　「百科小叢書」

669　冶金學

冶金學；王本治著·　　　　　　　　　　669—W153
　　　　上海，商務，民十六年·　551面·

鐵冶金學；胡庶華著·　　　　　　　　　669·1—H414
　　　　上海，商務，民十五年·　189面·　「學藝叢書」

中國冶業紀要；洪彥亮著·　　　　　　　080—P225—15
　　　　上海，商務，民十六年·　71面·　「百科小叢書」

670 工藝製造

車牀木工；M·J·G·Liben原著，郭元榘譯· 　　　　　674—G565
　　　上海，商務，民十三年· 　55面·

造紙概論；方漢城著· 　　　　　080—P225—62
　　　上海，商務，民十三年· 　70面· 「百科小叢書第六十二種」

紡織工業大要；陳文著· 　　　　　677—C290
　　　上海，商務，民七年· 　66面· 「職業致育叢書」

江蘇省紡織業狀況；江蘇實業廳第三科編· 　　　677—C514
　　　上海，商務，民九年· 　225面·

橡皮；方漢城著· 　　　　　080—P225—55
　　　上海，商務，民十三年· 　58面， 「百科小叢書第五十五種」

馬來牛島之橡皮事業；周國鈞著· 　　　678—C778
　　　上海，國立暨南大學出版課，民十六年· 　260面·

680　手工業

編物圖說；張叔平著·· 　　　　　　　　　　680—C170
　　　上海，商務，民六年·　55面·

實用手工參考書；熊鶱高著· 　　　　　　680—H856
　　　上海，商務，民十年·　四版·　三冊·

摺紙圖說；桂紹烈著· 　　　　　　　　　　680—K344
　　　上海，商務，民十一年·　四版·　66面·　「手工叢書第一編」

手工教材：小學適用；李澍文，龐連鵬合編· 　680—L199
　　　上海，商務，民十一年·　二冊·

剪紙圖說；施詠湖著· 　　　　　　　　　680—S247
　　　上海，商務，民十一年·　四版·　94面·　「手工叢書」

續摺紙圖說；施詠湘著·· 　　　　　　680—S247
　　　上海，商務，民十年·　再版·　66面·

手工圖畫聯絡教材；孫捷著· 　　　　　680 -S511
　　　上海，商務，民十年·　126面·

麥稈辮圖說；汪祖源著· 　　　　　　　680—W176
　　　上海，商務，民九年·　二版·　84面·　「手工叢書」

手工平面物標本；趙博璧著· 　　　　680·7—C261
　　　上海，商務，民四年·　31面·

金木工及玻璃細工；陳文著· 　　　　680—C290
　　　上海，商務，民七年·　56面·

實用木工學；熊崇緒著· 　　　　　　680—L503
　　　上海，商務，民七年·　289面·

700 美術

700　美術

美術概論；黃懺華著・　　　　　　　　　　　　　080—P225—134
　　　上海，商務，民十六年・　98面・　「百科小叢書」

輓近美學思潮；呂澂著・　　　　　　　　　　　　080—P225—19
　　　上海，商務，民十三年・　114面・　「百科小叢書第四十九種」

美學淺說；呂澂著・　　　　　　　　　　　　　　080—P225—11
　　　上海，商務，民十二年・　再版・　54面・　「百科小叢書第十一種」

美與人生；東方雜誌社編・　　　　　　　　　　　080—T860—67
　　　上海，商務，民十四年・　三版・　100面・　「東方文庫」

藝術談概；東方雜誌社編・　　　　　　　　　　　080—T860—68
　　　上海，商務，民十四年・　三版・　81面・　「東方文庫」

美的人生觀；張競生著・　　　　　　　　　　　　701—C152
　　　北京，北新，民十四年・　二版・　212面・

藝術概論；（日）黑田鵬信原著，豐子愷譯・　　　701—H215
　　　上海，開明，民十七年・　101面・

藝術思潮；華林著・　　　　　　　　　　　　　　701—H441
　　　上海，出版合作社，民十五年・　再版・　76面・

近代美術思潮；黃懺華著・　　　　　　　　　　　701—H471
　　　上海，商務，民十一年・　71面・

美學原理；（英）馬霞爾原著，蕭石君譯・　　　　701—M356
　　　上海，泰東，民十三年・　三版・　164面・

美的哲學；徐慶譽著・　　　　　　　　　　　　　701—S476
　　　民十七年・

藝術論；（俄）托爾斯泰原著，耿濟之譯・　　　　701—T598
　　　上海，商務，民十年・　269面・

美學綱要；（日）黑田鵬信原著，兪寄凡譯．　　702—H15
　　　上海，商務，民十一年．　82面．

美學綱要；（德）耶魯撒冷原著，王平陵譯．　　702—J487
　　　上海，泰東，民十五年．　再版．　56面．

美術及音樂教學法；教育雜誌社編．　　370.8—C544—56
　　　上海，商務，民十四年．　105面．　「教育叢著第五十六種」

藝術教育之原理；朱元善編．　　370.8—C544—1.4
　　　上海，商務，民十一年．　三版．　149面．　「教育叢書第一集第
　　四編」

藝術教育學；雷家駿著．　　707—L471
　　　·上海，商務，民十四年·　162面·　「師範叢書」

709　美術史

美學史畧；黃懺華著．　　080—F225—50
　　　上海，商務，民十三年．　36面．　「百科小叢書第五十種」

近世美學；（日）高小林次郎原著，劉仁航譯．　　709—K175
　　　上海，商務，民十一年．　243面．

西洋美術史；豐子愷著．　　709—F224
　　　上海，開明，民十七年．　246面·

西洋美術史；呂徵著．　　709—L450
　　　上海，商務，民十一年．　163面·

中國美術史；（日）大村西崖原著，陳彬和譯．　　709.91—T134
　　　上海，商務，民十七年．　162面·　「歷史叢書」

中國美術小史；滕固著．　　　　　　　　　080—P225—90
　　　上海，商務，民十五年．　51面．　「百科小叢書第九十種」

日本美術的新印象；劉海粟著．　　　　　709·52—L862
　　　上海，商務，民十一年．　191面．

730—750　造形．畫論．畫册　幾何畫

造形美術；（德）Theodor Volbehr原著，錢稻孫譯．
　　　　　　　　　　　　　　　　　080—P225—45
　　　上海，商務，民十三年．　「百科小叢書第四十五種」

新繪學；伍聯德，陳炳洪合編．　　　　　　740—W308
　　　上海，商務，民十二年．　二册．

子愷漫畫；豐子愷著．　　　　　　　　　740—F224
　　　上海，開明，民十五年．　再版．　96面　「文學周報社叢書」

子愷畫集；豐子愷著．　　　　　　　　　740—F224h
　　　上海，開明，民十六年．　再版．　96面．　「文學週報社叢書」

文農諷刺畫集；黃文農著．　　　　　　　740—H488
　　　上海，光華，民十六年．　76面．　「漫畫會叢書第一種」

北遊漫畫；魯少飛著．　　　　　　　　　740—L416
　　　上海，光華，民十七年．　45頁．

百石齋叢畫．　　　　　　　　　　　　　741—P225
　　　上海，掃葉山房，民十二年．　八册．

停雲閣叢畫．　　　　　　　　　　　　　741—T869
　　　上海，商餘協會，民十二年．　四册．

大觀樓叢畫．　　　　　　　　　　　　　741—w178
　　上海，泰華，民十年． 四冊．

平面幾何畫法；求是學社編．　　　　　　744—C744
　　上海，求是學社，清光緒三十三年． 六冊．

用器畫法圖式；（日）平瀨作五郎原著．　744—P267
　　東京，丸善株式會社，明治四十一年． 三冊．

袖珍製圖便覽；童世亨編．　　　　　　　740—T908
　　上海，商務，民十四年． 76面．

平面立體幾何畫法；王濟仁著．　　　　　744—w136
　　上海，暨南大學出版課，民十七年． 196面． 「國立暨南大學叢書」

最新圖案法；兪劍華著．　　　　　　　　745—J370
　　上海，商務，民十五年． 171面．

讀畫輯畧；玉獅老人著．　　　　　　　　750—G279
　　上海，商務，民十四年． 126面． 「文藝叢刊甲集」

書畫大觀；兪丹林，陳牧林合編．　　　　745—J373
　　上海，中華，民十二年． 四冊．

750 繪畫

西畫概要；吳夢非著，　　　　　　　　　二 080—P225 91
　　上海，商務，民十五年· 76面· 「百科小叢書第九十一種」

近代西洋繪畫；東方雜誌社編·　　　　　080—T860—69
　　上海，商務，民十四年· 三版· 二冊· 「東方文庫」

水彩畫概論；倪貽德著·　　　　　　　　752—N192
　　上海，光華，民十五年· 117面·

770 攝影

照相學；陳忠義編．ㅤㅤㅤㅤㅤㅤㅤㅤㅤㅤㅤ770—287
ㅤㅤ上海，商務，民十五年．ㅤ再版．ㅤ234面．

照相鏤板印圖法；（美）頁列尼原著，衞迦，王汝驥合譯．
ㅤㅤㅤㅤㅤㅤㅤㅤㅤㅤㅤㅤㅤㅤㅤ770—P250

白朗尼照相鏡用法；商務印書館編譯所編．ㅤㅤ770—5162
ㅤㅤ上海，商務，民十年．ㅤ24面．

簡明照相法；商務印書館編譯所編．ㅤㅤㅤ770—8162
ㅤㅤ上海，商務，民十二年．ㅤ19面．

新篇攝影術；杜就田著ㅤㅤㅤㅤㅤㅤ770—T76c
ㅤㅤ上海，商務，民十年．ㅤ18面．

民十三之故宮；陳萬里著．ㅤㅤㅤㅤ779—C2901
ㅤㅤ上海，開明，民十七年．

780 音樂

音樂的常識；豐子愷著.   780—F224
     上海，亞東，民十四年.   396面.

普通樂學：高級中學適用；蕭友梅著.   780—S399
     上海，商務，民十七年.   189面.

各國國歌評述；王光祈著.   780—w146
     上海，中華，民十五年.   130面.   「音樂叢刊之一」

歐洲音樂進化論；王光祈著.   780—w1460
     上海，中華，民十三年.   55面.   「音樂叢刊之一」

西洋音樂史綱；兪寄凡著.   080—P225—138
     上海，商務，民十六年.   114面.   「百科小叢書」

東西樂制之研究；王光祈著.   780c9—w145
     上海，中華，民十五年.   232面.   「音樂叢刊之一」

霓裳羽衣：學校歌舞劇；凌純聲，童之綖合編.   782—L340
     上海，商務，民十七年.   123面.

中外學校唱歌集；A·J·Anderson原著.   784—An23
     上海，商務，民十二年.   83面.

790　游藝　運動

民間遊戲；稽宇經輯·　　　　　　　　　　790—C388
　　上海，商務，民十七年·　134面·

遊戲專論；冶永淸著·　　　　　　　　　　790—C658
　　上海，商務，民十三年·　147面·　「北京師範大學叢書」

正反遊戲法；王懷琪著·　　　　　　　　　790—w142
　　上海，商務，民十二年·　29面·

中國體育史；郭希汾著。　　　　　　　790·9—K432
　　上海，商務，民九年·　133面·

劇院的將來；Bouamy Robret原著，徐霞村譯，　080—R575—792
　　上海，北新，民十七年·　46面·　「明日叢書」

舞蹈術；張荄毂著·　　　　　　　　　793—c173
　　上海，新民圖書館，民十二年·　「144」面·

舞蹈游戲；王季梁，孫揆合著。　　　　793—W137
　　上海，商務，民十年·　「98」面·

行進游技法；汪應鈞著·　　　　　　　793—W178
　　上海，商務，民十三年·　150面·
　　·········民十六年·　七版·　115面·

七巧八分圖；錢芸吉著． 794—T618
　　上海，商務，民十二年． 四版． 二冊．

益智圖；董叶庚著． 794—T879
　　上海，商務，民十三年． 七版． 六冊．

田徑游泳競技運動法；教育雜誌社編． 3T0.8—c544—70
　　上海，商務，民十四年． 106面． 「教育叢著第七十種」

田徑賽的理論與實際；謝似顏著． 796—S423
　　上海，開明，民十六年． 212面．

劍術基本教練法；周瓚著． 796—C779
　　上海，中華，民十五年． 三版． 52面．

游泳術；顧極來著． 796—K246
　　上海，商務，民十四年．

踢毽術；沙海著． 796—S141
　　上海，商務，民十一年． 42面．

作戰游技法；孫揆編． 796—S527
　　上海，商務，民十三年． 五版． 106面．

拳術學教範；陸師瓠，陸師通合著．　　　　　796•6—L432
　　　上海，商務，民十五年．　五版．　258面．

十二潭腿新教授法；王懷琪著．　　　　796•6—W142s
　　　上海，中華，民十三年．　106面．

雙人潭腿；吳琦，楊煥章合著．　　　　796•6—W281
　　　上海，商務，民十七年．　25面．

潭腿；精武體育會編．　　　　　796•6—T656
　　　上海，商務，民十五年．　八版．　109面．　『技擊叢刊第二種』

易筋經廿四式圖說；王懷琪著．　　　　796•6—w142
　　　上海，商務，民十一年．　七版．　42面．

訂正八段錦；王懷琪著．　　　　796•6—w142d
　　　上海，商務，民十五年．　十一版．　28面．

籃球；國民體育社編．　　　　797—K435
　　　上海，商務，民十五年．　五版．　93面．　『體育叢書』

橙球；劉大紳編．　　　　797—L375
　　　上海，商務，民十一年．　259面．　『體育叢書』

杖球；潘知本譯．　　　　797—P151
　　　上海，商務，民十二年．　94面．　『體育叢書』

棒球；潘知本編．　　　　797—P151P
　　　上海，商務，民十一年．　46面．　『體育叢書』

槌球運動法；倪鼹森譯·   797—N191

  上海，商務，民十三年· 再版· 84面·

網球術；孫摶編·   797—S527

  上海，中國圖書公司，民六年· 59面·

圈球遊戲；王小峯編·   797—w156

   上海，商務，民十二年· 三版· 22面·

籃球遊戲法；殷黎梔編·   797—y271

  共進中學校，民十二年· 22面·

800 文學

278

800　文學

文藝思潮論；（日）廚川白村原著，樊從予譯・　　　801—C863
　　　上海，商務，民十三年・　　131面・　「文學研究會叢書」

近代文學思潮；黃懺華著・　　　　　　　　　　801—H471
　　　上海，商務，民十五年・　　144面・　「新智識叢書」

歐洲最近文藝思潮；憶秋生著・　　　　　　　　801—I127
　　　上海，商務，民十三年・　　163面・　「小說世界叢刊」

歐洲近代文藝思潮概論（日）本間久雄原著，沈端先譯・

　　　　　　　　　　　　　　　　　　　　　　801—I260

　　　上海，開明，民十七年・　　362面・

新文學概論；（日）本間久雄原著，汪馥泉譯・　　801—P260
　　　上海，商務，民十四年・　「146」面・

新文學概論；（日）本間久雄原著，章錫琛譯・　　801—P260
　　　上海，商務，民十五年・　　134面・　「文化研究會叢書」

新文藝評論；孫俍工輯・　　　　　　　　　　　801—S519
　　　上海，民智，民十二年・　　460面・

近代文學概觀；東方雜誌社編・　　　　　080—T860—59
　　　上海，商務，民十四年・　　三版・　2冊・　「東方文庫」

801　文學批評

文藝批評淺說；周全平著・　　　　　　080—P225—136
　　　上海，商務，民十六年・　　78面・　「百科小叢書」

文學批評與批評家；東方雜誌社編・　　080—T860—60
　　　上海，商務，民十四年・　　三版・　95面・　「東方文庫」

社會的文學批評論；(美)蒲克女士原著，傅東華譯。　　801—B855

　　上海，商務，民十一年。　75面。　「文學研究會叢書」

近代文學叢談；趙景深著。　　　　　　　　　　801—C201

　　上海，新文化，民十四年。　145面。

學術叢話；黃懺華著。　　　　　　　　　　　801—H471

　　上海，泰東，民十五年。　四版。　140面。

近代文學與社會改造；東方雜誌社編。　　　080—T860—62

　　上海，商務，民十四年。　三版。　77面。　「東方文庫」

文學革命；張天花著。　　　　　　　　　　801—C171

　　上海，民智，民十七年。　236面。

自已的園地；周作人著。　　　　　　　　　801—C771

　　北京，晨報社，民十二年。　348面。

近代文學十講；(日)廚川白村原著，羅迪先譯。　801—C863

　　上海，學術研究會，民十六年。　三版。　二冊。　「學術研究會叢
書之四」

表現的鑑賞；胡夢華，吳淑貞合著。　　　　801—H410

　　上海，現代，民十七年。　280面。

浪漫的與古典的，梁實秋著。　　　　　　　801—L263

　　上海，新月，民十六年。　174面。

近代文藝的背景；(日)內崎作三郎原著，王璧如譯。　801—N270

　　北平，北新，民十七年。　172面。

文學的科學化；徐蔚南著。　　　　　　　　801—S483

　　上海，世界，民十六年。　59面。

唯美派的文學；滕固著。　　　　　　　　　801—T275

　　上海，光華，民十六年。　141面。

280

寫實主義與浪漫主義；東方雜誌社編。　　　　080—T860—61
　　上海，商務，民十四年。　三版。　74面。

給志在文藝者；任白濤譯。　　　　　　　　　801—J127
　　上海，亞東，民十七年。　26面。

對於少年作家的暗示；（美）馬爾騰原著，范存忠譯。
　　　　　　　　　　　　　　　　　　　　801—M334
　　上海，新文化，民十四年。　8面。　「新文化　叢」

文藝辭典；孫俍工編。　　　　　　　　　　800—S519
　　上海，民智，民十七年。

808.1　詩學研究　（普通）

詩學；（希臘）亞里斯多德原著，傅東華譯。　　801.1—Ar46
　　上海，商務，民十五年。　12面。　「文學研究會叢書」

詩歌原理；汪靜之著。　　　　　　　　　　080—P225—139
　　上海，商務，民十六年。　69面。　「百科小叢書」

詩的原理；小說月報社編。　　　　　　　　808—Sh41—49
　　上海，商務，民十四年。　7面。　「小說月報叢刊第四十九種」

詩學原理；王希和著。　　　　　　　　　　808.1—W155
　　上海，商務，民十三年。　142面。

浪花；C·F·譯。　　　　　　　　　　　　808.1—J142
　　北京大學新潮社，民十三年。　再版。　117面。　「陽光社文藝小
　　叢書」

808·2　戲劇研究（普通）

近代戲劇家論；東方雜誌社編·　　　　　　080—T860—63

　　上海，商務，民十四年·　三版·　86面·　「東方文庫」

現代獨幕劇；東方雜誌社編·　　　　　　080—T860—62

　　上海，商務，民十四年·　三版·　三冊·　「東方文庫」

愛美的戲劇；陳大悲著·　　　　　　808·2—C288

　　北京，晨報社，民十一年·　262面·　「晨報社叢書」

劇本的登場；谷劍塵著·　　　　　　808·2—K255

　　東南劇學編譯社，民十四年·　100面·　「戲劇叢書」

戲劇短論；徐公美著·　　　　　　808·2—S478

　　上海，光華，民十五年·　241面·

戲劇作法講義；孫俍工著·　　　　　　808·2—S519

　　上海，亞東，民十四年·　178面。

戲曲論；余心著·　　　　　　808·2—y351

　　上海，光華，民十六年·　90面·

808·3　小說研究

短篇小說作法研究；張志澄著·　　　　　　808·3—C152

　　上海，商務，民十七年·　188面·　「文學叢書」

小說法程（美）哈米頓原著，華林一譯·　　　　　　808·3—H18

　　上海，商務，民十二年·　196面·　「文學叢書」

小說通論；沈燕約著·　　　　　　608·3—S221

　　上海，梁溪圖書館，民十五年·　再版·　150面·

小說論；郁達夫著·　　　　　　808—3·808·3—y376

　　上海，光華，民十五年·　77面·

小說作文講義；孫俍工著．　　　　　　　809‧3—S519
　　　　上海，中華，民十三年．　　2〔8面。

創作討論；小說月報社編．　　　　　　　808—S41—13
　　　　上海，商務，民十四年．　　8〕面．　「小說月報叢刊第十三種」

說部常識；徐敬修著．　　　　　　　　　8〔8‧3—S476
　　　　上海，大東，民十四年．　　10〔面．　「國學常識之十」

小說考證；蔣瑞藻著．　　　　　　　　　808‧3—T571
　　　　上海，商務，民十二年。　　三版．　三冊．　「文藝叢刻乙集」
　　　　……續編．　二冊．

小說攷證拾遺；蔣瑞藻編．　　　　　　　808‧3—T5
　　　　上海，商務，民十一年．　　113面．

小說話；解弢著．　　　　　　　　　　　808‧—C565
　　　　上海，中華，民八年．　　120面．

中國小說史大綱；張靜盧著．　　　　　　808‧3—C191
　　　　上海，泰東，民十年．　　再版．　60面．

中國小說史略；郭希汾著．　　　　　　　808‧3—K427
　　　　上海，新文化．　　94面．

中國小說史略；魯迅著。　　　　　　　　808‧3—L416
　　　　上海，北新，民十六年。　　四版．　3〔8面．

小說舊聞鈔；魯迅著．　　　　　　　　　808‧3—L416
　　　　北京，北新，民十五年．　　15〔面．

歐美小說叢談；孫毓修著．　　　　　　　808‧3—S3₅
　　　　上海，商務，民五年．　　175面．　「文藝叢刻甲集」

西洋小說發達史；謝六逸著．　　　　　　808‧3—S〔20
　　　　上海，商務，民十二年．　　16〔面．

歐美近代小說史；賀次川著．　080—P225—135

　　上海，商務，民十六年．　110面．「百科小叢書」

808·5　演說術

小演說家；張九如，周羲青合著．　808·5—C152

　　上海，中華，民十五年．「148」面．「兒童課餘眼務叢書第一種」

演說與辯論；高葆眞著．　808·5—C814

　　上海，廣學會，民三年，　357面。

講演法的研究；李寶一著．　808·5—L202

　　上海，現代，民十七年．　122面。

演說術；M·Lewis原著，殷凱蕁．　808·5—L585

　　上海，太平洋，民十五年．　再版．　92面．

演說學大綱；楊頌乾著．　808·5—Y159

　　上海，商務，民十七年．　16面．

演說；袁澤民著．　808·5—Y416

　　上海，商務，民十一年．　七版．　93面．

808·6　書信作法　公文程式

書信構造法；殷渭漁著．　808·6—Y228

　　上海，中華，民十一年．　三版．　72面．

酬世文柬指南；徐珂輯．　808·6—S478

　　上海，商務，民九年．　十版．「179」面．

國民政府軍用公文程式；精誠書店編．　808·6—T656

　　上海，精誠書店，民十七年，　290面．

國民政府現行公文程式詳解；王尹孚輯． 808·6—W163
上海，法學編譯社，民十七年。 426面．

書信彙集 （普通）

歐洲近二百年名人情書；霍甫曼編，魏蘭譯。
808·6—H675
上海，亞東，民十七年． 274面。

詩文彙集 （普通）

陀螺：詩歌小品集；周作人譯． 808·8—C771
上海，新潮社，民十四年． 277面． 「新潮社文藝叢書」

綠湖；凌夢痕輯， 808—L241
上海，民智，民十三年． 48面．

國外民歌譯；劉復譯． 808·8—L372
上海，北新，民十六年。 再版 188面．

屠蘇；白水等合著。 808—P227
上海，光華，民十五年。 193面． 「獅吼社同人叢著第一輯」

小說月報叢刊；小說月報社編。 808—S141
上海，商務，民十三至十四年． 五十一冊。

星海；文學研究會編． 808—W295
上海，商務，民十三年。 上冊． 「文學研究會會刊」

809　文學史

文藝史概要；張資平著·　　　　　　　　　　809—C152

　　　武昌，時中合作書莊，民十四年·　162面·

文學大綱；鄭振鐸編·　　　　　　　　　　809—C351

　　　上海，商務，民十六年·　10冊·

歐洲文學史；周作人著·　　　　　　　　　809—C771

　　　上海，商務，民十三年·　六版·　「209」面·　「北京大學叢書之三」

歐洲文學入門；（法）法格原著，顧鍾序譯·　809—F139

　　　上海，商務，民十三年·　160面·　「文學叢書」

810　中國文學

文學常識；傅東華著．　　　　　　　　030—P225—123
上海，商務，民十六年。　54面。　「百科小叢書「

文學常識；劉哲廬輯．　　　　　　　810—L356
上海，源記，民十五年．　108面．

文學論；劉永濟著．　　　　　　　810—L379
上海，太平洋，民十五年。　四版　「260」面．

新文學研究法；載渭清，呂雲彪合著．　810—J132
上海，大東，民九年．　2册．

新文學淺說；胡懷琛著．　　　　　810•1—H405
上海，泰東，民十一年。　「162」面．

新文學評論；王世棟輯．　　　　　810•1—W155
上海，新文化書社，民十五年．　2册。

文學論畧；章太炎著．　　　　　810—C189
上海，羣衆，民十五年。　再版．　64面．

中國文學研究；鄭振鐸輯．　　　810•2—C387
上海，商務，民十六年．　「小說月報十七卷號外」

中國文學慨論；（日）鹽谷溫原著，陳彬龢譯．　810•2—y208
北京，樸社，民十五年。　10?面．

走到出版界；高長虹著。　　　　810•4—K166
上東，泰東，民十七年。　273面。　「狂飈叢書第二集第九種」

現代文學作家；錢杏邨著．　　　8!0•4—T612
上海，泰東，民十七年．　186面．

中國文學雜論；楊鴻烈著．　　　810•4—Y125
上海，亞東，民十七年．　22?面．

287

810·7　文學讀本

模範文選；程演生輯·　　　　　　　　　810·7—C349
　　北京，國立北京大學，民十二年·　三版·　320面·

國文讀本評註；許國英輯·　　　　　　　810·7—H371
　　上海，商務，民十三年·　4冊·

白話文範；何仲英輯·　　　　　　　　　810·7—H52
　　上海，商務，民九年·　3冊·

初級古文讀本；沈星一輯·　　　　　　　810·7—S221
　　上海，中華，民十二年·　2冊·

新制國文敎本評註；謝无量輯·　　　　　810·7—S425
　　上海，中華，民十一年·　4冊·

國文故事選讀；陶孟和選·　　　　　　　810·7—T2
　　上海，亞東，民十五年·　154面·

810·8　中國修辭學

中國修辭學；張弓著·　　　　　　　　　810·8—C160
　　天津，華英，民十五年·　143面·

作文法講義；陳望道著·　　　　　　　　810·8—C290
　　上海，民智，民十一年·　182面·

作文研究；胡懷琛著·　　　　　　　　　810·8—H05
　　上海，商務，民十五年·　107面·

國語文作法；黃正厂著·　　　　　　　　810·8—H171
　　上海，中華，民十三年·　84面·　「國語小叢書」

實用文章義法；謝无量著·　　　　　　　810·8—S425
　　上海，中華，民十三年·　2冊·
　　　　　　　　　188

論說文作法講義；孫俍工著・　　　　　　　　810·9—S519
　　　上海，商務，民十四年・　121面・

記叙文作法講義；孫俍工著・　　　　　　　　810·9—S519
　　　上海，民智，民十五年・　四版・　336面・

修辭學講義；董魯安著・　　　　　　　　　　810·9—T854
　　　北京，文化學社，民十五年・　2冊・

810·9　中國文學史

中國文學小史；趙景深編・　　　　　　　　810·9—C201
　　　上海，文華書局，民十七年・　211面・

中國文學史畧；胡懷琛著・　　　　　　　　810·9—H705
　　　上海，梁溪圖書館，民十五年・　四版・　200面・

中國文學源流；胡毓寰著・　　　　　　　　810·9—H419
　　　上海，商務，民十三年・　338面・

國語文學史；凌獨見著・　　　　　　　　　810·9—L311
　　　上海，商務，民十二年・　359面・

中國大文學史；謝无量著・　　　　　　　　810·9—S125
　　　上海，中華，民十六年・　「636」面・

中國婦女文學史；謝无量著・　　　　　　　810·9—S125
　　　上海，中華，民十三年・　「346」面・

中國文學史；曾毅著・　　　　　　　　　　810·9—T524
　　　上海，泰東，民十一年・　336面・

中國文學變遷史；劉貞晦，沈雁冰合著・　　810·9—L356
　　　上海，新文化，民十七年・　九版・　「114」面・

中古文學史；劉師培著．　　　　　　　　　　810·9—L373
　　　北京，國立大學，民十二年．　128面．

中古文學概論；徐嘉瑞著．　　　　　　　　810·9—＾476
　　　上海，亞東，民十三年．　上冊．

中國六大文豪；謝无量著．　　　　　　　　810·9—S425
　　　上海，中華，民十三年．　「349」面．

平民文學之兩大文豪；謝无量著．　　　　　810·9—S425
　　　上海，商務，民十三年．　114面．

白話文學史；胡適著．　　　　　　　　　　810·9—H414
　　　上海，新月書局，民十七年．　上冊．

五十年來之中國文學；胡適輯．　　　　　　810·9—H414
　　　上海，申報館，民十三年．　94面．　「申報五十周年紀念刊之一種」

811　詩——研究

詩品注；鍾嶸著．　　　　　　　　　　　　811—c979
　　　上海，開明，民十六年．　132面．

詩人性格；周服著．　　　　　　　　　　　811—C774
　　　上海，商務，民十三年．　110面．

詩式；朱寶鎣著．　　　　　　　　　　　　811—C833
　　　上海，中華，民十三年．　四版．　286面．

小詩研究；胡懷琛著．　　　　　　　　　　811—H405
　　　上海，商務，民十三年．　94面．

漢詩研究；古屑冰著．　　　　　　　　　　811—K265
　　　上海，啓智，民十七年．　「150」面．

漢詩評釋；（日）桂胡村，高橋豹軒合著。　　　　　811—K345

詩論；潘大道著。　　　　　　　　　　　　　　　811—P160
　　　上海，商務，民十三年。　　00面。　「學藝彙刊」

詩學常識；徐敬修著。　　　　　　　　　　　　　811—S476
　　　上海，大東，民十四年。　190面。　「國學常識之八」

新詩概說；胡懷琛著。　　　　　　　　　　　　　811—H405
　　　上海，商務，民十三年。　再版。　54面。

新詩法講義；孫俍工著。　　　　　　　　　　　　811—S519
　　　上海，商務，民十四年。　250面。

811·08　詩一總集

古詩源；沈德潛輯。　　　　　　　　　　　　811·08—S222
　　　上海，泰東，民十六年。　309面。

白話唐詩五絕百首；凌善清輯。　　　　　　　811·08—L341
　　　上海，中華，民十一年。　再版。　100面。

白話唐人七絕百首；浦薛鳳輯。　　　　　　　811·08—P415
　　　上海，中華，民十一年。　四版。　100面。

白話宋詩七絕百首；凌善清輯。　　　　　　　811·08—L341
　　　上海，中華，民十一年。　四版。　98面。

近代詩鈔；陳衍輯。　　　　　　　　　　　　811·08—C293
　　　上海，商務，民十二年。　6冊。

雲朝；朱自清等合著。　　　　　　　　　　　811·08—C835y
　　　上海，商務，民十三年。　四版。　157面。　「文學研究會叢書」

春雲；綠波社社員編。　　　　　　　　　811·08—L438
　　天津，教育書社，民十二年。　175面。

時代新聲；盧冀野著。　　　　　　　　　811·08—L405
　　上海，泰東，民十七年，　176面。

新詩年選；北社編。　　　　　　　　　　811·08—P223
　　上海，亞東，民十二年。　[254]面。

歧路：新詩集；小說月報社編。　　　　　808—Sh41—8
　　上海，商務，民十三年。　63面。　「小說月報叢刊第八種」

眷顧；小說月報社編。　　　　　　　　　8.8s—h41—58
　　上海，商務，民十四年。　109面。　「小說月報叢刊第五十八種」

海嘯；小說月報社編。　　　　　　　　　803—sh41—27
　　上海，商務，民十四年。　66面。　「小說月報叢刊第二十七種」

良夜；小說月報社編。　　　　　　　　　808—sh41—17
　　上海，商務，民十四年。　68面。　「小說月報叢刊第十七種」

811·1　楚詞

屈原；陸侃如著。　　　　　　　　　　　811·1—428
　　上海，亞東，民十二年。　332面。

楚詞新論；謝无量著。　　　　　　　　　811·1—S425
　　上海，商務，民十三年。　再版。　76面。　「國學小叢書」

楚詞概論；游國恩著。　　　　　　　　　811·1—y323
　　北京，述學社，民十五年。　366面。

811·9 詩—別集

嘗試集；胡適著， 811·9—H414
　　上海，亞東，民十二年。　五版。　193面。

深誓；章衣萍著。 811·9—C182
　　北京，北新，民十四年。　90面。　「文藝小叢書」

荷花；趙景深著。 811·9—C201
　　上海，開明，民十七年。　74面。

芳屋；陳志莘著。 811·9—C287
　　上海，新文化書社，民十三年。　74面。

草莽集；朱湘著。 811·9—C834
　　上海，開明，民十六年。　187面。「新文叢書第一種」

踪跡；朱自清著。 811·9—C835C
　　上海，亞東，民十三年，　174面。

胡思永的遺詩；胡思永著。 811·9—H414
　　上海，亞東，民十三年。　152面。

草兒在前集；康洪章著。 811·9—K151
　　上海，亞東，民十三年。　「236」面。

河上集；康洪章著。 811·9—K151
　　上海，亞東，民十三年。　「100」面。

草兒；康白情著。 811·9—K143
　　上海，亞東，民十二年。　384面。

精神與愛的女神；高長虹著。 811·9—K166
　　北京，平民藝術圍，民十四年。　86面。　「狂飆小叢書」

獻給自然的女兒；高長虹著。 811·9—K1663
　　上海，泰東，民十七年。　80面。　「狂飆叢書第二第三種」

卷耳集；創造社編·　811·9—Y425

上海，泰東，民十三年·　四版·　148面·　「創造社辛夷小叢書第二種」

食客與凶年；李金髮著·　811·9—L181

上海，北新，民十六年。　235面·

晚禱；梁宗倍著·　811·9—L251

上海，商務，民十四年。　63面·　「文學研究會叢書」

揚鞭集；劉牛農著。　811·9—L360

北京，北新，民九年。　上冊·

郵吻；劉大白著。　811·9—L375

上海，開明，民十五年。　99面·　「黎明社叢書」

舊夢；劉大白著·　811·9—L375C

上海，商務，民十三年·　449面，　「文學研究會叢書」

渡河；陸志韋著。　811·9—L425

上海，亞東，民十二年·　215面·

春深了；囡之寅著。　811·9—M248

上海，羣衆圖書公司，民十五年·　44面·　「新詩集」

夜風；沐鴻著·　811·9—M351

上海，泰東，民十七年·　210面·

繁星；冰心女士著·　811·9—P372

上海，商務，民十五年·　90面·　「文學研究會叢書」

天堂與五月；邵洵美著。　811·9—S171

上海，光華，民十六年·　168面·　「獅吼社叢書」

花一般的罪惡；邵洵美著·　811·9—S171h

上海，金屋，民十七年·　55面·

294

飛霞：原名自已的花園；沈秀鵑著。 811·9—S221

上海，羣衆，民十六年。 72面。

將來之花園；徐玉諾著。 811·9—S484

上海，商務，民十三年。 三版。 134面。「文學研究會叢書」

微痕；曹唯菲著。 811·9—T478

上海，泰東，民十五年。 292面。

戀歌；曹雪柸，丁丁合輯。 811·9—T482

上海，泰東，民十五年。 111面。

新夢；蔣光赤著。 811·9—T566

上海，書店，民十四年。 172面。

流雲；宗白華著。 811·9—T752

上海，亞東，民十二年。 71面。

流雲小詩；宗白華著。 811·9—T752

上海，亞東，民十七年。 再版。 61面。

斜坡：曼尼的詩集；曼尼著。 811·9—W134

上海，新文化書社，民十三年。 95面。

童心；王統照著。 811·9—W159T

上海，商務，民十四年。 268面。「文學研究會叢書」

蕙的風；汪靜之著。 811·9—W166

上海，亞東，民十二年。 再版。 242面。

君山；韋叢蕪著。 811·9—W195

北京，未名社，民十六年。 140面。「未名新集之一」

死水；聞一多著。 811·9—W240

上海，新月，民十七年。 91面。

我倆的心；雅風，丁丁合著。 811·9—y111

北京，海音，民十六年。 60面。「海音叢書之四」

295

西還；俞平伯著。　　　　　　　　　　　　811.9—y372
　　　上海，亞東，民十三年。　182面。

冬夜；俞平伯著。　　　　　　　　　　　　811.9—y372
　　　上海，亞東，民十二年。　246面。

811　詞

詞學指南；謝无量著。　　　　　　　　　811—S425
　　　上海，中華，民十一年。　五版。　97面。

詞餘講義；吳梅著。　　　　　　　　　　811—W920
　　　北京大學出版部，民十二年。　再版。　124面。

詞選；胡適輯。　　　　　　　　　　　　811—H414
　　　上海，商務，民十七年。　403面。

812　戲曲

宋元戲曲史；王國維著。　　　　　　　　812.09—w145
　　　上海，商務，民十五年。　五版。　199面。「文藝叢刊甲集」

戲劇短論；徐公美著。　　　　　　　　　812—S478
　　　上海，光華，民十五年。　241面。

中國戲曲概評；向培良著。　　　　　　　812—H286
　　　上海，泰東，民十七年。　164面。

戲學彙考；凌善青，許志豪合著。　　　　812—L341
　　　上海，大東，民十五年。　再版。　十冊。

梨園佳話；王夢生著。　　　　　　　　　812—w149
　　　上海，商務，民四年。　160面。「文藝叢刻甲集」

李笠翁曲話；李漁著．　　　　　　　　　　　812•8—L202
　　　上海，梁溪圖書館，民十四年．　135面．　「文藝叢書」

繪像增批第六才子書；金聖歎批．　　　　　812•7—T291

元曲選；臧晉叔輯．　　　　　　　　　　　82•17—T415
　　　上海，商務，民七年．　影博古堂本．　48面．

元曲別裁集；盧前編．　　　　　　　　　　812•7—L405
　　　上海，開明，民十七年．　47頁．

劇本彙刊第一集第二集；歐陽予倩等合編．　812•9—S15E
　　　上海，商務，民十四年．　再版．　193面．

死後之勝利；小說月報社編．　　　　　　　808—Sh41—7
　　　上海，商務，民十三年．　62面．　「小說月報叢刊第七種」

孤鴻；小說月報社編．　　　　　　　　　　808—Sh41—8
　　　上海，商務，民十四年．　66面．　「小說月報叢刊第四十八種」

懇親會；小說月報社編．　　　　　　　　　808—Sh41—35
　　　上海，商務，民十四年．　67面．　「小說月報叢刊第三十五種」

青春的夢；　天著．　　　　　　　　　　　812•9—C172
　　　上海，中華，民十三年．　147面．　「少年中國學會小叢書」

幽蘭女士；陳大悲著．　　　　　　　　　　812•9—C288
　　　上海，現代，民十七年．　120面．　「現代戲劇叢書」

棄婦；侯曜著．　　　　　　　　　　　　　812•9—H242c
　　　上海，商務，民十四年．　72面．　「文學研究會通俗戲劇叢書」

復活的玫瑰；侯曜著．　　　　　　　　　　812•9—H242F

　　　上海，商務，民十五年．　145面．　「文學研究會通俗戲劇叢書第
　　　二種」　　　　　　　　　297

山河淚；侯曜著·　　　　　　　　　　　　812·9—H242s
　　上海，商務，民十五年·　再版·　81面·　「文學研究會通俗戲劇叢書」

沉悶的戲曲；向培良著·　　　　　　　　　812·9—H286
　　上海，光華，民十六年·　78面·　「狂飆叢書第三第四種」

青春底悲哀；熊佛西著·　　　　　　　　　812·9—H357
　　上海，商務，民十三年·　137面·　「文學研究會通俗戲劇叢書」

西冷橋畔；胡雲翼著·　　　　　　　　　　812·9—H419
　　上海，北新，民十六年，　146面·

新婚的夢；胡雲翼著·　　　　　　　　　　8t2·9—H419s
　　上海，啓智，民十七年·　108面·　「天風社叢書」

斷鴻零雁；黃嘉謨著·　　　　　　　　　　812·9—H471
　　上海，第一線書店，民十七年·　108面·

還未過去的現在；黃鵬基著·　　　　　　　812·9—H484
　　上海，光華，民十七年·　123面·

蘭溪女士；谷鳳田著·　　　　　　　　　　812·9—K255
　　上海，羣衆，民十六年·　136面·　「感惡文學社叢書之一」

聶嫈；郭沫若著·　　　　　　　　　　　　812·9—K425n
　　上海，光華，民十四年·　［8］面·　「創造社叢書」

三個叛逆的女性；郭沫若著·　　　　　　　812·9—K425s
　　上海，光華，民十五年·　「26」面·

星空；郭沫若著·　　　　　　　　　　　　812·9—K425s
　　上海，泰東，民十三年·　198面·

女神：劇曲詩歌集；郭沫若著·　　　　　　812·9—K425y
　　上海，泰東，民十五年·　六版·　238面·　「創造社叢書第一種」

紅玫瑰；李鴻梁著．　　　　　　　　　　　812·9—L185
　　上海，梁溪圖書館，民十四年．　46面．

琳麗；白薇著．　　　　　　　　　　　　812·9—P227
　　上海，商務，民十六年．　208面．

人間的樂園；濮舜卿著．　　　　　　　　812·9—P397
　　上海，商務，民十七年．　98面．

闊人的孝道；蒲伯英著．　　　　　　　　812·9—P415K
　　北京，晨報社，民十三年．　114面．「晨報社叢書第十七種」

道義之交；蒲伯英著．　　　　　　　　　812·9—P415t
　　北京，晨報社，民十二年．　94面．「晨報叢書戲劇集第一種」

宇宙之謎；星北著．　　　　　　　　　　812·9—S445
　　上海，泰東，民十五年．　84面．

咖啡店之一夜；田漢著．　　　　　　　　812·9—T334
　　上海，中華，民十四年．　265面．

女健者；左斡臣著．　　　　　　　　　　812·9—T691
　　上海，啓智，民十七年．　118面．

蔓羅姑娘；王新命著．　　　　　　　　　812·9—W155
　　上海，泰東，民十三年．　三版．　109面．「孤芳集第一輯」

814　散文一別集

章太炎先生所著書；章炳麟著．　　　　　814·9—U189
　　上海，古書流通處，民十三年．　四冊．

精刊章譚合鈔；章炳麟，譚嗣同合著．　　814·9—CJ89
　　[285]頁．

飲冰室全集；梁啓超著。　　　　　　　　814·9—L251
　　　　上海，中華，民五年。　八册。

梁任公近著第一輯；梁啓超著。　　　　814·9—L251
　　　　上海，商務，民十五年。　三版。二册。

梁任公學術講演集；梁啓超著。　　　　814·9—L251
　　　　上海，商務，民十五年。　四版。　第一集　　第三集。

吳虞文錄；吳虞著。　　　　　　　　　814·9—W299
　　　　上海，亞東，民十四年。　四版。「207」面。

胡適文存一二集；胡適著。　　　　　　814·9—H414
　　　　上海，亞東，民十六年。　四版。

漱冥三十前文錄；梁漱冥著。　　　　　814·9—L263
　　　　上海，商務，民十三年。　再版。252面。

大圓文存；唐大圓著。　　　　　　　　814·9—T213
　　　　上海，泰東，民十六年。　287面。

唐鉞文存；唐鉞著。　　　　　　　　　814·9—T215
　　　　上海，商務，民十四年。　274面。

朱執信集；朱執信著。　　　　　　　　814·9—C821
　　　　上海，建設社，民十年。　二册。

朱執信文鈔；朱執信著。　　　　　　　814·9—C821
　　　　上海，民智，民十五年。　448面。

吳稚暉學術論著；吳稚輝著。　　　　　814·9—W281
　　　　上海，出版合作社，民十五年。　三版　430面。

吳稚暉學術論著續編；吳稚輝著。　　　814·9—W281
　　　　上海，出版合作社，民十六年。　154面。

吳稚暉學術論著第三篇；吳稚輝著。　　814·9—W281

390

上海，出版合作社，民十六年． 164面．

吳稚暉先生文粹；吳稚暉著．　　　　　　　　814·9—W281
　　上海，全民，民十七年． 4冊．

汪精衛文存；汪精衛著．　　　　　　　　　814·9—W166
　　廣州，民智，民十五年． 258面．

談虎集；周作人著．　　　　　　　　　　814·9—C771
　　上海，開明，民十七年． 再版． 310面．

雨天的書；周作人著．　　　　　　　　　814·9—C771
　　上海，北新，民十六年． 再版． 302面．

華蓋集；魯迅著．　　　　　　　　　　814·9—L416
　　北京，北新，民十五年． 190面．

華蓋集續編；魯迅著．　　　　　　　　814·9—L416
　　上海，民新，民十五年． 92面． 「魯迅雜感集第三」

關于魯迅及其著作；臺靜農著．　　　　814·9—L416
　　北京，未名社刊物經售處，民十五年． 122面．

遠生遺著；黃遠庸著．　　　　　　　　814·9—H89
　　上海，商務，民十五年． 三版． 4冊．

文學生活；張若谷著．　　　　　　　　814·9—C159
　　民十七年．

寸草心；陳學昭著．　　　　　　　　　814·9—C275
　　民十七年．

雨珠；朱樂人著．　　　　　　　　　　814·9—C839
　　回魯社，民十一年． 132面．

苦酒集；芳草著．　　　　　　　　　　814·9—F131
　　上海，北新，民十七年． 236面．

枯葉集；華林著．　　　　　　　　　　　　814•9—H441
　　　上海，泰東，民十三年．　86面．

文藝論集；郭沫若著．　　　　　　　　　　814•9—K425
　　　上海，光華，民十六年．　三版．　344面．

青年的煩悶及其他；劉時民著．　　　　　　814•9—L373
　　　上海，革新，民十七年．　246面．

兩種力；毛翰哥著．　　　　　　　　　　　814•9—M138
　　　上海，泰東，民十七年．　214面．

火與肉；邵洵美著．　　　　　　　　　　　814•9—S171
　　　上海，金屋，民十七年．　76面．

紅葉；薛伯賢著．　　　　　　　　　　　　814•9—S412
　　　上海，羣衆，民十七年．　149面．　「紅關文社叢書之二」

自剖文集；徐志摩著．　　　　　　　　　　814•9—S476
　　　上海，新月，民十七年．　210面．

巴黎的鱗爪；徐志摩著．　　　　　　　　　814•9—S514
　　　上海，新月，民十七年．　再版．　182面．

北京乎；孫福熙著．　　　　　　　　　　　814•9—S514
　　　上海，開明，民十六年．　224面．

死人之嘆息；滕固著．　　　　　　　　　　814•9—T275
　　　上海，泰東，民十四年．　133面．

雜拌几；俞平伯著．　　　　　　　　　　　814•9—Y372
　　　上海，開明，民十七年．　222面．

達夫全集；郁達夫著．　　　　　　　　　　814•9—Y376
　　　上海，創造社，民十七年．　「創造社叢書第十七種」

816　書牘

鄭板橋家書；鄭燮著。　　　　　　　　　　　816·8—C359
　　上海，羣衆圖書公司，民十五年。　三版。　35面。

秋水軒尺牘；許思湄著。　　　　　　　　　　816·8—H376
　　上海，羣學社，民十七年。　三版。

雪鴻軒尺牘；龔末齋著。　　　　　　　　　　816·8—K382
　　上海，羣學社，民十七年。　706面。

曾國藩家書，家訓，日記；曾國藩，著陸樂勤標點。
　　　　　　　　　　　　　　　　　　　816·8—T526
　　上海，源記書莊，民十二年。　4冊。

兪曲園書信；兪樾著。　　　　　　　　　　　816·9—y374
　　上海，羣衆圖書公司，民十五年。　再版。　45面。

曙；高長虹著。　　　　　　　　　　　　　　816·9—K166
　　上海，泰東，民十七年。　136面。「狂飈風叢書第二第四種」

寄小讀者；冰心女士著。　　　　　　　　　　816·9—P572
　　上海，北新，民十七年。　五版。　242面。

三葉集；田壽昌等合著。　　　　　　　　　　816·9—T337
　　上海，亞東，民十四年。　四版。　166面。

818　詩文—總集

當代八家文鈔；胡君復輯。　　　　　　　　　818—H402
　　上海，中國圖書公司，民五年。　4冊。

開明文選。　　　　　　　　　　　　　　818—K111
　　　上海，開明。「第一輯至第七輯」

國語文選；沈鎔輯。　　　　　　　　　818—S224
　　　上海，大東，民十五年。　998面。

近世文選；沈鎔輯。　　　　　　　　　818—S224
　　　上海，大東，民十五年。「570」面。

學生文藝叢刊彙編；沈鎔輯。　　　　　818—S224
　　　上海，大東，民十四年。　再版。　2冊。

通俗文類鈔；新文學社輯。　　　　　　818—S436
　　　上海，中華，民十一年，　3冊。

新文選；王石京輯。　　　　　　　　　818—W155
　　　上海，文明，民十三年。　4冊。

文藝全書；王蘊章等合著。　　　　　　818—W160
　　　上海，中原，民十五年。　四版。　808面。

彩虹；彩虹社編。　　　　　　　　　　818·9—T433
　　　上海，泰東，民十七年。　154面。「彩虹文學社社刊之一」

彌灑社創作集；錢江春等合著。　　　　818·9—T601
　　　上海，商務，民十四年。　2冊。「彌灑社叢書」

近人白話文選；吳遁生，鄭次川合著。　818·9—W296
　　　上海，商務，民十三年。　再版。　2冊。

　　　　　819　雜體詩文

庸盦筆記；薛福成著。　　　　　　　　819·08—S411
　　　上海，掃葉山房，民六年。　3冊。

茶餘客話；阮葵生著·　　　　　　　　　819·08—Y425
　　　上海，商務·　71面·

增廣智囊補；馮夢龍輯·　　　　　　　　819·08—F209
　　　上海，商務·　3.8面·

近五千年見聞錄·　　　　　　　　　　　819·08—K400
　　　上海，進步，民五年·　188面·

嘯亭雜錄；汲修主人著·　　　　　　　　819·8—C397
　　　上海，商務·

勁草筆記；姜繼襄著·　　　　　　　　　819·08—C521
　　　湘鄂印書舘，民十二年·　336面。

芃天廬叢錄；柴萼著·　　　　　　　　　819·08—C128
　　　上海，中華，民十五年·　再版·

古今怪異集成；中華書局編輯所編·　　　819·08—C976
　　　上海，中華，民八年·　4冊·

古今格言；江會經編·　　　　　　　　　[819—C293
　　　上海，商務，民十一年·　十一版·　169頁·

中國寓言初編；沈德鴻編·　　　　　　　819—S222
　　　上海，商務，民八年·三三版·「48]頁·

東西南北；王夫凡著·　　　　　　　　　819—W140
　　　上海，現代，民十七年·　1C5面·

西瀅閒話；陳源著·　　　　　　　　　　819·9—C293
　　　上海，新月，民十七年·　388面·

空山靈雨；落華生著·　　　　　　　　　819·9—L165
　　　上海，商務，民十五年·　再版·　120面·　「文學研究會叢書」

山野掇拾；孫福熙著・　　　　　　　　　　　　819・9—S514

　　　上海，北新，民十六年・　301面・

楹聯新話；陳方鏞輯・　　　　　　　　　　　　819・06—C274

　　　上海，中華，民十一年・　再版・　114面

古今聯語彙選初集；胡君復輯・　　　　　　　819・06—K265

　　　上海，商務，民十五年・　12版・　4冊・

朝花夕拾；魯迅著・　　　　　　　　　　　　819・9—L416

　　　北平，未名社，民十七年・　176面・

脃盦客座談話：吳稚暉著・　　　　　　　　　819・9—W281

　　　上海，泰東，民十一年・　3冊・

820　英美文學

英國文學史；歐陽蘭著・　　　　　　　　　　8:0・9—0134
　　北京，京師大學文科出版部，民十六年・　204面・

長子；（英）高斯倭綏原著，鄧演存譯・　　　　822—G1.9
　　上海，商務，民十一年・　115面・　「文學研究會叢書」

法綱；（英）高爾斯華綏原著，郭沫君譯・　　　822—K175
　　上海，創造社，民十六年・　138面・　「世界名著選第四種」

戀愛之果；（英）包爾原著，朱枕薪譯・　　　　822—P284
　　上海，民智，民十六年・　再版・　68面・　「新中國叢書」

譚格瑞的續絃夫人；（英）阿作爾平內雞原著，程希孟譯・
　　　　　　　　　　　　　　　　　　　　　　822—P653
　　上海，商務，民十二年・　166面・　「文學叢書」

沙樂美；（英）王爾德原著，田漢譯・　　　　822—W641s
　　上海，中華，民十二年・　84面・　「少年中國學會叢書」

同名異娶；（英）王爾德原著，王靖，孔襄我合譯・　822—W644t
　　上海，泰東，民十年・　110面・　「新人叢書」

溫德米爾夫人的扇子；（英）王爾德原著，潘家詢譯・
　　　　　　　　　　　　　　　　　　　　　82.—W644w
　　北京，北新，民十五年・　152面・

獄中記；（英）王爾德原著，張聞天等合譯・　822—W644y
　　上海，商務，民十三年・　再版・　「214」面・　「文學研究會叢書」

哈孟雷特；（英）莎士比亞原著，田漢譯。　822・S3—sh15h
　　上海，中華，民十一年・　172面・　「莎翁傑作集第一種少年中國學
會叢書」

亨利第六遺事；（英）莎士比亞原著，林紓譯。　822•33—Sh15h

　　上海，商務，民五年。　102面。

羅蜜歐與朱麗葉；（英）莎士比亞原著，田漢譯。

　　　　　　　　　　　　　　　　　822•33—Sh15z

　　上海，中華，民十四年。。再版。　137面。「莎翁傑作集第六種少
年中國叢學會書」

威尼斯的商人；（英）莎士比亞原著，曾廣勛譯。

　　　　　　　　　　　　　　　　822•33—Sh15w

　　上海，新文化，民十三年。　110面。「青年文藝社叢書」

如願；（英）莎士比亞原著，張采眞譯。　822•33—Sh15y

　　上海，北新，民十六年。　220面。「莎士比亞名劇之一」

鴿與輕夢；（英）高爾斯華綏原著，席滌塵，趙宋慶合譯。

　　　　　　　　　　　　　　822•9—K167

　　上海，開明，民十六年。　108面。

華倫夫人之職業；（英）蕭伯納原著，潘家洵譯。　822•91—S 23

　　上海，商務，民十二年。　120面。「文學研會叢書」

不快意的戲劇；（英）蕭伯納原著，金法基，袁昂合譯。

　　　　　　　　　　　　　　822•91—Sh26

　　上海，商務，民十二年。「357」面。「文學叢書」

美國的模範家庭；派克耳夫人原著，陸退川譯。　829—P134

　　上海，北新，民十六年。　319面。

830 德國文學

德國文學概論；劉大杰編・　　　　　　　　　830・2—L375
　　　上海，北新，民十七年・　376面・

近代德國文學主潮；小說月報社編・　　　　　808—Sh41—11
　　　上海，商務，民十三年・　75面・「小說月報叢刊第十一種」

德國文學史大綱；張傳普著・　　　　　　　830・9—C152
　　　上海，中華，民十五年・　133面・

費德利克小姐；楊丙辰譯・　　　　　　　832—D139
　　　上海，商務，民十二年・　177面・「德國名劇世界叢書」

織工；（德）霍脫邁原著，陳家麟譯・　　　832—H291
　　　上海，商務，民十三年・　139面・「文學研究會叢書」

强盜；（德）釋勒原著，楊丙辰譯・　　　　832—Sch33
　　　上海，北新，民十五年・　284面・

威廉退爾；（德）許雷原著，馬君武譯　　　832—Sch33
　　　上海，中華，民十五年・　144面・

雪萊詩選；郭沫若譯・　　　　　　　　　832・6—Sh44
　　　上海，泰東，民十五年・　75面・

雾颸運動；小說月報社編・　　　　　　808—Sh41—24
　　　上海，商務，民十四年・　76面・「小說月報叢刊第二十四種」

長生訣；（捷克）加貝克原著，余上沅譯・　832・9—C17
　　　上海，北新，民十五年・　170面・

北歐文學一瞥；小說月報社編・　　　　　808—Sh41—29
　　　上海，商務，民十四年・　78面・「小說月報叢刊第二十九種」

309

萊森寓言；鄭振鐸譯．　　　　　　　　　　838—L566
　　上海，商務，民十四年．　41面．　「文學研究叢書」

史特林堡戲劇集；張毓桂譯．　　　　　　　839·72—S267
　　上海，商務，民十一年．　163面．

近代丹麥文學一臠；小說月報社編．　　　　839·8—Sh41—31
　　上海，商務，民十四年．　59面．　「小說月報叢刊第三十一種」

野鴨；易卜生原著，徐鶲荻譯．　　　　　　839·826—Ib7
　　民十七年．

易卜生集；易卜生原著，潘家洵譯．　　　　839·826—Ib7i
　　上海，商務，民十年．　三冊一本．　「世界叢書」

海上夫人；易卜生原著，楊熙初譯．　　　　839·826—Ib7h
　　上海，商務，民十一年．　三版．194面．　「文學叢書」

傀儡家庭；易卜生原著，陳嘏譯．　　　　　F—S353—3·51
　　上海，商務，民九年．　再版．130面．　「說部叢書三集二十一編」

梅孽；易卜生原著，林紓譯．　　　　　　　F—S353—1·13
　　上海，商務，民十年．　60面．　「說部叢書四集十三種」

840　法國文學

法國文學史；李璜著．　　　　　　　　　　　840·9—L185

上海，中華，民十二年．　再版．　290面．

法國文學史；（法）Panihier原著，王維克譯．　　840·9—P288

上海，泰東，民十四年．　215面．　「青年社叢書之一」

路曼尼亞民歌一班；朱湘譯．　　　　　　　　841—V131

上海，商務，1921．　64面．　「文學研究會叢書」

紅衣記；（法）E·Brieux原著，陳良猷譯．　　842—B767

上海，東泰，民十年．　188面．　「新知識叢書」

茶花女劇本；（法）小仲馬原著，劉復譯．　　842—D391

上海，北新，民十六年．　三版，　270面．

呂克蘭斯鮑夏；（法）羅俄原著，東亞病夫譯．　842—H875

上海，真善美書店，民十六年．　172面．

呂伯蘭；（法）羅俄原著，東亞病夫譯．　　　842—H876

上海，真善美書店，民十六年．　257面．

愛與死；夢茵譯．　　　　　　　　　　　　842—M215

上海，泰東，民十七年．　141面．

法朗士集；小說月報社編．　　　　　　　　808—Sb41—39

上海，商務，民十四年．　93面．　「小說月報叢刊第三十九種」

婦人書簡；卜勒淬斯特原著，李劼人譯．　　846—P929

上海，中華，民十三年．　三版．　20面．　「少年中國學會叢書」

磨坊文札；（法）都德原著，成紹宗，張人權合譯．　848—T771

上海，創造社，民十六年．　「世界名著選第二種」

850　意大利文學

神曲一臠；　　　　　　　　　　　　　　　803—Sh41—10
　　　上海，商務，民十三年．　93面．　「小說月報叢刊第十種」

陶康琪琪；（意）D，Aunnnzi原著，張聞天譯．　　　852—An78
　　　上海，中華，民十三年．　120面．　「少年中國學會叢書」

倍那文德戲曲集；沈雁冰，張聞天合譯．　　　862·5—B431
　　　上海，商務，民十四年．　292面．　「文學研究會叢書」

891·4　印度文學

太戈爾詩；小說月報社編．　　　　　　　　808—Sh41—26
　　　上海，商務，民十四年．　108面．　「小說月報叢刊第二十六種」

詩人的宗教；小說月報社編．　　　　　　　803—Sh41—5
　　　上海，商務，民十三年．　84面．　「小說月報叢刊第五種」

謙屈拉；（印度）太戈爾原著，吳致覺譯．　　　891·42—T129
　　　上海，商務，民十二年．　45面．

春之循環；（印度）太戈爾原著，瞿世英譯．　　891.42—T126
　　　上海，商務，民十一年．　再版．　「92」面．

新月集；（印度）太戈爾原著，鄭振鐸譯．　　891·42—T129
　　　上海，商務，民十三年．　再版．　53面．　「文學研究會叢書」

太戈爾戲曲集；瞿世英，鄧演存合譯．　　891·42—T129
　　　上海，商務，民十二年．　79面．　「文學研究會叢書」

太戈爾戲曲集；高滋譯．　　　　　　　891·42—T129
　　　上海，商務，民十三年．　「78」面．　「文學研究會叢書」

飛鳥集；（印度）太戈爾原著，鄭振鐸譯． 891·41—T129

　　上海，商務，民十二年． 再版． 86面．

印度寓言；鄭振鐸編． 891·4—C351

　　上海，商務，民十四年． 87面． 「文學研究會叢書」

魯拜集；創造社編． 891·55—C925

　　上海，泰東，民十五年． 三版． 112面． 「辛夷小叢書第四種」

阿富汗的戀歌；小說月報社編． 808—Sk41—44

　　上海，商務，民十四年． 85面． 「小說月報叢刊第四十四種」

891·7　俄國文學

蘇俄的文藝論戰；（俄）Chujak原著，任國楨譯． 891·7—C471

　　北京，北新， 1925． 103面． 「未名叢書」

俄羅斯名著；（俄）克魯洛夫等合著，李秉之譯． 891·7—K2C5

　　上海，亞東，民十四年． 第一集．

俄國文學史畧；鄭振鐸編． 891·709—C351

　　上海，商務，民十三年． 204面． 「文學研究會叢書」

俄國詩壇的昨日今日和明日；小說月報社編．

891·7109— 808—Sh41—57

　　上海，商務，民十四年． 88面． 「小說月報叢刊第五十七種」

近代俄國文學家論；東方雜誌社編． C80—T860—64

　　上海，商務，民十四年． 三版． 71面． 「東方文庫」

十二個；（俄）亞曆山大勃洛克原著，胡斅譯． 891·71—P230

　　北京，北新，1926． 74面． 「未名叢刊」

安那斯瑪；（俄）安東列夫原著，郭協邦譯．　　891・72—An25a
　　上海，新文化，民十二年．　157面．

人之一生；（俄）安特列夫原著，耿濟之譯．　　891・72—An25j
　　上海，商務，民十三年．　再版．　167面．　「文學研究會叢書」

狗的跳舞；（俄）安特列夫原著，張聞天譯．　　891・72—An25K
　　上海，商務，民十二年．　110面．　「文學研究會叢書」

桃色的雲；（俄）愛羅先珂原著，魯迅譯．　　891・72—Er69
　　上海，北新，民十六年．　三版．　285面．　「文藝叢書」

貧非罪；（俄）Ostrovsky原著．鄭振鐸譯．　　891・72—Os7P
　　上海，商務，民十三年．　再版．　119面．　「俄羅斯文學叢書」

罪與愁；（俄）Ostrovsky原著，柯一岑譯．　　891・72—Os7t
　　上海，商務，民十一年．　126面．　「俄羅斯文學叢書」

蘇俄獨幕劇集；曹靖華譯．　　891・72—B126
　　北京，未名社，民十六年．　168面．　「未名叢刊之一」

俄國戲曲集；（俄）史拉美克原著，鄭振鐸等譯．　　891・72—Sr13
　　上海，商務，民十年．　10面．　「俄羅斯文學叢書」

三妹妹；（俄）柴霍甫原著，曹靖華譯．　　891・72—T117
　　上海，商務，民十四年．　162面．　「文學研究會叢書」

兒童的智慧；（俄）托爾斯泰原著，常惠譯．　　891・72—T598
　　上海，北新，1926．　120面．

黑暗之光；（俄）托爾泰斯原著，鄧演存譯．　　891・72—T88b
　　上海，商務，民十二年．　再版．　130面．　「文學叢書」

活屍；（俄）托泰爾斯原著，文範邨譯．　　891・72—T88h
　　上海，商務，民十二年．　再版．　87面．　「文學叢書」

我的生涯；（俄）托爾斯泰編，李藤譯。　　　891·79—T588

　　　上海，商務，民十五年。　再版。　126面。　「文學研究會叢書」

朵思退夫斯基；（俄）科捷連斯基原輯英譯，李偉森重譯。

　　　　　　　　　　　　　　　　　891·79—C742

　　　上海，北新，民十七年。　401面。

891　其餘各國文學

波蘭文學一臠；小說月報社編。　　　808—sh41—43

　　　上海，商務，民十四年。　二册。　「小說月報叢刊第四十二四十三種」

新猶太文學一臠；小說月報社編。　　　808—Sh41—53

　　　上海，商務，民十四年。　77面。　「小說月報叢刊第五十三種」

聖書與中國文學；小說月報社編。　　　808—Sh41—25

　　　上海，商務，民十四年。　65面。　「小說月報叢刊第二十五種」

新猶太小說集；小說月報社編。　　　808—Sh41—54

　　　上海，商務，民十四年。　75面。　「小說月報叢刊第五十四種」

芬蘭文學一臠；小說月報社編。　　　808—Sh4·—36

　　　上海，商務，民十四年。　115面。　「小說月報叢刊第三十六種」

阿那托爾；（奧）顯尼志勞原著，郭紹虞譯。　　　894·362—Soh59

　　　上海，商務，民十一年。　122面。　「文學研究會叢書」

比利時的悲哀；（俄）Andreyev原著，沈琳譯。　　　894·92—Au25

　　　上海，商務，民十一年。　117面。　「文學叢書」

颯拉亭與巴羅米德。　　　808—Sh41—56

　　　上海，商務，民十四年。　64面。　「小說月報叢刊第五十六種」

青鳥；（比）梅脫靈原著，傅東華譯，　　　　　　894·932—M269
　　　上海，商務，民十三年·　再版·　181面·　「文學研究會叢書」

梅脫靈戲曲集；湯澄波譯·　　　　　　　　　　894·932—M269
　　　上海，商務，民十二年·　170面·　「文學研究會叢書」

愛的遺留；（比）梅脫靈原著，谷鳳田譯·　　　　894·932—M269
　　　北京，海音，民十六年·　129面·

895·2　日本文學

兩條血痕；周作人著·　　　　　　　　　　　　895·2—C771
　　　上海，開明，民十七年·　再版·　196面·　「日本小說集」

走向十字街頭；（日）廚川白村原著，綠蕉，大杰合譯·
　　　　　　　　　　　　　　　　　　　　　895·2—C863
　　　上海，啓智，民十七年·　234面·　「表現社叢書」

出了象牙之塔；（日）廚川白村原著，魯迅譯·　895·2—C863C
　　　民十四年·　「未名叢刊之一」

文藝思潮論；（日）廚川白村原著，樊從予譯·　895·2—C863W
　　　上海，商務，民十三年·　131面·　「文學研究會叢書」

一束古典的情書；（日）林房雄原著，林伯修譯·　895·2—L318
　　　上海，現代，民十七年·　131面·

日本的詩歌；小說月報社編·　　　　　　　　808—Sh41—4
　　　上海，商務，民十三年·　93面·　「小說月報叢刊第四種」

武者小路實篤集；小說月報社編·　　　　　　　808—b41—46
　　　上海，商務，民十四年·　79面·　「小說月報叢刊第四十六種」

狂言十番：**日本古代小喜劇集**；周作人譯・   895・2—C771

    北京，北新，民十五年・   再版・   173面・

日本現代劇選：菊池寬劇選；田漢譯・   895・22—C885

    上海，中華，民十四年・   再版・   104面・   「少年中國學會叢書」

戀愛患病者；（日）菊池寬原著，劉大杰譯・   895・22—C885e

    上海，北新，民十六年・   146面・

學校劇本集；（日）神田豐穗原著，徐傳霖譯・   895・2—S199

    上海，商務，民十三年・   316面・

出家及其弟子；（日）倉田百三原著，孫百剛譯・   895・22—T448

    上海，創造社，民十六年・   254面・

一個青年的夢；（日）武者小路原著，魯迅譯・   895・22—W303

    北京，北新，民十六年・   314面・

一個青年的夢；（日）武者小路實篤原著，魯迅譯・895・22—W303i

    上海，商務，民十二年・   232面・   「文學研究會叢書」

妹妹；（日）武者小路實篤原著，周日棣譯・   895・22—W303m

    上海，中華，民十四年・   120面・

苦悶的象徵；（日）厨川白村原著，魯迅譯・   895・24—C863

    上海，北新，民十五年・   147面・

思想，山水，人物；（日）鶴見祐輔原著，魯迅譯・895・24—H217

    上海，北新，民十七年・   278面・

落葉；郭沫若著・   895・26—K55

    上海，創造社，民十五年・   154面・

蘇曼殊全集；柳亞子編・   895・2—S61

    上海，北新，民十七年・   3冊・

曼殊逸著兩種；柳無忌編·　　　　　　　　　895·29——L582

上海，北新，民十六年·　86面·

波斯故事；章鐵民譯·　　　　　　　　　　895·5——C172

上海，北新，民十七年·　237面·

F　小說

北方奇俠傳；趙煥亭著·　　　　　　　　　F——C205P

上海，世界，民十七年·　246面·

奇俠精忠傳；趙煥亭著·　　　　　　　　　F——C20?C

上海，益新，民十六年·　四版·　8冊·

……續編·　C冊·

三國志；許嘯天校·　　　　　　　　　　　F——C664

上海，羣學社，民十五年·　五版　2冊·

連環圖畫三國志；劉再蘇校·　　　　　　　F——L356

上海，世界，民十六年·　再版·　三集·　24冊·

標本宋人評話京本通俗小說·　　　　　　　F——C693

上海，商務·民十四年·　104面·

增圖忠烈小俠五義·　　　　　　　　　　　F——C980

上海，商務·　408面·

列國志；許嘯天校·　　　　　　　　　　　F——H371

上海，藝學社，民十四年·　再版·　2冊·

來生福彈詞．　　　　　　　　　　　　　　　　F—H430
　　　上海，商務．　2冊．

花月痕．　　　　　　　　　　　　　　　　　　F—H448
　　　上海，商務，清咸豐八年．　2冊．

秦漢演義；黃士恆著．　　　　　　　　　　　　F—H485
　　　上海，商務，民十二年．　五版．　4冊．

前漢演義上編．　　　　　　　　　　　　　　　F—H485
　　　上海，商務，民十二年．　四版．　6冊．

前漢演義中編．　　　　　　　　　　　　　　　F—H485
　　　上海，商務，民十二年．　4版　5冊．

前漢演義下編．　　　　　　　　　　　　　　　F—H485
　　　上海，商務，民十二年．　再版　6冊．

鏡花緣；李汝珍著。　　　　　　　　　　　　　F—L187
　　　上海，亞東，民十二年．　3冊．

官場現行記；李伯元著．　　　　　　　　　　　F—L195
　　　上海，亞東，民十六年．　2冊．

白話淺註聊齋志異；商務印書館編譯所註釋．　　F—L283
　　　上海，商務，民十五年．　4冊。

老殘遊記；劉鄂著．　　　　　　　　　　　　　F—L370
　　　上海，亞東，民十五年。　再版　325面．

唐宋傳奇集；魯迅輯．　　　　　　　　　　　　F—L416t
　　　上海，北新，民十七年。　2冊。

太平天國演義；龍潭居士，（別名）著．　　　　F—L503
　　　上海，尚文，民九年．　6冊．

今古奇觀；鮑庶生標點．　　　　　　　　　　　F—P186

上海，新文化，民十七年． 四版． 2册．

清代演義；王炳成著． F—F153t

上海，商務． 4册．

清代演義；商務印書館編輯所編． F—S162tt

上海，商務，民十七年． 五版． 1函8册．

浮生六記；沈復著． F—S221

上海，樸社，民十四年． 154面． 「霜楓之一」

隋唐演義． F—S503

上海，商務，清康熙二十二年．

檮杌閒評． F—T251

自由書報社． 355面．

繪圖元史通俗演義；蔡東凡編． F—T415

上海，會文堂，民九年． 6册．

紅樓夢；曹雪芹著． F—T474

上海，東亞，民十一年． 三版． 8册．

紅樓夢；曹雪芹著，抱恨生校． F—T474a

上海，新文化書社，民十六年． 3册．

紅樓夢本事辯證；壽鵬飛著． F—S302

上海，商務，民十六年． 53面． 「文藝叢刊一集」

南史演義；杜綱著． F—T763n

上海，商務，民九年． 4册．

北史演義；杜綱著． F—T763p

上海，商務． 6册．

水滸；施耐菴著． F—S243

上海，羣學社，民十六年． 四版． 2册．

連環圖畫水滸;王劍星編· 　　1—W136
　　上海，世界，民十七年· 　二集· 　2冊·

三俠五義;閒竹主人（別名）著· 　　r—W247
　　上海，亞東，民十四年· 　2冊·

兒女英雄傳;文鐵仙著· 　　r—W264
　　上海，亞東，民十四年，　2冊·

儒林外史;吳敬梓著· 　　r—w281
　　齊省堂，民三年· 　6冊·

儒林外史;吳敬梓著，許嘯天句讀· 　　r—w281y
　　上海，羣學社，民十三年· 　再版· 　83面·

西遊記;吳承恩著· 　　r—w2818y
　　上海，亞東，民十四年· 　四版· 　?冊·

舊小說;吳曾祺輯· 　　r—w297
　　上海，商務，民十三年· 　六版· 　1函20冊·

二十年目覩之怪現狀;吳研人著，魏冰心標點· 　　r—w299
　　上海，世界，民十五年· 　4冊·

新華春夢記;楊塵因著· 　　r—y121a
　　上海，泰東，民九年· 　三版· 　5冊·

岳飛全傳;通俗小說社編· 　　r—y310
　　民十三年·

東方創作集;東方雜誌社編· 　　08C—1860—74
　　上海，商務，民十四年· 　三版· 　2冊· 　「東方文庫」

枯葉雜記;東方雜誌社編· 　　030—T860—81
　　上海，商務，民十四年· 　三版· 　?2面· 　「東方文庫」

彷徨;小死月報社編· 　　08—1748—308

　　　上海，商務，民十四年・　12面・「小說月報叢刊第四十種」

笑的歷史；朱自清著・　　　　　　　　　　808—Sh41
　　　上海，商務，民十四年・　87面・「小說月報叢刊」

校長；小說月報社編・　　　　　　　　　　808—Sh41—45
　　　上海，商務，民十四年・　93面・「小說月報叢刊第四十五種」

技藝；小說月報社編・　　　　　　　　　　808—Sh41—60
　　　上海，商務，民十四年・　96面・「小說月報叢刊第六十種」

瘋人日記；小說月報社編・　　　　　　　　808—Sh41—20
　　　上海，商務，民十四年・　90面・「小說月報叢刊第二十種」

牧羊兒；小說月報社編・　　　　　　　　　808—Sh41—52
　　　上海，商務，民十四年・　95面・「小說月報叢刊第五十三種」

垣白；小說月報社編・　　　　　　　　　　808—Sh41—50
　　　上海，商務，民十四年・　89面・「小說月報叢刊第五十種」

曼殊斐兒；小說月報社編・　　　　　　　　808—Sh41—3
　　　上海，商務，民十三年・　71面・「小說月報叢刊第三種」

世界的火災；小說月報社編・　　　　　　　808—Sh41—2
　　　上海，商務，民十三年・　93面・「小說月報叢刊第二種」

社戲；小說月報社編・　　　　　　　　　　808—Sh41—9
　　　上海，商務，民十三年・　78面・「小說月報叢刊第九種」

換巢鸞鳳；小說月報社編・　　　　　　　　808—Sh41—1
　　　上海，商務，民十三年・　84面・「小說月報叢刊第一種」

鄰人之愛；小說月報社編・　　　　　　　　808—Sh41—16
　　　上海，商務，民十四年・　53面・「小說月報叢刊第十六種」

商人婦；小說月報社編・　　　　　　　　　808—Sh41—14
　　　上海，商務，民十四年・　83面・「小說月報叢刊第十四種」

犯罪；小說月報社編。　　　　　　　　　　808—8b+1—12
　　　　上海，商務，民十三年。　7½面。　「小說月報叢刊第十三種」

三天；小說月報社編。　　　　　　　　　　808—hs 1—33
　　　　上海，商務，民十四年。　10面。　「小說月報叢刊第三十三種」

冲積期化石；張資平著。　　　　　　　　　F—C152CQ
　　　　上海，泰東，民十一年。　204面。　「創造社叢書第四種」

模範父母；張九如著。　　　　　　　　　　F—C152m
　　　　上海，新文化，民十五年。　三版。　203面。

植樹節；張資平著。　　　　　　　　　　　F—I52CS
　　　　上海，新宇宙，民十七年。　186面。

壓迫；張資平譯。　　　　　　　　　　　　F—C152i
　　　　上海，新宇宙，民十七年。　203面。

梅雪爭芳記；張秋蟲著。　　　　　　　　　F—C152mS
　　　　上海，世界，民十五年　5冊。

白話短篇寫實小說；張九如著。　　　　　　F—C152P
　　　　上海，新文化，民十三年。　三版。　109面。

我與他：夫妻；張靜廬著。　　　　　　　　F—C152w
　　　　上海，羣衆，民十七年。　82面。

何典；張南莊著。　　　　　　　　　　　　F—C166
　　　　上海，卿雲圖書公司，民十七年。　三版。　100面。

雪的除夕；張資平著。　　　　　　　　　　F—c171
　　　　上海，商務，民十四年。　254面。　「文學叢書」

不等衡的偶力；張資平著。　　　　　　　　F—c171
　　　　上海，商務，民十六年。　再版。　327面。「文藝叢書」

最後的幸福　張資平著。　　　　　　　　　F—C171t

民十七年·

致死者；張維祺著·　　　　　　　　　　　Г—C172
　　上海，亞東，民十六年·　再版·　112面·

偵探新語；昌明公司編·　　　　　　　　　　Г—C197
　　上海，昌明公司，清光緒三十年·　68面·

情書一束；章衣萍著·　　　　　　　　　　　Г—C182
　　北京，北新，民十五年·　264面·

名家小說；章行嚴選·　　　　　　　　　　　F—C190
　　上海，亞東，民十五年·　四版·　4冊·

說苑導游錄；常覺等合著·　　　　　　　　　Г—C195
　　上海，時還，民十五年·第五版·　138面·　「文學指南號外增刊
　　之一」·

滑稽世界；趙苕狂著·　　　　　　　　　　　Г—C201b
　　上海，世界，民十三年·　再版·　4冊·

神怪鬥法記；趙苕狂著·　　　　　　　　　　Г—C210S
　　上海，世界，民十五年·　3冊·

畸人；趙伯顏著·　　　　　　　　　　　　　Г—C213
　　上海，新宇宙，民十七年·　110面·　「文藝叢書第一種」

婦女奇冤錄；趙苕狂輯·　　　　　　　　　　F—C216
　　上海，大東，民九年·　154面·

亦雪；超超著·　　　　　　　　　　　　　　F—C229
　　上海，亞東，民十五年·　170面·

雅士；澤人著·　　　　　　　　　　　　　　F—C247
　　上海，現代，民十七年·　134面·

小雨點；陳衡哲著·　　　　　　　　　　　　F—C275
　　上海，新月，民十七年·　156面·

東游記；陳讕簏著．　　　　　　　　　　　　　　　　F—C283
　　　上海，世界，民十五年．　3冊．
不安定的靈魂；陳翔鶴著．　　　　　　　　　　　　　Γ—C286
　　　上海，北新，民十六年．　314面．　「沉鐘叢刊」
倦旅；陳月昭著．　　　　　　　　　　　　　　　　　Γ—C293
　　　上海，梁溪圖書館，民十四年．　122面．　「婦女問題研究會叢書」
新舊家庭；程瞻廬著。　　　　　　　　　　　　　　　Γ—C331
　　　上海，商務，民十二年．　再版．　2冊．
中國短篇小說集；鄭振鐸輯．　　　　　　　　　　　　F—C351
　　　上海，商務，民十五年．　2冊．
胡蝶；許欽文著．　　　　　　　　　　　　　　　　　F—C369
　　　上海，北新，民十七年．　104面．
北伐從軍雜記；金聲著。　　　　　　　　　　　　　　F—C669
　　　民十六年．
瑪麗；敬隱漁著．　　　　　　　　　　　　　　　　　F—C699
　　　上海，商務，民十六年．　再版．　8面．　「文學研究會叢書」
留西外史；陳春隨著．　　　　　　　　　　　　　　　Γ—C270
　　　上海，新月，民十六年．　143面．
禮拜六；周瘦鵑，王鈍根合編．　　　　　　　　　　　Γ—C785
　　　上海，中華，民十三年．　10冊．
煩惱的網；周全平著．　　　　　　　　　　　　　　　F—C787
　　　上海，泰東，民十四年．　150面．　「創造社叢書第八種」
離別之夜；鍾紹昗著．　　　　　　　　　　　　　　　Γ—C969
　　　上海，泰東，民十七年．　再版．　170面．　「待名叢書」
管他呢；芳草著．　　　　　　　　　　　　　　　　　Γ—F178

上海，北新，民十七年． 224面．

竹林的故事；馮文炳著．　　　　　　　　　　　F—F317

民十四年．

十六年之雜碎；傅彦長著．．　　　　　　　　　F—F247

民十四年．

海上花列傳；韓子雲著．　　　　　　　　　　　F—E223

上海，亞東，民十五年． 一冊．

留東新史；向愷然著··　　　　　　　　　　　F—H183

上海，世界，民十四年． 再版． 3 冊··

飄渺的夢及其他；向培良著·　　　　　　　　　F—H236

民十五年． 「烏合叢書之一」

慕春；許傑著　　　　　　　　　　　　　　　　F—H369

上海，光華，民十七年． 再版． 140面·，

故鄉；許欽文著。　　　　　　　　　　　　　　F—H339K

上海，北新 民十六年． 三版． 331面 「烏合叢書之一」

毛線襪及其他；許欽文著．　　　　　　　　　　F—H339m

北京，北新，民十五年． 27面

鼻涕阿二；許欽文著·　　　　　　　　　　　　F—H369P

上海，北新，民十六年． 120面·

中秋月；胡雲翼著·　　　　　　　　　　　　　F—H119

上海，光華，民十七年． 122面·

往何處去；胡也頻著·　　　　　　　　　　　　F—H419

上海，第一綫書店，民十七年． 128面·

聖徒；胡也頻著·　　　　　　　　　　　　　　F—H419s

上海，北新，民十六年． 153面·

妖媚的眼睛；黃中著•　　　　　　　　　　F—H471
　　　上海，金屋，民十七年•　181面•

古畫微；黃賓虹著•　　　　　　　　　　F—F484
　　　上海，商務，民十四年•　68面•「小說世界叢刊」

罪惡；黃心異著•　　　　　　　　　　　F—H1856
　　　上海，新宇宙，民十七年•　199面•

轉變；洪靈菲著•　　　　　　　　　　　F—H5220
　　　上海，亞東，民十七年•　240面•

處女夢；火雪明著•　　　　　　　　　　F—J531
　　　上海，羣衆，民十七年•　再版•　134面•

西子湖邊；易家鉞著•　　　　　　　　　F—I112
　　　上海，泰東，民十四年•　166面•

談異；伊園主人著•　　　　　　　　　　F—I130
　　　上海，掃葉山房，民三年•　4冊•

冶工軼事；朱樹人著•　　　　　　　　　F—K157
　　　上海，中華，民七年•　50頁•

實生活；高長虹著•　　　　　　　　　　F—K196S
　　　上海，現代書局，民十七年•　93面•「狂飆出版物之一」

清晨起來；高歌著•　　　　　　　　　　F—K163
　　　上海，泰東，民十七年•　第一集•「狂飆叢書第二」

昨夜及其他；顧仲雍著•　　　　　　　　F—K264
　　　北京，北新，民十四年•　70面•

新婚瑣記；苦海餘生著•　　　　　　　　F—K267
　　　上海，國民圖書館•　56面•

覆舟夢；狂生著．　　　　　　　　　　　　　　　F—K339
　　　上海，啓智印務公司，民十六年．　260面．

橄欖；郭沫若著．　　　　　　　　　　　　　　　F—K425
　　　上海，創造社出版部，民十五年．　245面．　「創造社叢書」

犧牲者；戈魯陽著．　　　　　　　　　　　　　　F—K436
　　　上海，亞東，民十七年．　212面．

趙子曰，老舍著．　　　　　　　　　　　　　　　F—L155
　　　上海，商務，民十七年．　348面．　「文學研究會叢書」

綴網勞蛛；落華生著．　　　　　　　　　　　　　F—L165
　　　上海，商務，民十四年．　再版．　230面．　「文學研究會叢書」

雷雨之夜；李𨥫耕著。　　　　　　　　　　　　　F—L181
　　　上海，新文化，民十年．　再版．　96面．

彷徨；魯迅著．　　　　　　　　　　　　　　　　F—L416
　　　北京，北新，民十五年．　256面。　「烏合叢書之一」

自由花範；李涵秋著．　　　　　　　　　　　　　F—L185
　　　上海，世界，民十二年．　4冊．

馬大少爺的奇蹟；黎錦明著．　　　　　　　　　　F—L215
　　　上海，現代，民十七年．　125面。

花之寺；凌叔華著．　　　　　　　　　　　　　　F—L341
　　　上海，新月，民十七年．　182面．

碎錦；劉冠儒輯．　　　　　　　　　　　　　　　F—L335
　　　民十七年．

支那女兒；劉大杰著．　　　　　　　　　　　　　F—L375
　　　上海，北新，民十七年．　221面．

蓮蓉月；羅西著．　　　　　　　　　　　　　F—L379
　　　上海，現代，民十七年．　155面．

醉裏；羅黑芷著．　　　　　　　　　　　　　F—L393
　　　上海，商務，民十七年．　218面．　　「文學研究會叢書」

掙扎；樓建南著．　　　　　　　　　　　　　F—L400
　　　上海，現代，民十七年．　150面．

三絃；盧冀野著．　　　　　　　　　　　　　F—L405
　　　上海，泰東，民十六年．　再版．　100面

或人的悲哀；廬隱女士著．　　　　　　　　　F—L408
　　　上海，商務，民十四年．　67面．　　　「小說月報叢刊」

吶喊；魯迅著．　　　　　　　　　　　　　　F—L416„
　　　新潮社，民十二年．　再版　272面．　　「文藝叢書」

深春的落葉；龔實秀著．　　　　　　　　　　F—L507
　　　香港受匡出版部，民十七年．　184面．

週年；馬伯殊著．　　　　　　　　　　　　　F—M112
　　　上海，創造社，民十六年．　129面．

幻滅；茅盾著．　　　　　　　　　　　　　　F—M153
　　　上海，商務，民十七年．　147面．　　　「文學研究會叢書」

中國創作小說選；梅生輯．　　　　　　　　　F—M185
　　　上海，新文化，民十三年．　2冊．

然犀錄；猛置老人著．　　　　　　　　　　　F—M214
　　　上海，商務，民十一年．　3冊．

青年的花；夢葦著．　　　　　　　　　　　　F—M215
　　　上海，新文社，民十三年．　156面．　　「青年文藝社叢書」

紅日；沐鴻著．　　　　　　　　　　　　　　F—M315

　　　　　上海，泰東，民十七年・　2142面・　　　　　「狂飆叢書第二・」

曙光底微笑；倪家祥著・　　　　　　　　　　　　　　Ｆ—Ｎ19）

　　　　上海，羣衆圖書公司，民十六年・　128面・「紅暉文化叢書之一・」

雛蝶影；包柚斧著・　　　　　　　　　　　　　　　Ｆ—Ｐ160

　　　　時報館，清光緒三十四年・　136面・

二青年；包天笑著・　　　　　　　　　　　　　　　Ｆ—Ｐ192e

　　　　上海，商務，民六年・　2冊・

埋石棄石記；包天笑著・　　　　　　　　　　　　　Ｆ—Ｐ1921

　　　　上海，商務，民元年・　120面・

馨兒就學記：教育小說；包天笑著・　　　　　　　　Ｆ—Ｐ1928

　　　　上海，商務，民元年・　再版・　169面・

我離開十字街頭；向培良著・　　　　　　　　　　　Ｆ—Ｐ258

　　　　上海，光華，民十五年・　42面・　　　　「狂飆叢書第三」

皮克的情書；彭家煌著・　　　　　　　　　　　　　Ｆ—Ｐ271Ｐ

　　　　上海，現代，民十七年・　102面・

茶杯裏的風波；彭家煌著・　　　　　　　　　　　　Ｆ—Ｐ271t

　　　　上海，現代，民十七年・　171面・

超人；冰心女士著・　　　　　　　　　　　　　　　Ｆ—Ｐ372

　　　　上海，商務，民十五年・　149面・　　「文學研究會叢書」

近代俠義英雄傳；不肯生著・　　　　　　　　　　　Ｆ—Ｐ395

　　　　上海，世界，民十七年・　8冊・

斧背；尚鉞著・　　　　　　　　　　　　　　　　　Ｆ—s158

　　　　上海，泰東，民十七年・　180面・　「狂飆叢書第二第七種・」

病；尚鉞著・　　　　　　　　　　　　　　　　　　Ｆ—S158Ｐ

　　　　上海，泰東，民十七年・　208面　　「狂　叢書第二第一種・」

　　　　　　　　　　　330

泰西歷史演義；商務印書館編譯所編·　　　　　　F—S162ts

　　上海，商務，民四年·　三版·　210面·

好管閒事的人；沈從文著·　　　　　　　　　　F—S211L

　　上海，新月，民十七年·　258面·

老實人；沈從文著·　　　　　　　　　　　　　F—S211fr

　　上海，現代，民十七年·　199面·

入伍後；沈從文著·　　　　　　　　　　　　　F—S222

　　上海，北新，民十七年·　200面·

美人磁：言情小說；商務印書館編譯所編·　　　F—S353—2·70

　　上海，商務，民四年·　三版·　170面·「說部叢書二集第七十編·」

海外拾遺：筆記小說；商務印書館編譯所編·　　F—S353—2·72

　　上海，商務，民四年·　再版·116面·「說部叢書二集第七十二編」

錯中錯：言情小說；商務印書館編譯所編·　　　F—S353—2·75

　　　上海，商務，民四年·　三版·　2冊·「說部叢書二集第七十五編·」

墮淚碑：哀情小說；商務印書館編譯所編·　　　F—S353—2·77

　　上海，商務，民四年·　四版·　2冊·「說部叢書二集第七十七編·」

外交秘事；商務印書館編譯所編·　　　　　　　F—S352—2·90

　　　上海，商務，民四年·　13面·　「說部叢書二集第九十編·」

時諧：短篇小說；商務印書館編譯所編·　　　　F—S353—2·92

　　上海，商務，民四年　2冊·　「說部叢書二集第九十二編·」

後不如歸：言情小說；黃翼雲著·　　　　　　　F—S353—2·97

　　上海，商務，民四年·　再版·　114面·「說部書二集第九十七編·」

壁上血書：偵探小說；徐大著·　　　　　　　　F—S353—2·99

　　上海，商務，民四年·　57面·　「說部叢書二集第九十九編·」

海天情孽；黃士滇著·　　　　　　　　　　　　F—S353—3·4

上海，商務，民五年．　51面．　　　「說部叢書三集第四編」

冰原探險記；王無爲著．　　　　　　　　　　F—s353—3．14
　　　　上海，商務，民十三年．　三版．　87面．「說部叢書三集第十四編．」

古國幽情記；塞壼著．　　　　　　　　　　　F—s353—3．32
　　　　上海，商務，民六年．　　3冊．「說部叢　書三集第三十二編．」

科學家庭；包天笑著．　　　　　　　　　　　F—S353—s．58
　　　　上海，商務，民九年．再版．　　2冊．「說部叢書三集第五十八編．」

四字獄；徐卓呆著．　　　　　　　　　　　　F—s353—3 81
　　　　上海，商務，民十年．　再版．　94面．「說部叢書三集第八十一編．」

白羽記初編；沈步洲著．　　　　　　　　　　F—S353—3．74
　　　　上海，商務，民十年．　再版．　2冊．「說部叢書三集第七十四編．」

白羽記續編；沈步洲著．　　　　　　　　　　F—S353—3．83
　　　　上海，商務，民十一年．　再版．　2冊．「說部叢書三集第八十三編．」

白羽記三編；沈步洲著．　　　　　　　　　　F—S353—3．96
　　　　上海，商務，民十年．　再版．　2冊．「說部叢書三集第九十六編．」

菱鏡秋痕；應鳥韶著．　　　　　　　　　　　F—S353—3．85
　　　　上海，商務，民十年．　再版．　2冊．「說部叢書三集第八十五編．」

童子偵探隊；包天笑著．　　　　　　　　　　F—S353—3．90
　　　　上海，商務，民十年．　再版．　2冊．「說部叢書三集第九十編」

隅屋；瞿宣穎著．　　　　　　　　　　　　　F—S353—3．98
　　　　上海，商務，民十一年．再版．　2冊．「說部叢書三集第九十八編．」

恩怨；王卓民著．　　　　　　　　　　　　　F—S353—3．99
　　　　上海，商務，民十一年．再版．113面．「說部叢書三集第九十九編．」

瞻廬小說集；程瞻廬著．　　　　　　　　　　F—S410C
　　　　上海，世界，民十五年．再版．　101面．

從軍日記；謝文翰著．　　　　　　　　　　　　F—s425
　　　北京，北新，民十四年．　70面．　「北新小叢書之三」

白話小說文範；新文學社編．　　　　　　　　　F—s436
　　　上海，中華，民十年．　五版．　190面．

心聲月；心聲文藝社編．　　　　　　　　　　　F—s439
　　　上海，羣衆圖書公司，民十五年．　50面．

悲慘世界；蘇曼殊著．　　　　　　　　　　　　F—s461
　　　上海，泰東，民十年．　再版．　106面．

毀去的序文；徐雕著．　　　　　　　　　　　　F—s476bc
　　　上海，新文化書社，民十四年．　104面　「綠波社小叢書」

紅粉地獄；徐恥痕著．　　　　　　　　　　　　F—s476bf
　　　上海，世界，民十五年．　3 冊．

清朝官場奇報錄；孫劍秋著．　　　　　　　　　F—s511
　　　望雲山房，民九年．　134面．

雨後及其他；沈從文著．　　　　　　　　　　　F—s512
　　　上海，春潮書局，民十七年．　141面．

大西洋之濱；孫福熙著．　　　　　　　　　　　F—s514
　　　北京，北新，民十四年．　92面．

海的謁暮者；孫假工著．　　　　　　　　　　　F—s519
　　　上海，民智，民十三年．　248面．

英蘭的一生；孫夢雷著．　　　　　　　　　　　F—s521
　　　上海，開明，民十六年．　36面．

新說書；孫毓修著．　　　　　　　　　　　　　F—s354
　　　上海，商務，民三至五年．　3 冊．

癡華鬘；斯邢著．　　　　　　　　　　　　　　F—s589c

上海，北新，序民十五年。「92」面。

平凡的死；朦固著。　　　　　　　　　　　　F—T275

上海，金屋，民十七年。　102面。

最後的微笑；蔣光慈著。　　　　　　　　　　F—T69

上海，現代，民十七年。　190面。

少年飄泊者；蔣光赤著。　　　　　　　　　　F—T66

上海，亞東，民十五年。　再版　126面。

義塚；錢杏邨著。　　　　　　　　　　　　　F—T612

上海，東亞，民十七年。　180面。

觀樂的舞蹈；錢杏邨著。　　　　　　　　　　F—T612

上海，現代書局，民十七年。　170面。

悵惘及其他；錢公俠著。　　　　　　　　　　F—T613

上海，春潮書局，民十七年。　181面。

情人；左幹臣著。　　　　　　　　　　　　　F—T683

上海，亞細亞書局，民十七年。　134面。

創痕；左幹臣著。　　　　　　　　　　　　　F—T684

上海，亞細亞書局，民十七年。

征鴻；左幹臣著。　　　　　　　　　　　　　F—T684

上海，泰東，民十七年。　103面。

淡霞與落葉；芮曼著。　　　　　　　　　　　F—w125

上海，新文化，民十三年。　132面。「綠波社小叢書」

孤雁；王以仁著。　　　　　　　　　　　　　F—w143

上海，商務，民十五年。　178面。「文學研究會叢書」

柚子；汪魯彥著。　　　　　　　　　　　　　F—w148

上海，北新，民十五年。　236面。

334

拘史；王新命著。 F—w156
上海，泰東，民十三年。 117面。 「孤芳集第二輯」

一葉；王統照著。 F—w159
上海，商務，民十一年。 「154」面。 「文學研究會叢書」

雪夜；汪敬熙著。 F—w166s
上海，亞東，民十五年。 再版。 96面。

耶蘇的吩咐；汪靜之著。 F—w166y
上海，開明，民十五年。 75面。

翠英及其夫的故事；汪靜之著。 F—w175
上海，亞東，民十六年。 168面。

列那狐的歷史；王巷譯。 F—w251
上海，開明，民十五年。 112面。 「文學社週報叢書」

革命外史；翁仲著。 F—w271
吳越書店，民十七年。 112面。

紫縢花下；吳江冷著。 F—w281o
上海，民智，民十二年。 108面。

上下古今談；吳敬恆著。 F—w281gs
上海，文明，民十五年。 十版。 4 冊。

九命奇寃；吳研人著。 F—w299c
上海，世界，民十五年。

玉君；楊振聲著。 F—Y121yu
北京，橫社，民十六年。 三版。 167面。

失蹤；楊邨人著。 F—Y141。
上海，亞東，民十七年。 132面。

午夜角聲；葉勁風著。 F—Y181

　　　　上海，商務，民十四年· 13〇面· 「小說世界叢刊·」

小說彙刊；葉紹鈞等合著· 　　　　　　　　　　　F—Y19₁

　　　　上海，商務，民十一年· 142面·

前輩先生；葉小鳳著· 　　　　　　　　　　　　　〔F—Y192

　　　　上海，光華，民十六年· 174面·

城中；葉紹鈞著· 　　　　　　　　　　　　　　　F—Y191c

　　　　上海，開明，民十六年· 再版· 157面·

劍鞘；葉紹鈞，兪平伯合著· 　　　　　　　　　　F—Y191

　　　　上海，樸社，民十三年· 238面· 「霜鼠之四」

火災；葉紹鈞鈞著· 　　　　　　　　　　　　　　F—Y191h

　　　　上海，商務，民十三年· 再版· 197面· 「學文研究會叢書」

隔膜；葉紹鈞著· 　　　　　　　　　　　　　　　F—Y191k

　　　　上海，商務，民十三年· 160面· 「文學研究會叢書」

線下；葉紹鈞著· 　　　　　　　　　　　　　　　F—Y19Is

　　　　上海，商務，民十四年· 235面· 「文學研究會叢書」

稻草人；葉紹鈞著· 　　　　　　　　　　　　　　F—Y191t

　　　　上海，商務，民十四年· 三版 3i2面· 「文學研究會叢書」

烏稚；葉鼎洛著· 　　　　　　　　　　　　　　　F—Y193

　　　　上海，現代，民十七年· 159面·

鐵手；羽仙著· 　　　　　　　　　　　　　　　　F—Y358

　　　　上海，交通，民九年· 158面·

迷羊；郁達夫著· 　　　　　　　　　　　　　　　F—Y376

　　　　上海，北新，民十七年· 164面·

西湖三光；貝子沙著· 　　　　　　　　　　　　　F—Y414

　　　　上海，泰東，民十七年· 176面·

趙先生底煩惱；許欽文著·　　　　　　　　　　　F—H669
　　上海，北新，民十七年。　三版·　100面·

新仔婚的故事；著蘭林·　　　　　　　　　　　　F—L323
　　上海，北新，民十七年。　180面·　（民間故事之一）

巧舌婦的故事；林蘭編·　　　　　　　　　　　　F—L342
　　上海，北新，民十七年·　203面·

近代法國小說集；東方雜誌社編·　　　　　C8—T800—76
　　上海，商務，民十四年·　三版·　3冊·　「東方文庫」

大荒歸客記；(法)曲特拉痕脫原著，梁禾青，趙聲嶽合譯·　F—667
　　上海，商務，民十三年·　三版·　2冊·　「說部叢書」

小物件；(法)都德原著，李劼人譯·　　　　　　F—D264s
　　上海，中華，民十四年·　三版·　375面·

達哈士孔的狒狒；(法)都德原著，李劼人譯·　　F—D63h
　　上海，中華·民十三年·　164面·

法蘭西短篇傑作集；水沫祖譯·　　　　　　　　F—C793
　　上海，現代，民十七年·　「186」F·

茶花女遺事；(法)小仲馬原著，曉齋主人，冷紅生合譯·　F—D61e
　　上海，商務，民十五年·　117面·

法宮秘史前編；(法)大仲馬原著，君朔譯·　　　F—D891f
　　上海，商務，民四年·　再版·　2冊·

玉樓花劫續編；(法)大仲馬原著，林紓譯·　　　F—D891y
　　上海，商務，民二年·　再版·　2冊·

十二姊妹及其他；(法)愛華爾特原著，袁嘉華譯·　F—Ew14s
　　上海，北新，民十七年·　217面·

馬丹波娃利；(法)G·Lanburt原著，李劼人譯·　F—F616
　　　　　　　　　　337

上海，中華，民十四年． 578面． 「少年中國學會叢書」

紅百合；（法）法郎士原著，金滿成譯． F—F844h
上海，現代，民十七年． 392面．

堪克賓；（法）法朗士原著，曾仲鳴譯． F—F844k
上海，創造社，民十六年． 100面．

黛絲；（法）法郎斯原著，杜衡譯． F—F844t
上海，開明，民十七年． 239面． 「水沫社行叢書」

友人之書；（法）法郎士原著，金滿成譯． F—F844y
上海，北新，1926． 316面．

活冤孽；（法）Victor Hugo原著，俞忽譯． F—H874
上海，商務，民十二年． 3冊． 「文學叢書」

稽者傳；（法）麥爾香原著，朱樹人譯． F—M155s

上海，文明，民十五年． 80面．

髭須及其他；（法）莫泊桑原著，李青崖譯． F—M445c
上海，樸社，民十三年． 79面． 「霜楓之三」

一生；（法）莫泊三原著，徐蔚南譯． F—M445i
上海，商務，民十五年． 2冊． 「文學研究會叢書」

人心；（法）莫泊桑原著，李劼人譯． F—M445j
上海，中華，民十二年． 再版． 286面．

莫泊桑短篇小說集；（法）莫泊桑原著，李青崖譯． F—M445m
上海，民十五年． 三版． 3冊． 「文學研究會叢書」

歐兒拉；（法）莫泊桑原著，張秀中譯． F—M445o
上海，海音，民十五年． 66面．

水上；（法）莫泊桑原著，章克標譯． F—M445s
上海，開明，民十七年． 177面．

田家女；（法）囊泊桑原著，顧希聖譯　　　　　　　　F—M445b

　　　上海，光華，民十七年。　88面。「世界名著選」

遺產（法）囊泊桑原著，耿濟之譯。　　　　　　　　F—M445y

　　　上海，商務，民十三年。　再版。　116面。「文學研究會叢書」

嘉爾曼（法）梅禮美原著，樊仲雲譯。　　　　　　　F—M544

　　　上海，商務，民十五年。　188面。「文學研究會叢書。」

毒蛇圈；（法）鮑福原著，知新室主人譯。　　　　　F—P185

　　　上海，廣智，清光緒三十二年。　214面。

漫郎攝實戈；（法）伯雷華斯德原著，商務印書館譯。　F—P229

　　　上海，商務，清光緒三十三年。

自利興露西；（法）羅曼羅蘭原著，樂靈臥譯。　　　F—R647

　　　上海，現代，民十七年。　139面。

銷金窟；時報館記者譯。　　　　　　　　　　　　F—S235

　　　上海，時報館，清光緒三十四年。　188面。

毒藥罇；（法）嘉波留原著，商務印書館譯。　　　F—s353—1•68

　　　上海，商務，民三年。　再版。　18面。「說部叢書初集六十八編」

愛國二童子傳；（法）沛屏原著，紓，李世中合譯。F—s353—1•82

　　　上海，商務，民三年。　再版。「說部叢書初集八十二編」

離恨天；（法）森彼得原著，林紓，王慶驥合譯。　F—s353—2•16

　　　上海，商務，民四年。　三版　98面。「說部叢書二集十六編」

玉樓花刼前編；（法）大仲馬原著，林紓，李世中合譯。F—s353—2•31

　　　上海，商務，民四年。　三版。　2冊。「說部叢書二集三十一編」

大俠紅蘩蕗傳；（法）阿克西原著，林紓，魏易合譯。F—s353—2•33

　　　上海，商務，民四年。　再版。「140」面。「說部叢書二集三三編」

蟹蓮郡主博；（法）大仲馬原著，林紓，王壎通合譯。F—s353—2•37

上海，商務，民四年．　　再版．　2册．　「說部叢書二集三七編」

洄中花；(法)爽棱阿遏伯原著，林紓，王慶通合譯．　　F—s353—2•38
　　　上海，商務，民四年．　2册．　「說部叢書二集三八編」

魚海淚波；(法)辟尼略坻原著，林紓，王慶通合譯．　F—s353—2•41
　　　上海，商務，民四年．　115面．　「說部叢書二集第四十一編」

哀吹錄；(法)巴魯隆原著，林紓，陳家麟合譯．　　F—s353—2•45
　　　上海，商務，民四年．　再版．　71面．　「說部叢書二集四三編」

義黑；(法)德羅尼原著，林紓，陳家麟合譯．　　F—s353—2•45
　　　上海，商務，民四年．　再版．　CC面．　「說部叢書二集四十五編」

八十日；(法)裴爾俾奴原著，叔子譯．　　F—　352—2•50
　　　上海，商務，民四年．　再版．　6C册．　「說部叢書二集五十三編」

孤星淚：礪志小說；商務印書館編譯所編．　　F—s333—2•53
　　　上海，商務，民四年．　再版．　2册．　「說部叢書二集3編」

苦兒流浪記；(法)受克脫麥羅原著，包公毅譯．　　F—353—2•79
　　　上海，商務，民四年．　三版．　3册．　「說部叢書二集第七十九編」

法宮縊史前編；(法)大仲馬原著，君朔譯．　　F—s353—2•83
　　　上海，商務，民四年．　再版．　2册．　「說部叢書二集3編」．

冰蘗餘生記；(法)勒東路易原著，雙石軒譯．　　F—s353—3•2
　　　上海，商務，民五年．　再版．　2册．　「說部叢書三集二編」

香鈎情眼；(法)小仲馬原著，林紓，王慶通合譯．　　F—s353—3•5
　　　上海，商務，民十三年．　四版．　2册　「說部叢書三集五編」

巴黎繁華記；商務印書館譯．　　F—s353—3•5
　　　上海，商務，清光緒三十一年．　「說部叢書」

大荒歸客記；(法)曲特拉痕脫原著，梁禾青，趙魯嶽合譯．F—s353—　•3
　　　上海，商務，民十三年．　三版．　2册．　「說部叢書三集八編 」

銅圜雪恨錄；（法）余增史原著，璧石軒譯。　　　F—s353—3·12
　　上海，商務，民五年。　2 册。　「說部叢書三集第十二編」

鸚鵡緣；（法）小仲馬原著，林紓，王慶通合譯。　　F—s353—3·41
　　上海，商務，民十年。　三版。2 册。　「說部叢書三集四一編」

鸚鵡緣三編；（法）小仲馬原著，林紓，王慶通合譯。　F—s353—3·44
　　上海，商務，民十年。　三版。　2 册。　「說部叢書三集四四編」

金臺春夢錄；（法）丹米安，（俄）華伊爾原著，林紓，王慶通合譯。
　　　　　　　　　　　　　　　　　　　F—s353—3·50
　　　上海，商務，民十年。　三版。　2 册。　「說部叢書三集50編」

情天異彩；（法）周魯倭原著，林紓，陳家麟合譯。　F—s353—3·75
　　上海，商務，民十年。　再版。　109面。　「說部叢書三集75編」

賂史；（法）亞波倭得原著，林紓，陳家麟合譯。　　F—s353—3·84
　　上海，商務，民十年。　再版。　2 册。　「說部叢書三集八十四編」

近代英美小說集；東方雜誌社編。　　　　　　080—T860—75
　　上海，商務，民十四年。　3 版。　102面。　（東方文庫）

歐陸縱橫禰史；劉幸倓譯，　　　　　　　　　F—二372
　　上海，中華，民九年，　3 版。　112面。

歐戰演義初集；陸士諤輯。　　　　　　　　　F—L432
　　上海，文明，民六年。　98面。

歐洲大陸小說集；東方雜誌社編。　　　　　080—T860—78
　　上海，商務，民十四年。　3 版。　2 册。　（東方文庫）

列地狐歷險記；（英）T·w·Burfess原著，李善通譯。　F—B912
　　上海，商務，民十四年。　93面。　「兒童世界叢刊」

約瑟安得路傳；（英）斐勒丁原著，伍光健譯。　　　F—F46
　　上海，商務，民十七年。　353面。　（世界文學名著）

341

渦堤孩；（英）E·Gosse原著，徐志摩譯·   F—G695

    上海，商務，民十三年·   再版·   111面·   （文學叢書）

戀密女子；（英）哈葛德原著，買少芹譯·   F—H105

    上海，文明，民十四年·   8.版·   124面·

二義同囚錄；甘永龍，朱炳勳合譯·   F—H236

    上海，中國圖圖書公司，民五年·   4 冊·

斯芬克斯之美人；（英）甘廬倫夫人原著，无悶居士譯·   F—k120

    上海，廣智，清光緒三十四年·   3 冊·

贗爵案；（英）柯楠李登原著，張合我譯·   F—k195

    上海，商務，民九年·   2 冊·

女首領；倫媚麥原著，（日）支那井蛙譯·   F—L490

    上海，小說林，清光緒廿年·   2 冊·

劇場奇案；（英）福爾奇斯休母原著，商務印書館譯·   F—S353—1.2

    上海，商務，民三年·   再版·   172面· 「說部叢書初集二編」

案中案：偵探小說；（英）屠哀爾士原著，商務印書館譯·

                                          F—S353—1.6

      上海，商務，民三年·   再版·   83面· 「說部叢書初集六編」

吟邊燕語：神怪小說；（英）沙士比亞原著，林紓，魏易合譯·

                                          F—353—1.8

      上海，商務，民三年·   再版·   156面· 「說部叢書初集八編」

美洲童子萬里尋親記：倫理小說；（英）亞丁原著，林紓等
    合譯·   F—S353—1.9

      上海，商務，民三年 再版·   96面·

金銀島：冒險小說；（英）司的反生原著，商務印館譯·

                                       （F—S353—1.11

上海，商務，民三年．　再版．　85面．　「說部叢書初集十一編」

迦茵小傳：言情小說；（英）哈葛德原著，林紓，魏易合譯．

F—S353—1·13

上海，商務，民三年．　再版．　2 冊．　「說部叢書初集十三編」

埃及金塔剖記：神怪小說；（英）哈葛德原著．　F—S353—1·17

上海，商務，民三年．　三版 3 冊．　「說部叢書初集十七編」

英孝子火山報仇錄：倫理小說；（英）哈葛德原著，林紓，魏
易，合譯．　　　　　　　　　　　　　　F—s353—1·20

上海，商務，民三年．　再版．　2 冊．　「說部叢初集廿編」

鬼山狼俠傳：神怪小說；（英）哈葛原著，林紓，曾宗鞏合譯．

F—S353—1·22

上海，商務，民三年．　再版．　2 冊．　「說部叢書初集廿二編」

斐洲烟火愁城錄：冒險小說；林紓，曾宗鞏合譯．

F—S353—1·26

上海，商務，民三年．　再版．2 冊．　「說部叢書初集廿六編」

劫後英雄略；（英）司各德原著，林紓，魏易合譯．　F—S353—1·27

上海，商務，民三年．　再版．　2 冊．　「說部叢書初集二十七編」

一東錄：道德小說；（英）李來約原著，商務印書館譯．

F—S353—1·29

上海，商務，民三年．　再版．　108面．　「說部叢書初集廿九編」

孝女耐兒傳；（英）却而司迭更司原著，林紓，魏易合譯．

F—S353—1·31

上海，商務，民三年．　「說叢書初集卅一編」

玉雪留痕：言情小說；（英）哈葛德原著，林紓，魏易合譯．

F—s353—I·32

上海，商務，民三年　再版．　132面．「說部叢書初集卅二編」

魯濱孫飄流記；（英）達孚原著，林紓，曾宗鞏合譯．

F—S353—1·33

上海，商務，民三年．　再版．　2 冊．「說部叢書初集卅三編」

洪罕女郎傳：言情小說；（英）哈葛德原著，林紓，魏易合譯．

F—S353—1·36

上海，商務，民三年　再版．　2 冊．「說部叢書初集卅五編」

白巾人：偵探小說；（英）歇復克原著，商務印書館譯．

F—S353—1·36

上海，商務，民三年．　再版．　2 冊．「說部叢書初集卅六編」

蠻荒志異：神怪小說；（英）哈葛德原著，林紓，曾宗鞏合譯．

F—S353—1·39

上海，商務，民三年．　再版．　158面．「說部叢書初集卅九面」

冊中花：言情小說；（英）巴爾勒斯原著，商務印書館譯。

F—S353—1·40

上海，商務，民三年．　再版．　2 冊．「說部叢書初集四十編」

香囊記；（英）斯且來威門原著，商務印書館譯．　　F—S353—1·42

上海，商務，民三年．　再版．　00面．「說部叢書初集四十二編」

三字獄：言情小說；（英）赫穩原著，商務印書館譯．F—S353—1·45

上海，商務，民三年．　再版．　82面．「說部叢書初集四十三編」

紅礁畫槳錄：言情小說；（英）哈葛德原著，林紓，魏益合譯．

F—S353—1·15

上海，商務，民三年．　再版．　2 冊．「說部叢書初集四十五編」

海外軒渠錄：寓情小說；（英）狂生斯威佛特原著，林紓，陳家麟
　合譯．　　　　　　　　　　　F—S353—1·46

上海，商務，民三年．　再版．120面．「說部叢書初集四十六編」

344

簾外人：偵探小說；（英）格利吾原著，商務印書館譯．

F—s353—1·47

上海，商務，民三年． 再版． I54面．「說部叢書初集四十七編」

煉才爐：政治小說；（英）亞力杜梅原著，甘永龍譯．F—s353—1·48

上海，商務，民三年． 再版． 78面．「說部叢書初集四十八編」

七星寶石：偵探小說；（英）勃蘭姆司道格原著，商務印書館譯．

F—s353—1·49

上海，商務，民三年． 再版． 86面．「說部叢書初集四十九編」

鐵錨手；（英）般福德倫納原著，商務印書館譯． F—s353—1·55

上海，商務，民三年． 再版． 94面．「說部叢書初集五十五編」

露中人；（英）哈葛德原著，林紓，陳家麟合譯． F—s353—1·

上海，商務，民三年． 再版． 3 冊．「部叢書初集五十六編」

蠻取舊跡記：冒險小說；（英）特來生原著，商務印書館譯．

F—s353—1·57

上海，商務，民三年． 再版·94面·「說部叢書初集五十七編」

橡湖仙影：社會小說；（英）哈葛德原著，林紓，魏易合譯．

F—s353—1·58

上海，商務，民三年． 再版． 3 冊·「說部叢書初集五十八編」

波乃茵傳：寫情小說；（英）赫垃原著，商務印書館譯·

F—s353—1·59

上海，商務，民三年． 再版． 「說部叢書初集五九編」

二俑案：偵探小說：（英）許俠古原著，商務印書館譯·

F—s353—1·61

上海，商務，民三年． 再版． 106面．「說部叢書初集六十一編」

空谷佳人：愛情小說；（英）博蘭克巴勒原著，商務印書館譯·

F—s353—1·63

上海，商務，民三年． 再版． 84面． 「說部叢書初集六十三編」

秘密地窟：義俠小說；（英）華司原著，商務印書館譯。

F—s353—1•64

上海，商務，民三年． 再版． 72面． 「說部叢書初集六十四編」

雙孝子噀血酬恩記：倫理小說；（英）大隈克力司苔穩雷原著，林紓等合譯．

F—s353—1•65

上海，商務，民三年． 再版． 二版． 「說部叢書初集六十五編」

眞偶然：言情小說；（英）伯爾原著，商務印書館譯．

F—s353—1•67

上海，商務，民三年． 再版． 133面． 「說部叢書初集六十七編」

指中祕錄：偵探小說；（英）麥區蘭拜原著，商務印書館譯．

F—S353—1•70

上海，商務，民三年． 再版． 2 冊． 「說部叢書初集七十編」

寶石城：偵探小說；（英）白彪拜原著，商務印書館譯．

F—S353—1•72

上海，商務，民三年． 再版． 131面． 「說部叢書初集七十二編」

雙冠璽：歷史小說；（英）特渴不厄拔符原著，何心川，林薇槙合譯．

F—S353—1•73

上海，商務，民三年． 再版． 103面． 「說部叢書初集七十三編」

畫靈：言情小說；（英）曉公偉原著，商務印書館譯． F—S353—1•74

上海，商務，民三年． 再版． 84面． 「說部叢書初集七十四編」

多那文包探案：偵探小說；（英）狄克多那文原著，商務印書館譯．

F—S353—1•76

上海，商務，民三年． 再版． 13?面． 「說部叢書初集七十六編」

一萬九千磅：偵探小說；（英）般福德倫納原著，商務印書館譯．

F—s35?—1•77

上海，商務，民三年． 再版． 102面． 「說部叢書初集七十七編」

紅星佚史：神怪小說（英）羅達哈葛德原著，周逴譯．

F—S353—1·78

　　　　上海，商務，民三年． 再版． 221面· 「說部叢書初集七十八編」

塚中人：言情小說；（英）密羈原著，黃序譯． F—S353—1·81

　　　　上海，商務，民三年 再版· 113面· 「說部叢書初集八十一編」

盜窟奇緣：言情小說；（英）蒲斯培原著，商務印書館譯．

F—S353—1·83

　　　　上海，商務，民三年· 再版 18面· 「說部叢書初集八十三編」

苦海餘生錄：警世小說；（英）白來登女士原著，商務印書館譯·

　　　　上海，商務，民三年· 再版 165面· 「說部叢書初集八十六編」

復國軼聞：航海小說；（英）波士偉原著，商務印書館譯·

F—S353—1·87

　　　　上海，商務，民三年· 再版· 93面· 「說部叢書初集八十七編」

情俠：義俠小說；（英）譚偉原著，商務印書館譯· F—S353—1·88

　　　　上海，商務，民三年· 再版· 134面· 「說部叢書初集八十八編」

媒孽奇譚：婚事小說；（英）白朗脫原著，商務印書館譯·

F—S353—1·89

　　　　上海，商務，民三年· 再版· 95面· 「說部叢書初集八十九編」

冰天漁樂記：冒險小說；（英）可頓原著，商務印書館譯。

F—S353—1·92

　　　　上海，商務，民十三年· 再版· 2冊· 「說部叢書初集九十五編」

鐵血痕；倍來原著，商務印書館譯． F—S353—1·95

　　　　上海，商務，民三年· 再版 2冊· 「說部叢書初集九十五編」

新天方夜談：社會小說；（英）路易斯地文，佛尼司地文原著·

F—S353—3·97

上海，商務，民三年。　再版。　143面。　「說部叢書初集九十七編」

雙鴛侶：義俠小說；（英）格得史密斯原著，商務印書館譯。

F—353—1·99

上海，商務，民三年。　再版。　109面。　「說部叢書初集九十九編」

孝女耐兒傳：倫理小說；（英）却而司迭更司原著，林舒，魏易
合譯。　　　　　　　　　　　　　　　　　F—S353—2·1

上海，商務，民三年。　4版。　3冊。　「說部叢書二集一編」

塊肉餘生述前編：社會小說；（英）却而司迭更司原著，林舒
，魏易，譯。　　　　　　　　　　　　　　F—S353—2·2

上海，商務，民四年。　3版。　2冊。　「說部叢書二集二編」

電影樓台：社會小說；（英）柯南達利原著，林舒等合譯。

F—s353—2·

上海，商務，民四年。　3版。　83面。　「說部叢書二集六編」

冰雪因緣：社會小說；（英）却而司迭更司原著，林舒等合譯。

F—S353—2·6

上海，商務，民四年。　3版。　6冊。　「說部叢書二集六編」

蛇女士傳：社會小說；（英 柯南達利原著，林舒等合譯。

F—S353—2·7

上海，商務，民四年。　再版。　103面。　「說部叢書二集七編」

蘆花餘孽：社會小說；（英）色東麥里曼原著，林舒，魏易合譯。

F—s353—2·8

上海，商務，民四年。　再版。　80面。　「說部叢書二集八編」

髯刺客傳：歷史小說；（英）柯南達利原著，林舒等合譯。

F—s353—2·10

上海，商務，民四年。　再版。　129面。　「說部叢書二集十編」

348

黑太子南征錄：軍事小說；（英）科南利達原著，林舒等合譯．

F—s358—2.12

　　上海，商務，民四年．　再版．　2 冊　「說部叢書二集十二編」

金風鐵雨錄：軍事小說；（英）柯南利達原著，林舒等合譯。

F—s353—2.13

　　上海，商務，民四年．　三版．　3 冊．　「說部叢書二集十三編」

西奴林那小傳：言情小說；（英 安東尼賀迢原著，林紆等合譯．

F—s35⋯—2.14

　　上海，商務，民四年．　三版．　8.面．　「說部叢書二集十四編」

賊史：社會小說；（英）却而司迭更司原著，林紆等合譯．

Ｆ—s353—2.19

　　上海，商務，民四年．　再版．　2 冊．　「說部叢書二集十五編」

璣司刺虎記：言情小說；（英）哈葛德原著，林紆等合譯．

F—s353—2.19

　　上海，商務，民四年。　再版．　2 冊．　「說部叢書二集十九編」

劍底鴛鴦：言情小說；（英）司各德原著，林紆等合譯．

F—s353—2.20

　　上海，商務，民四年．　四版．　2 冊．　「說部叢書二集二十二編」

三千艷尸記：神怪小說；（英）哈葛德原著，林紆等合譯．

F—s353—2.21

　　上海，商務，民四年．　再版．　2 冊．　「說部叢書二集二十一編」

滑稽外史：滑稽小說；（英）却而司迭更司原著，林紆等合譯．

F—s253—2.22

　　上海，商務，民四年．　四版．　6 冊．　「說部叢書二集二十二編」

天囚懺悔錄；社會小說；（英）約翰沃克森罕原著，林紆等合譯．

F—ᶜ353—⅋.24

上海，商務，民四年。　再版。15面。「說部叢書二集二十四編」

脂粉議員：社會小說；（英）司圣阿武原著，林紓等合譯。

F—s353—2•25

上海，商務，民四年。　再版。15面。「說部叢書二集二十五編」

貝克偵探談初編：偵探小說；（英）馬克丹諾等原著，林紓等合譯。

F—s353—2•27

上海，商務，民四年。　再版。9面。「說部叢書二集二十七編」

十字軍英雄記：軍事小說；（英）司各德原著，林紓等合譯。

F—s353—2•29

上海，商務，民四年。　三版。2冊。「說部叢書二集二十九編」

恨綺愁羅記：歷史小說；（英）柯南達利原著，林紓等合譯。

F—s353—2•30

上海，商務，民四年。　四版。2冊。「說部叢書二集三十編」

慧星奪壻錄：社會小說；互洛得倭康等原著，林紓等合譯。

F—s353—2•34

上海，商務，民四年。　再版。182面。「說部叢書二集三十四編」

雙雄較劍錄：言情小說；（英）哈葛德原著，林紓等合譯。

F—353—2•35

上海，商務，民四年。　再版。2冊。「說部叢書二集三十五編」

薄倖郎；言情小說；（英）鍋司倭司女士原著，林紓等合譯。

F—s353—2•36

上海，商務，民四年。　再版。2冊。「說部叢書二集三十六編」

殘蟬曳聲錄：政治小說；（英）測次希洛原著，林紓等合譯。

F—s353—2•40

上海，商務，民四年。　再版。146面。「說部叢書二集四十編」

羅刹雌風：偵探小說；（英）希洛原著，林紓等合譯。

F—s353—2•44

上海，商務，民四年． 再版． 122面． 「說部叢書二集四十四編

假跛人；江德偉著．　　　　　　　　　F—s353—2·46

上海，商務，民四年． 再版． 49面． 「說部叢書二集四十六編」

血泊鴛鴦：言情小說；（英）哈葛德原著，林紓等合譯．

F—s353—2·52

上海，商務，民四年． 再版． 155面． 「說部叢書二集五十二編」

露惜傳：哀情小說；（英）司各德原著，陳大登等合譯，

F—s353—2·54

上海，商務，民四年． 再版． 2冊． 「說部叢書二集五十四編」

亞媚女士別傳：言情小說；（英）却而司迭更司原著，薛一諤
等合譯．　　　　　　　　　　F—s35ɔ—2·55

上海，商務，民四年． 再版． 2冊． 「說部叢書二集五十五編」

笑裏刀；（英）司提文生原著，薛一諤等合譯．　F—s253—2·56

上海，商務，民四年． 三版． 141面． 「說部叢書二集五十六編」

續笑裏刀；枕流譯．　　　　　　　　F—s353—2·57

上海，商務，民四年． 2冊． 「說部叢書二集五十七編」

黑樓情孽：哀情小說；（英）馬尺芒戎原著，林紓等合譯．

F—s353—2·58

上海，商務，民四年． 再版． 2冊． 「說部叢書二集五十八編」

博徒別傳：社會小說；（英）柯南達利原著，陳大登等合譯·

F—s353—2·59

上海，商務，民四年． 再版． 89面． 「說部叢書二集五十九編」

遮那德自伐八事：俠義小說；（英）柯南達利原著，陳大燈等合
譯．　　　　　　　　　　　F—ɔ353—2·61

上海，商務，民四年． 再版． 2冊． 「說部叢書二集六十一編」

鍾乳髑髏：冒險小說；（英）哈葛德原著，林紓等合譯．

F—s353—2·64

上海，商務，民四年．　3版．　10面．　「說部叢書二集六十四編」

盧宮祕史：歷史小說；（英）恩蘇霍伯原著，甘永龍等合譯．

F—s53—2•65

上海，商務，民四年．　再版．　2冊．　「說部叢書二集六十五編」

劫花小影：言情小說；（英）勃雷登原著，王蘊章譯．

F—s353—2•66

上海，商務，民四年．　再版．　2冊．　「說部叢書二集六十六編」

白頭少年：社會小說；（英）蓋婆龔原著，陳家麟譯．

F—S353—2•68

上海，商務，民四年．　再版．　136面．　「說部叢書二集六十八編」

靑藜影：言情小說；（英）布斯偉原著，薛一諤等合譯．

F—s353—2•71

上海，商務，民四年．　三版．　89面．　「說部叢書二集七十一編」

洪荒鳥獸記；科學小說；（英）柯南達利原著，李薇杏譯．

F—353—2•73

上海，商務，民四年．　再版．　2冊．　「說部叢書二集七十三編」

雪市孤踪：言情小說；天行譯．　　　F—s53—2•76

上海，商務，民四年．　60面．　「說部叢書二集七十六編」

飛將軍：理想小說；（英）葛利裴史原著，天游譯．　F—s353—2•89

上海，商務，民四年．　2冊．　「說部叢書二集八十九編」

斷雁哀絃記：哀情小說；包天笑譯．　　F—s353—2•91

上海，商務，民四年．　2冊．　「說部叢書二集九十一編」

合歡草：言情小說；（英）偉烈原著，衛聽濤等合譯．F—s353—2•93

上海，商務，民四年．　2冊．　「說部叢書二集九十三編」

玉樓慘語：哀情小說；（英）威連俗勒克司原著，胡克等合譯．

F—s353—2•94

上海，商務，民四年。　再版。　164面。　「說部叢書二集九十四編」

俠母破奸記：社會小說；（英）加倫湯姆原著，劉劢新譯。

F—s353—2·96

上海，商務，民四年。　再版。　85面。　「說部叢書二集九十六編」

亨利第六遺事；（英）蕶士比亞原著，林紓等合譯。　F—s353—3·1

上海，商務，民五年。　102面。　「說郛叢書三集一編」

情窩；（英）威利遜原著，林紓等合譯。　　　　F—s353—3·3

上海，商務，民五年。　2冊。　「說部叢書三集三編」

奇女格露枝小傳；（英）克拉克原著，林紓等合譯。　F—s353—3·7

上海，商務，民五年。　63面。　「說部叢書三集七編」

車中毒針；（英）勃拉錫克原著，吳檮譯。　　　F—s353—3·10

上海，商務，清光緒三十二年。　142面。　「說部叢書三集十編」

樹穴金；束鳳鳴譯。　　　　　　　　　　　F—s353—3·11

上海，商務，民五年。　101面。　「說部叢書」

詩人解頤語；（英）倩伯司原著，林紓等合譯。　　F—s353—3·17

上海，商務，民十年。　三版。　2冊。　說部叢書三集十七編」

慧劫；（英）可林克洛惕原著，劉澤沛等合譯。　　F—s353—3·19

上海，商務，民十一年。　再版。　2冊。　「說部叢書三集十九編」

天女離魂記；（英）哈葛德原著，林紓等合譯。　　F—s353—3·20

上海，商務，民六年。　3冊。　「說部叢書三集二十編」

煙火馬；（英）哈葛德原著，林紓等合譯。　　　F—s353—3·23

上海，商務，民十年。　再版。　3冊。　「說部叢書三集二十三編」

毒菌學者；（英）惠霖勞克原著，朱有畇譯。　　F—s353—3·24

上海，商務，民十二年。　再版。　2冊。　「說部叢書三集廿四編」

蓬門畫眉錄；（英）亨利瓦特女士原著，惲懺楢譯。　F—s353—3·25

上海，商務，民十一年． 再版． 2 冊． 「說部叢書三集廿五編」

女師飲劍記；(英 布白原著，林紓等合譯． 　　F—s353—3·29

　　上海，商務，民九年． 再版． 138面． 「說部叢書三集廿九編」

歷刧思仇；(英)華特生原著，王女苓等合譯． 　F—s353—3·31

　　上海，商務，民十年． 再版． 2 冊． 「說部叢書三集三十一編」

黑沼疑雲錄；(英)洛平華拉原著，陸秋心譯． 　F—s353—3·36

　　上海，商務，民十一年． 三版． 2 冊． 「說部叢書三集卅六編」

圍爐瑣談；(英)柯南達里原著，劉延陵等合譯． 　F—s353—3·38

　　上海，商務，民九年． 再版． 141面． 「說部叢書三集三十八編」

綠光；Garvsis原著，張毅漢譯． 　　　　F—s353—3·45

　　上海，商務，民十一年． 三版． 2 冊． 「說部叢書三集四十五編」

賊博士；Au Ton原著，無我生譯． 　　　F—s353—3·46

　　上海，商務，民十二年． 三版． 77面． 「說部叢書三集四十六編」

孤露佳人；(英)亨利瓦特夫人原著，范彥矧譯． 　F—s353—3·47

　　上海，商務，民十一年． 三版． 2 冊． 「說部叢書三集四十七編」

孤露佳人續編；(英)亨利瓦特夫人原著，范況等合譯．

　　　　　　　　　　　　　　　　　　　F—s353—3·16

　　上海，商務，民七年． 2 冊． 「說部叢書三集五十六編」

癡郎幻影；(英)頤其堂原著，林紓等合譯。 　F—s353—3·52

　　上海，商務，民十年． 三版． 4 冊． 「說部叢書三集五十二編」

模範家庭；(英)Mrs.H.WOOJ原著，陳觀奕譯． 　F—s353—3·54

　　上海，商務，民十三年． 四版． 141面． 「說部叢書三集五十四編」

牝賊情絲記；(英)陳施利原著，林紓等合譯． 　F—s353—3·55

　　上海，商務，民十年． 三版． 2 冊． 「說部叢書三集五十五編」

桃大王因果錄；(英)惠恩女士原著，林紓等合譯． F—s353—3·57

　　上海，商務，民十年． 三版． 2 冊． 「說部叢書三集五十七編」

玫瑰花；（英）巴克雷原著，林紓等合譯·   F—s353—3·59

    上海，商務，民十年· 三版· 2 冊· 「說部叢書三集五十九編」

再世爲人；（英）湯姆格倫原著，阿故枚譯。   F—s353—3·61

    上海，商務，民八年· 2 冊· 「說部叢書三集六十一編」

贗爵案；（英）柯南李登原著，張舍我譯·   F—s353—3·63

    上海，商務，民十三年· 三版· 2 冊· 「說部叢書三集六十三編」

鬼窟藏嬌；（英）武莫尼原著，林紓等合譯。   F—s253—3·64

    上海，商務，民十年· 三版· 2 冊· 「說部叢書三集六十四編」

模範家庭續編；（英）亨利瓦特原著，陳覯奕譯·   F—s353—3·66

    上海，商務，民八年· 2 冊· 「說部叢書三集六十六編」

西樓鬼語；（英）約克魁逃斯原著，林紓等合譯·   F—s353—3·69

    上海，商務，民十年· 三版· 2 冊· 「說部叢書三集六十九編」

蓮心藕縷緣；（英）卡叩登原著，林紓等合譯·   F—s353—3·71

    上海，商務，民十年· 三版· 2 冊· 「說部叢書三集七十一編」

鐵匣頭顱；（英）哈葛德原著，林紓等合譯·   F—s353—3·73

    上海，商務，民十年· 三版· 2 冊· 「說部叢書三集七十三編」

重臣傾國記；（英）勒格克斯原著，趙脊嶽合譯·   F—s35?—3·78

    上海，商務，民十二年· 三版· 2 冊· 「說部叢書三集七十八編」

鐵匣頭顱續編；（英）哈葛德原著，林紓等合譯·   F—s353—3·82

    上海，商務，民八年· 2 冊· 「說部叢書三集八十二編」

金梭神女再生緣；（英）哈葛德原著，林紓等合譯·   F—s353—3·86

    上海，商務，民十年· 3 版 2 冊 「說部叢書三集八十六編」

戎馬書生；（英）楊支原著，林紓等合譯·   F—s353—3·89

    上海，商務，民十年· 再版· 107面· 「說叢書三集八十九編」

泰西古劇；（英）達威生原著，林紓等合譯·   F—s353—3·91

　　　　　上海，商務，民十年．　再版．　3 冊．　「說部叢書三集九十一編」

鶼巢記上編；林舒等合譯．　　　　　　　　　F—s353—3·92
　　　　　上海，商務，民十一年．　再版．　2 冊．　「說部叢書三集九十二編」

妄言妄聽；林舒等合譯．　　　　　　　　　F—s353—3·93
　　　　　上海，商務，民十年．　再版．　2 冊．　「說部叢書三集九十三編」

焦頭爛額；林舒等合譯．　　　　　　　　　F—s352—3·94
　　　　　上海，商務，民十年．　再版．　2 冊．　「說部叢書三集九十四編」

歐戰春閨夢；（英）高桑斯原著，林舒等合譯．　F—s353—3·87
　　　　　上海，商務，民十年．　再版．　2 冊．　「說部叢書三集八十七編」

歐戰春閨夢續編；（英）高桑斯原著，林舒等合譯．F—353—3·07
　　　　　上海，商務，民十一年．　2 冊．　「說部叢書三集九十七編」

玉雪留痕；（英）哈葛德原著，林舒等合譯．　　F—s353—4·2
　　　　　上海，商務，清光緒三十二年．　再版．　182面．　「說部叢書」

紅礁畫槳錄；（英）哈葛德原著，林舒等合譯．　F—s353—5·5
　　　　　上海，商務，清光緒三十三年．　再版．　2 冊．　「說部叢書」

橡湖仙影；（英）哈葛德原著，林舒等合譯．　　F—s353—6·4
　　　　　上海，商務，清光緒三十三年．　3 冊．　「說部叢書」

緻密地窟；（英）華司原著，商務印書館譯．　　F—s353—7·4
　　　　　上海，商務，清光緒三十三年．　「說部叢書」

畫靈；（英）曉公偉原著，商務印書館譯．　　　F—s353—3·4
　　　　　上海，商務，清光緒三十三年．　「說部叢書」

金絲髮；（英）裙離痕原著，商務印書館譯．　　F—s353—8·9
　　　　　上海，商務，清光緒三十三年．　「說部叢書」

盜窟奇緣；（英）蒲斯培原著，商務印書館譯．　F—s355—0·3
　　　　　上海，商務，民元年．　再版．　184面．　「說部叢書」

冰天漁樂記；（英）經斯頓原著，商務印書館譯。　　F—s353—10·3
　　上海，商務，清光緒三十四年。　2 冊。「說部叢書」

奇獄一；（美）麥枯滑特爾原著，林蓋天譯。　　　　　F—M155○
　　上海，小說林，清光緒二十年。　54面。

歐戰從軍記；（美）駝恩塔原著，趙誷譯。　　　　　　F—N159
　　上海，商務，民十四年。　2 冊。「小說世界叢刊」

黃金血：偵探小說；（美）樂林司郎治原著，商務印書館譯。
　　　　　　　　　　　　　　　　　　　　　　　F—s353—1·10
　　　上海，商務，民三年。　再版。　130面。「說部叢書初集第十編」

回頭看：理志小說；（美）威士原著，商務印書館譯。
　　　　　　　　　　　　　　　　　　　　　　　F—s353—1·12
　　　上海，商務，民三年。　再版。144面。「說部叢初集第十二編」

紅柳娃；（美）拍拉蒙原著，商務印書館譯　　　　　F—s353—1·44
　　上海，商務，民三年。　再版。99面。「說部叢書初集第四十四編」

舊金山：冒險小說；（美）諾阿布羅克士原著，金石餘嘉猷合譯。
　　　　　　　　　　　　　　　　　　　　　　　F—s353—1·51
　　　上海，商務，民三年。　再版。118面。「說部叢書初集第五十一編」

一仇三怨：婚事小說；（美）沙斯惠夫人原著，商務印書館譯。
　　　　　　　　　　　　　　　　　　　　　　　F—s353—1·90
　　　上海，商務，民三年。　再版。166面。「說部叢書初集第九十編」

三人影：偵探小說；（美）樂林司朗治原著，商務印書館譯。
　　　　　　　　　　　　　　　　　　　　　　　F—s353—1·93
　　　上海，商務，民三年。　再版。20 面。「說部叢書初集第九十三編」

雙喬記；言情小說；（美 杜伯原著，商務印書館譯。·F—s353—1·98）
　　上海，商務，民　年。　再版。86面。「說部叢書初集第九十八編」

357

拊掌錄：滑稽小說；（美）華盛頓歐文原著，林紓，魏易合譯．

F—s353—2‧4

　　上海，商務，民四年．　四版．　76面．　「說部叢書二集第四編」

大食故宮餘載：歷史小說；（美）華盛頓歐文原著，林紓，魏易

合譯．　　　　　　　　　　　　F—s353—2‧11

　　上海，商務，民四年．　三版．　208面．　「說部叢書二集第十一編」

旅行述異；（美）華盛頓歐文原著，林紓，魏易合譯．　F—s353—2‧17

　　上海，商務，民四年．　三版．　2冊．　「說部叢書二集第十七編」

西利郡主別傳：言情小說；（美）馬支孟德原著，林紓，魏盍合

譯．　　　　　　　　　　　　　‧F—s353—2‧18

　　上海，商務，民四年．　三版．　2冊．　「說部叢書二集十八編」

藕孔避兵錄：偵探小說；（美）輦立伯倭本翰原著，林紓，魏盍

合譯．　　　　　　　　　　　　F—s353—2‧26

　　上海，商務，民四年．　三版．　183面．　「說部叢書二集二十六編」

希獵興亡記：歷史小說；（美）彼得巴利原著，曾宗鞏譯．

F—s353—2‧78

　　上海，商務，民四年．　再版．　86面．　「說部叢書二集七十八編」

城中鬼域記：社會小說；（美）愛娜溫飛爾原著，汪德葎譯．

F—s353—2‧82

　　上海，商務，民四年．　再版．　119面．　「說部叢書二集八十二編」

孤士影：言情小說；（美）馬林克羅福原著，詩廬譯．

F—s353—2‧86

　　上海，商務，民四年．　再版．　2冊．　「說部叢書二集八十六編」

稗苑琳琅；社會小說；（美）美林孟原著，詩廬譯．F—s353—2‧87

　　上海，商務，民四年．　「說部叢書二集八十七編」

橄欖仙；（美）巴蘇謹原著，林紓，陳家麟合譯．　　F—s.53—3·13
　　上海，商務，民十年．　三版．　2冊．　〔說部叢書三集第十三編〕

庵冠浪影；（美）C·C·Andrews原著，丁宗一，陳堅合譯．
　　　　　　　　　　　　　　　　　　　　　　F—s353—3·18
　　上海，商務，民七年．　再版．　98面．　「說部叢書三集十八編」

鄉里善人；（美 伊儿羌窑原著，胡君復，惲鐵樵合譯）F—s353—3·27
　　上海，商務，民十一年．　再版．　2冊．「說部叢書三集二十七編」

怪手印；丁宗一，陳堅合譯．　　　　　　　　　F—s353—3·21
　　上海，商務，民十一年．　四版．　2冊．「說部叢書三集二十一編」

蛇首黨；（美）奧琴黎夫原著，范況，張逢辰合譯．　F—s353—3·33
　　上海，商務，民十二年．　三版．　113面．「說部叢書三集三十三編」

黑偉人；博嘉華盛頓原著，孟憲成譯。　　　　　F—s353—3·60
　　上海，商務，民九年．　再版．　2冊．　「說部叢書」

荒村奇遇；（美）佛老尉佗原著，李澄宇譯。　　F—s353—3·67
　　上海，商務，民八年．　2冊．　「說部叢書三集六十七編」

明眼人；（英 H·G·wells原著，孟憲成譯．　　F—s353—3·70
　　上海，商務，民十三年．　三版　114面．　「說部叢書三集七十編」

還珠豔史；（美）瑪伯路原著，林紓，陳家麟合譯。　F—s353—3·76
　　上海，商務，民九年．　2冊。　「說部叢書三集七十九編」

黑奴顲天錄；（美 斯浩原著，林紓譯．　　　　　F—s539h
　　上海，文明書局，民九年．　2冊．

焦頭爛額；（美 尼可拉斯原箸，林紓，陳家麟合譯。 F—s353—3·94
　　上海，商務．　2冊。　「說部叢書」

紅柳娃；（美）柏拉蒙原著，商務印書館譯．　　F—s353—5·4
　　上海，商務，清光緒三十二年．　再版．　96面．　「說部叢書」

撒克遜劫後英雄略；W·Scott原著，林紓，魏易合譯．　F—SC81
　　上海，商務，民十三年．　28[ ]面。

瑪麗瑪麗；（英）司帝芬士原著，徐志摩，沈性仁合譯．　F—St4
　　　　民十七年．

金銀島；（英）司堤反生原著，商務印書館譯．　F—St48
　　上海，商務，清光緒三十年．　94面．

格里佛遊記；（英）斯偉夫特原著，韋叢蕪譯．　F—SW55
　　上海，商務，民十七年．　卷一

蠻陬舊跡記；（英）特來生原著，商務印書館譯．　F—T2584
　　上海，商務，清光緒三十二年．　94面．

道連格雷畫像；（英）王爾德原著，杜衡譯．　F—W644
　　上海，金屋，民十七年。　420面。

獄中記；（英）王爾德原著，張聞天等合譯．　F—W644
　　上海，商務，民十一年．　217面。　「文學研究會叢書」

膽梯小豪傑；（英）楊支原著，林紓等合譯．　F—Y121
　　上海，商務，民五年．　9[ ]面．

天囚懺悔錄：社會小說；（英）約翰沃克森罕原著，林紓等合譯．
　　　　　　　　　　　　　　　　　　F—Y447
　　　　上海，商務，清光緒三十四年．　157面．

夢遊二十一世紀：科學小說；（荷）逄愛斯克洛提斯原著，楊
　　德森譯．　　　　　　　　　F—[ ]353—I·3
　　　上海，商務，民三年．　再版，　64面．　「說部叢書初集三編」

天方夜譚；奚若譯．　　　　　　F—Ar11
　　上海，商務，民十三年．　2冊．

兩條腿；（丹）愛華耳特原著，李小峯譯．　F—EW141

北京，北新，民十四年． 126面．

猶太小說集；魯彥譯．　　　　　　　　F—L416y
上海，開明，民十五年． 136面．

無畫的畫帖；（丹）安徒生原著，趙景生譯。　　F—An23w
上海，新文化，民十二年． 94面．

愛的教育；（意）亞米契斯原著，夏丏尊譯．　　F—Am51
上海，開明，民十七年． 四版． 420面．

愛彌兒：教育小說；（法）盧梭原著，魏肇基譯．　　F—R762
上海，商務，民十二年． 285面。

炭畫：（波蘭）顯克微支原著，周作人譯。　　F—si16
上海，北新書局． 再版． 117面．

雪人；（匈牙利）莫爾納等原著，沈雁冰譯．　　F—M280
上海，開明，民十七年． 403面． 「文學週報社叢書」

西班牙宮闈瑣語：歷史小說；商務印書館譯．F—s35?—2．80
上海，商務，民四年． 再版． 80面． 「說部叢書二集八十編」

孝友鏡；（比）恩海賈斯翁士原著，林紓，王慶通合譯． F—s353—3．48
上海，商務，民十年． 三版． 2冊． 「說部叢書三集四十八編」

高加索民間故事；（德）狄爾原著，鄭振鐸譯．　　F—D?33
上海，商務，民十七年． 240面．

少年維持之煩惱；（德）歌德原著，郭沫若譯．　　F—G554
上海，創造社，民十七年． 224面． 「創造社世界名著選第一種」

德國大穢密；陸澹盦譯．　　　　　　　　　F—L433
上海，交通圖書館，民九年． 2冊．

少年歌德之創造；西瀅譯．　　　　　　　　F—M447
上海，新新，民七年． 124面．

茵夢湖；（德）施篤模原著，郭沫若，錢君胥合譯。　　　　　　　F—St74
　　　上海，泰東，民十年。　再版。　72面。

意門湖；（德）斯托爾姆原著，唐性天譯。　　　　　　　　　　F—St74
　　　上海，商務，民十二年。　三版。　73面。　「文學研究會叢書」

憂愁夫人；（德）蘇台爾曼原著，胡仲持譯。　　　　　　　　　F—Su22
　　　上海，商務，民十三年。　354面。　「文學研究會叢書」

浮士德；梁遇春，顧綏昌合譯。　　　　　　　　　　　　　　　F—T690
　　　上海，北新，民十七年。　195面。

伊索寓言演義；孫毓修譯。　　　　　　　　　　　　　　888.6—Ae88
　　　上海，商務，民十一年。　168面。　「演義叢書第一種」

希臘名士伊索寓言；林紓等合譯。　　　　　　　　　　　888.6—Ae88s
　　　上海，商務，　民十三年。　十九版。　68頁。

近代俄國小說集；東方雜誌社編。　　　　　　　　　　080—L860—77
　　　上海，商務，民十四年。　三版。　5冊。　「東方文庫」

小人物的懺悔；（俄）安特立夫原著，耿式之譯。　　　　　F—Am25
　　　上海，商務，民十二年。　再版。　155面。　「文學研究會叢書」

現代小說譯叢；（俄）安特立夫原著，周作人譯。　　　　　F—An25
　　　上海，商務，民十二年。　再版。380面。　「世界叢書」

工人綏惠略夫；（俄）阿志跋綏夫原著，魯迅譯。　　　　　F—Ay79
　　　上海，商務，民十一年。　202面。　「文學研究會叢書」

窮人；（俄）陀恩妥夫斯基原著，韋叢蕪譯。　　　　　　　F—D742

民十七年· 「未名叢刊之一」

外套；(俄)果戈里原著，韋漱園譯·   F—G557

    北京，未名社，民十五年· 71面· 「未名叢刊之一」

育樂師；(俄)克羅連科原著，張亞權譯·   F—K459

    上海，商務，民十五年· 240面· 「文學研究會叢書」

貧非罪；(俄)阿使特洛夫斯基原著，鄭振鐸譯·   F—Os7

    上海，商務，民十一年· 119面· 「俄羅斯文學叢書」

甲必丹之女 (俄)普希金原著，安壽頤譯·   F~P419C

    上海，商務，民十一年· 再版· 226面。 「俄羅斯文學叢書」

普希金小說集；趙城之譯·   F—P419P

    上海，亞東，民十三年· 418面·

曇花夢；(俄)薩拉斯奇夫原著，商務印書館譯·   F—S353—1·23

    上海，商務，民十三年· 再版· 80面· 「說部叢書初集二十三編」

羅刹因果錄；(俄)託爾斯太原著，林紓，陳家麟合譯·F—S353—2·39

    上海，商務，民四年· 再版· 89面· 「說部叢書二集三十九編」

雪花園：醒世小說；(俄)托爾斯太原著，雪生譯·F—S353—2·63

    上海，商務，民四年· 54面· 「說部叢書二集六十三編」

驃騎父子：義俠小說；(俄)託爾斯太原著，朱東潤譯·

                       F—s353—2·81

    上海，商務，民四年。 60面· 「說部叢書二集八十一編」

不測之威；(俄)托爾斯太原著，商務印書館譯·   F—S353—2·95

    上海，商務，民四年· 再版· 2冊· 「說部叢書二集第九十五編」

社會聲影錄；(俄)托爾斯太原著，林紓，陳家麟合譯·

                       F—S353—3·22

    上海，商務，民六年· 117面· 「說部叢書三集二十二編」

現身說法；(俄)托爾斯太原著，林紓，陳家麟合譯·   F—S353—3·53

上海，商務，民十年． 三版． 3 冊． 「說部叢書三集五十三編」

恨縷情絲；（俄 托爾斯太原著，林紓，陳家麟合譯． F—S3553·62

上海，商務，民九年． 再版． 2 冊。 「說部叢書三集六十二編」

俄羅斯宮闈秘記；張叔嚴編． F—S353—8·72

上海，商務，民十三年． 三版． 2 冊． 「說部叢書三集七十二編」

惆鬱；（俄）柴霍甫原著，趙景深譯。 F—T117

上海，開明，民十六年． 206面．

三年；（俄）契訶夫原著，張友松譯． F—T117s

上海，北新，民十六年。 再版． 227面． 「近代世界名家小說之一」

柴霍甫短篇小說集；（俄）Tchehov原著，耿濟之，耿勉之合譯．
F—T117t

上海，商務，民十三年． 再版． 241面． 「俄羅斯文學叢書」

托爾斯太小說集；（俄）托爾斯太原著；新人社譯． F—T588

上海，泰東，民十二年． 2 冊．

復活；（俄）托爾斯太原著，耿濟之譯． F—T588

上海，商務，民十五年． 三版． 3 冊． 「俄羅斯文學叢書」

九封書；浮司德屠格涅夫原著，沈穎譯． F—T844

上海，自由社， 76面． 「自由叢刊」

畸零人日記；（俄）屠格逞夫原著，樊仲雲譯． F—T844

上海，開明，民十七年． 198面．

父與子；（俄）屠格逞甫原著，耿濟之譯． F—T844

上海，商務，民十一年． 「俄羅斯文學叢書」

薄命女；（俄）都介逞夫原著，張友松譯． F—T844P

北京，北新，民十六年． 176面． 「歐美名家小說叢刊之一」

勝利戀歌；（俄）屠格逞夫原著，李傑三譯． F—T844Se

上海，光華· 75面·

新時代；（俄）屠格逗甫原著，郭沫若譯· F—T844ss
上海，商務，民十四年· 550面·

前夜；（俄）屠格涅甫原著，沈顥譯· F—T844t
上海，商務，民十一年· 再版· 311面· 「俄羅斯文學叢書」

近代日本小說集；東方雜誌社編· 080—T860—7
上海，商務，民十四年· 三版· 112面· 「東方文庫」

日本小說集；小說月報社編· 808—Sh41—17
上海，商務，民十四年· 95面· 「小說月報叢刊第四十七種」

芥川龍之介集；（日）芥川龍之介原著，魯迅等合譯· F—C56
上海，開明，民十六年· 200面·

現代日本小說集；周作人譯· F—C771
上海，商務，民十四年· 三版· 383面· 「世界叢書」

月夜；（日）川島原著 F—C901
北大，新潮社，民十三年· 98面·

一捻紅；包天笑譯· F—P192
上海，小說林，清光緒二十年· 178面·

色情文化：日本小說集；呐呐··，（別名）譯· F—S13
上海，第一線書店，民十七年· 175面·

天際落花：言情小說；（日）墨岩周六原著· F—S353—1·1
上海，商務，民三年· 再版· 119面· 「說部叢書初級一編」

珊瑚美人：言情小說；（日）三宅彥爾原譯，商務印書館編·
F—S353—1·15
上海，商務，民三年· 再版· 133面· 「說部叢書初集十五編」

賣國奴：軍事說小；（日）登張竹風原譯，吳檮譯· F—S353—1·16

上海，商務，民三年．　再版．　188面．　「說部叢書初集十六編」

懺情記：言情小說；（日）黑巖淚香原著，商務印書館譯．

F—S353—1·18

上海，商務，民三年．　再版．　2冊．　「說部叢書初集三十一編」

寒桃記：偵探小說；（日）黑巖淚香原著，吳檮譯．　F—S353—1·31

上海，商務，民三年．　再版．　2冊．　「說部叢書初集十八編」

澳洲歷險記：冒險小說；（日）櫻井彥一郎原著，金石，褚嘉歟合譯．

F—S353—1·37

上海，商務，民三年．　再版．　70面．　「說部叢書初集三十七編」

戀密電光艇：科學小說；（日）押川春浪原著，金石，褚嘉歟合譯．

F—S353—1·38

上海，商務，民三年．　140面．　「說部叢書初集第三十八編」

寒牡丹：哀情小說；（日）尾崎紅葉原著，吳檮譯．　F—S353—1·41

上海，商務，民三年．　再版．　2冊．　「說部叢書初集四十一編」

血蓑衣：義俠小說；（日）村井弦齋原著，商務印書館譯．

F—S353—1·50

上海，商務，民三年．　再版．　「說部叢書初集五十編」

俠黑奴；（日）尾崎德太郎原著，吳檮譯．　　　F—S353—1·52

上海，商務，民年．　再版．　54面．　「說部叢書初集五十二編」

美人煙草；（日）尾崎德太郎原著，吳檮譯．　　F—S353—1·53

上海，商務，民三年．　再版．　68面．　「說部叢書初集五十三編」

世界一周；（日）渡邊氏原著，商務印書館譯．

F—S353—1·66

上海，商務，民三年．　再版．　87面．　「說部叢書初集六十六編」

航海少年：冒險小說；（日）櫻井彥一郎原著，商務印書館譯．

F—S353—1·75

上海，商務，民三年。 再版。 52面。 「說部叢書初集七十五編」

朽木舟：冒險小說；（日）櫻井彥一郎原著，商務印書館譯。

F—S353—1·80

上海，商務，民三年。 再版。 101面。 「說部叢書初集八十編」

鬼士官：寫情小說；（日）少栗風葉原著，商務印書館譯。

F—S353—1·84

上海，商務，民三年。 再版。 178面。「說部叢書初集八十四編」

鴛盟離合記：言情小說；（日）黑巖淚香原著，湯爾和譯。

F—S353—1·85

上海，商務，民三年。 再版。 2冊。「說部叢書初集八十五編」

橋英男：偵探小說；（日）楓村居士原著，商務印書館譯。

F—S351—1·94

上海，商務，民三年。 再版。 177面。「說部叢書初集九十四編」

不如歸：哀情小說；（日）德富健次郎原著，林紓，魏益合譯。

F—S353—2·23

上海，商務，民四年。 4版。 「說部叢書二集二十三編」

俠如郎：冒險小說；（日）押川春郎原著，吳檮譯。

F—s353—2·74

上海，商務，民四年。 再版。 75面。 「說部叢書二集四十七編」

模範町村；（日）橫井時敬，原著，唐人傑，徐鳳書合譯。

F—S353—2·67

上海，商務，民四年。 再版。 120面。「說部叢書二集六十七編」

秘密怪洞：社會小說；（日）曉風山原著，郭家聲，孟文翰合譯。

F—s353—2·88

上海，商務，民四年。 再版。 面。「說部叢書二集八十八編」

空盧；（日）細田源吉原著，鄭佐蓍，張賓平合譯。 F—s366

上海，新宇宙，民十七年·　74面·　「文藝叢書二種」

外交軼事；（日）千葉紫草纂譯，商務印書館重譯·　　F—T630
上海，商務，民三年·　三版·　128面·

妹妹；（日）武者小路實篤原著，周伯棣譯·　　F—W303
上海，中華，民四年，　220面·

母與子；（日）武者小路實篤原著，崔萬秋譯·　　F—W304
上海，眞美善書店，民十七年·　742面·

短編小說；胡適譯·　　F—D264
上海，亞東，民十四年·　八版·　第一集·

愛的藝術；藹理斯著·　　F—EL59
上海，北新，民十六年·　再版·　134面·

這便宜人生；樊仲雲譯·　　F—F136
上海，新宇宙，民十七年·　177面·

處女的心；果爾蒙原著，蓬子譯·　北京，晨報社，民十三年　F—G743
上海，北新，民十六年·　再版·　224面·

貔奴角：偵探小說；果盤原著，飯襄譯·　　F—K438
上海，小說林，清光緒三十一年·　「小說林言情小說之一」

義賊畢加林；藺原著，楊敏慈譯·　　F—L134
北京，晨報社，民十三年　「北京晨報社叢書十四種偵探小說一集」

星火；胡愈之譯·　　F—P232
上海，現代，民十七年·　216面·

小仙源：冒險小說；商務印書館譯·　　F—S353—1·5
上海，商務，民三年·　再版·　81面·　「說部叢書初集五編」

環遊月球：科學小說；商務印書館譯·　　F—S353—1·7
上海，商務，民三年·　再版·　128面·　「說部叢書初集七編」

降妖記：偵探小說；陸康華，黃大鈞合譯。　　　F—s353—1.14
　　上海，商務，民三年。　111面。「說部叢書初集十四編」

奪嫡奇冤：偵探小說；商務印書館譯。　　　F—s353—1.19
　　上海，商務，民三年。　再版。　254面。「說部叢書初集十九編」

雙指印：偵探小說；商務印書館譯。　　　F—S353—1.21
　　上海，商務，民三年。　再版。　100面。「說部叢書初集二十一編」

指環黨；商務印書館譯。　　　F—s353—1.24
　　上海，商務，民三年。　再版。　120面。

桑伯勤包探案：偵探小說；商務印書館譯。　　　F—S353—1.28
　　上海，商務，民三年。　再版。　104面。「說部叢書初集二十八編」

希獵神話：神怪小說；巴德文原著，商務印書館譯。
　　　　　　　　　　　　　　　　　　F—s353—1.69
　　上海，商務，民三年。　再版。　90面。「說部叢書初集六十九編」

新飛艇：科學小說；尾楷武星期報社原著，商務印書館譯。
　　　　　　　　　　　　　　　　　　F—s353—1.91
　　上海，商務，民三年。　再版。　156面。「說部叢書初集九十一編」

漫郎攝實戈：言情小說；商務印書館譯。　　　F—s353—2.42
　　上海，商務，民四年。　三版。　140面。「說部叢書二集四十二編」

匈奴奇士錄；周逵譯。　　　F—s353—2.51
　　上海，商務，民四年。　再版。　180面。「說部叢書二集五十一編」

清宮二年記：歷史小說；德菱原著，東方雜誌社譯。
　　　　　　　　　　　　　　　　　　F—s353—2.60
　　上海，商務，民四年。　再版。　127面。「說部叢書二集六十編」

菁衣記：言情小說；商務印書館譯。　　　F—S353—2.69
　　上海，商務，民四年。　三版。　2冊。「說部叢書二集六十九編」

愛兒小傳：艷情小說；陶祝年，莊孟英合譯。　　F—s353—2.98

上海，商務，民四年。　144面。　「說部叢書二集九十八編」

娜蘭小傳：言情小說；蔡爾稔佐斯原著，夢癡，耕者合譯。

F—s353—2·100

上海，商務，民四年。　再版。　2冊。　「說部叢書二集一百編」

名優遇盜記；郭演公譯。　　　　　　　　F—s353—3·

上海，商務，民五年。　83面。　「說部叢書三集6編」

眞愛情；達心，雛燕合譯。　　　　　　　F—s353—3·9

上海，商務，民十一年。　再版。　95面。　「說部叢書三集九編」

戰場情話；史久成譯。　　　　　　　　F—s353—3·10

上海，商務，民十三年。　再版。　2冊。　「說部叢書三集十編」

血痕；生可譯。　　　　　　　　　　F—s353—3·15

上海，商務，民十三年。　四版。　78面。　「說部叢書三集十五編」

戀花情果；王卓民譯。　　　　　　　　F—s353—3·16

上海，商務，民十年。　三版。　2冊。　「說部叢書三集十六編」

奇婚記；劉幼新編。　　　　　　　　　F—s353—3·28

上海，商務，民六年。　101面。　「說部叢書三集二十八編」

地獄礁；卓呆譯。　　　　　　　　　F—s353—3·30

上海，商務，民十三年。　再版。　2冊。　「說部叢書三集三十編」

祕密軍港；范況，張逢辰合譯。　　　　F—s353—3·34

上海，商務，民十一年。　四版。　112面。　「說部叢書三集三十四編」

紅粉殲仇記；李拜蘭譯。　　　　　　　F—s353—3·35

上海，商務，民十一年。　四版。　81面。　「說部叢書三集三十五編」

賢妮小傳；丁宗一，陳墾合譯。　　　　F—s353—3·36

上海，商務，民十一年。　再版。　2冊。　「說部叢書三集二十六編」

續賢妮小傳；丁宗一，陳墾合譯。　　　F—S353—3·37

370

上海，商務，民九年●　再版●　「說部叢書三集三十七編」

再續賢妮小傳；丁宗一，陳墬合譯●　　　　　　F—S353—3●39

上海，商務，民十一年●　三版●　2 冊●　「說部叢書三集三十九編」

妒婦遺毒記；黃靜英譯●　　　　　　　　　　F—S353—3●40

上海，商務，民十一年●　三版●　118面●　「說部叢書三集四十編」

拉哥比在校記；商務印書館譯●　　　　　　　F—S353—3●43

上海，商務，民十三年●　三版●　2 冊●　「說部叢書三集四十三編」

雙鶵淚；包天笑譯●　　　　　　　　　　　　F—S353—3●6

上海，商務，民九年●再版●　86面●「說部叢書三集六十九編」

風島女傑；羅文亮譯●　　　　　　　　　　　F—S353—3●76

上海，商務，民十三年●　三版●　57面●「說部叢書三集七十六編」

蜘蛛毒；徐蠡公譯●　　　　　　　　　　　　F—S353—3●77

上海，商務，民九年●　再版●　102面●　「說部叢書三集七十七編」

碧玉串；尤玄甫譯●　　　　　　　　　　　　F—S353—3●80

上海，商務，民十年●　115面●　「說部叢書三集八十編」

苦海雙星；蔣炳然，廖鳴韶合譯●　　　　　　F—S353—3●89

上海，商務，民十年●再版●　2 冊●　「說部叢書三集八十九編」

紅篝艷牒；陳大悲譯●　　　　　　　　　　　F—S353—3●95

上海，商務，民十年●　再版●　2 冊●　「說部叢書三集九十五編」

鶹巢記續編；林紓，陳家麟合譯●　　　　　　F—S353—3●100

上海，商務，民十一年●　再版●　2 冊●　「說部叢書三集一百編」

荒服鴻飛記續編；G●C●Shead原著，天游譯●　　　F—Sh34

上海，商務，民十四年●　5 冊●　「小說世界叢刊」

獄中記；A●A●sotto原著，徵明學社編●　　　　　F—S353

上海，開明，民十六年●　257面●

前夜；沈颖译·
　　民十年·
　　　　　　　　　　　　　　　　　　　　　　　F—T98

婚後；得利赛原著，张友松译·□
　　上海，北新，民十七年·　156面·
　　　　　　　　　　　　　　　　　　　　　　　F—T257

域外小説集；周作人译·
　　上海，羣益，民九年·　328面·
　　　　　　　　　　　　　　　　　　　　　　　F—W644

他們的兒子；E·ZamaCois原著，沈馀译·
　　上海，商务，民十七年·　10.面·「文學研究會叢書」
　　　　　　　　　　　　　　　　　　　　　　　F—Z15

貓的天堂；左拉原著，刘復译·
　　上海，北新，民十六年·　20面·「北京孔德學校小叢書之一」
　　　　　　　　　　　　　　　　　　　　　　　F—Z074m

失業；左拉原著，刘復译·
　　上海，北新，民十六年·　再版·20面·「北京孔德學校小叢書之二」
　　　　　　　　　　　　　　　　　　　　　　　F—Z074s

900 歷史

900 歷史

史學常識；徐敬修著·　　　　　　　　901—s476
　　上海，泰東，民十四年·　再版·68面·　「國學常識之五」

新史學；（美）魯濱蓀原著，何炳松譯·　　　　900—R563
　　上海，商務，民十四年。　三版。　271面。　「北京大學叢書之十」

歷史哲學；朱謙之著·　　　　　　　　901—C821
　　上海，泰東，民十五年·　389面·

史學要論；李守常著·　　　　　　　　080—P225
　　上海，商務，民十三年·　88面·　「科學小叢書第五十一種」

歷史研究法；何炳松著·　　　　　　　080—P125—122
　　上海，商務，民十六年·　100面·　「百科小叢書」

史學新論；楊鴻烈著·　　　　　　　　901—Y126
　　北京，晨報社，民十三年·　「242」面·　「晨報社叢書第二十種」

歷史教學法；（美）約翰生亨利原著，何炳松譯·　907—H396
　　上海，商務，民十五年·　452面·　「現代教育名著」

西洋文化史網；劉炳榮著·　　　　　　901—L372
　　上海，太平洋書店，民十五年·　206面·

文化之出路；Scott nearing原著，周谷城譯·　901—N27
　　上海，現代書局，民十七年·　145面·

二十世紀之母；P·Y·著·　　　　　　901—P1
　　上海，出版合作社，民十五年·　160面·

逝世文化史；謝勖之著·　　　　　　　901—S418
　　上海，光華，民十五年·　244面·

中國民族與世界文化；徐慶譽著··　　　901—S476
　　上海，世界學會，民十七年·　84面·　「世界學會新思想叢書」

世界大事年表；傅運森編．　　　　　　　　　902—F247

　　上海，商務，民三年．　356面．

世界史表解；上海科學書局編輯所編．　　　080—S155—902

　　上海，科學書局，清宣統三年．　33面．「表解叢書」

909　世界史

初級世界史；金兆梓著．　　　　　　　　　909—C662

　　上海，中華，民十四年．　139面．

世界史；周傳儒著，　　　　　　　　　　　909—C771

　　上海，商務，民十四年．　2冊．

世界史；傅運森著．　　　　　　　　　　　909—F247s

　　上海，商務，民十二年．　71面．

世界史；傅運森，王鍾麒合著．　　　　　　909—F247s

　　上海，商務，民十三年．　四版．　二版．

世界史；李泰棻著．　　　　　　　　　　　909—LI98

　　上海，商務，民十五年．　十版．「273」面．

人類的行爲；（法）房龍原著，沈性仁譯．　909—V26

　　上海，商務，民十五年．　再版．下冊．「少年史地叢書」

漢譯世界史綱；（英）韋爾斯原著，向達等合譯．　909—W458

　　上海，商務，民十七年．　三版．　2冊．

萬國史綱；（日）元良勇次郎，家永豐吉合著，邵希雍譯．　909—Y428

　　上海，商務，民三年．　258面．

歷史敎科書，新學制；傅運森著．　　　　　909—F247s

上海，商務，民十二年·　2冊·

政法類典：歷史之部·　　　　　　　　　　　　903—T684

上海，作新社，清光緒二十九年·　「168」面·

現代五大强國；許士毅著。

上海，中華，民十三年·　148面·「常識叢書第四種」

世界亡國稗史；楊南邨著·　　　　　　　　　909—Y130

上海，交通圖書館，民七年·　92面·

910—916　地理

世界地理學表解；上海科學書局編輯所編．　　　08C—S155—910
　　上海，科學書局，清光緒三十二年．　3冊．　「表解叢書」

政治地理表解；蔣筠著．　　　08C—S155—910
　　上海，科學書局，民三年．　2冊．　「表解叢書」

瀛寰全志，重訂本；謝洪賚著．　　　910—S118
　　上海，商務，民十三年．　2冊．

世界地理志；徐大煜著．　　　910—S482
　　藟南學社，清光緒三十一年．　352面．

初級世界地理；丁曇莨著．　　　910—T346
　　上海，中華，民十五年．　220面．

新制世界地理；曾慶錫著．　　　910—T521sc
　　武昌，中華大學，民十三年．　90面．

世界地理參證；曾慶錫著　　　910—T521sh
　　武昌，中華大學，民十三年．　62面．

新學制地理教科書；王鍾麒著　　　910—w136s
　　上海，商務，民十二年．　2冊．

地理教科書；王鍾麒著　　　910—W136t
　　上海，商務，民十五年．　四十五版　2冊．

白話地理教本；（美）衞雅各原著，李榘春譯．　　　910—W222
　　上海，自由社，民二年．　58面．

戰後新興國研究；東方雜誌社編，　　　080—T860—16
　　上海，商務，民十四年．　三版．　2冊．　「東方文庫」

戰後世界新形勢紀要；王華隆著．　　　911—W142
　　上海，商務，民十一年．　再版．　82面．

東洋史要地圖；商務印書館編譯所編。　　　　　911·52—S162
　　上海，商務，民二年。　二版。　44面。

中外地理大全；陶履恭，楊文洵合著。　　　　　910—T247
　　上海，中華，民十年。　五版。　2 册。

外國地理；謝觀著。　　　　　　　　　　　　　910—S419
　　上海，商務，民十三年。　重訂十八版。　2 册。

外國地理講義；孫毓修，朱元善合著。　　　　　910—S535
　　上海，商務，民元年。　152面。

經濟地理學原理。　　　　　　　　　　　　　　910—W164
　　上海，商務，民十五年。　172面。　[新智識叢書]

人生地理教科書，制新學；張其昀著。　　　　　910—C152
　　上海，商務，民十五年。　3 册。

人文地理；傅運森著。　　　　　　　　　　　　910—F247
　　上海，商務，民十年。　八版。　73面。

人文地理學；王華隆著。　　　　　　　　　　　910—W142
　　上海，商務，民十四年。　206面。

地理教本甲編：歐羅巴洲；（美）譙本圖原著，孫毓修譯。
　　　　　　　　　　　　　　　　　　　　　　914—C225
　　上海，商務，民四年。　四版。　382面。

亞細亞洲，地理讀本已編；（美）譙本圖　著，孫毓修譯。
　　　　　　　　　　　　　　　　　　　　　　915—C225
　　上海，商務，民元年。　再版。　332面。

中國地理大勢；呂思勉著。　　　　　　　　　　915·1—C225
　　上海，中華，民十四年。　五版。　2 册。

中學地參考書；馬晉羲著。　　　　　　　　　　915·1—M112

湖南，作民社，清光緒三十三年． 388面．

本國地理；繆青南著． 915·1—M262

上海，商務，民十四年． 三版． 2 冊．

本國地理；謝觀著． 915·1—S419

上海，商務，民十三年． 二十四版． 2 冊．

初級本國地理；丁詧盦著． 915·1—T316

上海，中華，民十五年． 十九版． 2 冊．

初級本國地理參考書；丁詧盦著． 915·1—T346

上海，中華，民十三年． 2 冊．

新體中國地理；藏勵龢著． 915·1—T446

上海，商務，民元年．

近編中華地理分誌；王金緩著． 915·1—W136

北京，求知學社，民十三年． 2 冊． 「西北大學叢書之一」

中國境界變遷大勢考附圖；蘇演存著． 915·1—S462

上海，商務．

中國境界變遷大勞考． 915·—1s462

上海，商務，民五年． 再版． 208面．

中國海疆之變遷及南北天然之區劃；李仲揆講演．

915·1—L181c

武昌，中華大學，民十二年． 8 面． 「暑校講演錄第一集之七」

各省區域沿革一覽表；謝觀著． 915·1—s419K

上海，商務，民三年． 223面．

現行行政區劃一覽表；陳鎬基著． 915,1—C278

上海，商務，民五年． 再版． 83面．

世界最新地圖華英地名表；陳鎬基著． R—910·2—C278

上海，商務，民十四年· 六版· 28面·

英華華英地名檢查表；中華書局編譯所編· R—910·2—C976

上海，中華，民九年· 再版· 99面·

大中華江西省地理志；林傳甲著· 915·132—L316

南昌，裕成刷印公司，民七年· 324面·

大中華湖北省地理志；林傳甲著· 915·131—L316

京師，中國地學會，民八年· 322面·

北亞美利加，地埋讀本乙編；（美）謙本圖原著，孫毓修譯·

917—C225

上海，商務，民二年· 三版· 213面·

910.2 遊覽指南

中國旅行指南；商務印書館編譯所編· 910·2—s462

上海，商務，民十二年· 十版· 405面·

北京便覽；姚祝萱著· 910·2—P223

上海，中華，民十二年· 再版· 471面·

實用北京指南；商務印書館編譯所編· 910·2—P223

上海，商務，民十五年· 四版·

實用北京指南；徐珂編· 910·2—P223

上海，商務，民十二年· 三版·

上海指南；商務印書館編譯所編· 910·2—s155

上海，商務，民十五年· 二十二版· 566面·

廣州快覽；劉再蘇著· 910·2—K320

上海，世界書局，民十五年。 152面。

天津快覽；劉再蘇編。　　　　　　　　910·2—T342

上海，世界書局，民十五年。 185面。

青島概要；葉春墀編。　　　　　　　　910·2—Y181

日照，葉春墀，民十一年。 126面。

雞公山指南；徐珂編。　　　　　　　　910·2—C392

上海，商務，民十一年。 再版。 37面。

廬山指南；徐珂編。　　　　　　　　　910·2—L408

上海，商務，民十一年。 再版。

莫干山指南；徐珂編。　　　　　　　　910·2—M771

上海，商務，民十一年。 再版。 38面。

北戴河指南；徐珂編。　　　　　　　　910·2—p223

上海，商務，民十一年。 再版。 87面。

泰山指南；胡君復編。　　　　　　　　910·2—T135

上海，商務，民十二年。

西湖遊覽表指南；徐珂編。　　　　　　910·2·016 S370

上海，商務，民十二年。 十四版。 169面。

910·3　地名辭典

中外地名辭典；丁嬰靍，葛綏成合編。　R—910·3—T346

上海，中華，民十三年。 再版。 307面。

外國地名人名辭典；（日）坂本健一著，新學社譯。

　　　　　　　　　　　　　　　　　　R—910·3—s345

寗波，新學會社，清光緒三十二年。 三版 「634」面。

外國人名地名表；何松齡等合譯・　　　　　　R—910·3—H210

　　　上海，商務，民十三年・　再版・　719面・

912　地圖

世界新輿圖；奚若著・　　　　　　　　　　912—sh238

　　　上海，商務，民七年・

世界改造分國地圖；丁韙靈著・　　　　　912—T345

　　　上海，商務，民十年・

表解說明世界新形勢一覽圖；　　　　　912—T793

　　　上海，世界輿地學社，民十三年，　32頁

袖珍世界新輿圖；童世亨著・　　　　　912—T901

　　　上海，商務，民九年・

世界形勢一覽圖；童世亨著・　　　　　912—T902

　　　上海，商務，民十四年・

世界改造後環球列國地圖；華英對照；亞新地學社編・

　　　　　　　　　　　　　　　　　912—Y114

　　　武昌，亞新地學社，民十六年・

最新中華形勢圖；洪懋熙著・　　　　912·51—H521

　　　上海，東方輿地學社，民十六年・

湖北分縣詳圖；亞新地學社編・　　　912·51—Y114

　　　武昌，亞新地學社，民十六年

913　考古學

考古學零簡；東方雜誌社編・　　　　080—T860—71

上海，商務，民十四年・　三版・　102面・　「東放支庫」

束北亞洲搜訪記；湯爾和譯　　　　　　　　913—N200

　　上海，商務，民十五年・　265面・　「地理叢書」

910—919　遊記

環球周遊記；景懋著・　　　　　　　　　910—C693

　　上海，中華，民十五年・　三版・　「356」面・

環球日記；錢文選著　　　　　　　　　　910—T616

　　上海，務務，民九年・　164面・

國外遊記彙刊；姚祝萱輯・　　　　　　　910—Y151

　　上海，中華，民十四年・　再，・　8 册・

戰後歐遊兒聞記；　　　　　　　　　　914—C916

　　　上海，商務，民十二年・　再版・　549面，

英國一瞥；顧彭年譯・　　　　　　　　　914・2—K251

　　上海，商務，民十三年・　135面・　「少年史地叢書」

德意志一瞥；鄭次川著・　　　　　　　9143c—C351

　　上海，商務，民十二年・　13c面・　「少年史地叢書」

德國一週；莊君著・　　　　　　　　　914・3—C916

　　上海，商務，民十四年・　125面・

法蘭西一瞥；顧德隆譯・　　　　　　　914.4—K253

　　上海，商務，民十五年・　102面・　「少年史地叢書」

意大利一瞥；Feunemore原著，鄭次川譯・　914・5—F362

　　上海，商務，民十三年・　99面・　「少年史地叢書」

新俄遊記；江亢虎著·　　　　　　　　914·7—C504
　　上海，商務，民十四年·　四版·　175面·

俄羅斯一瞥；鄭永川譯·　　　　　　　914·7—W171
　　上海，商務，民十二年·　124面·

瑞典一瞥；汪今鸞譯·　　　　　　　　914·85—W166
　　上海，商務，民十四年·　98面·　「少年史地叢書」

比利時一瞥；陳濟芸譯·　　　　　　　914·93—C273
　　上海，商務，民十四年·　107面·　「少年史地叢書」

瑞士一瞥；顧德隆譯·　　　　　　　　914·94—K253
　　上海，商務，民十四年·　96面·　「少年史地叢書」

希臘一瞥；E·A·Br0wne原著，周青民譯·　914·95—B816
　　上海，商務，民十二年·　118面·

古今遊記叢鈔；勞亦安輯·　　　　　　915·1—L152
　　上海，中華，民十三年·　12冊·

木國新遊記；張英輯·　　　　　　　　915·1—G173
　　上海，商務，民九年·　三版·　「160」面·

新遊記彙刊；中華書局編譯所譯·　　　915·1—C976
　　上海，中華，民十五年·　四版·　8冊·

新遊記彙刊續編；姚祝萱輯·　　　　　915·1—Y151
　　上海，中華，民十四年·　二版·　6冊·

天下名山勝景記；王泰來著·　　　　　915·1—W158
　　上海，會文堂，民十七年·　178面·

續天下名山勝景記；琴石山人著·　　　915·1—C686
　　上海，會文堂，民十七年·　2冊·

徐霞客遊記；（明）徐宏祖著·　　　　　915·1—7478

上海，群衆圖書公司，民十七年．　4 冊．

伏圓遊記；孫伏圓著．　　　　　　　　　　915•1—s135

北京，北新，民十五年．　122面．

丁格爾步行中國記；陳曾穀譯．　　　　　　915•1—T348

上海，商務，民九年．　188面．

直隸風土調查錄；直隸省視學編．　　　　　915•111—C627

上海，商務，民五年．　再版．　208面．

山東省一瞥；陳博文編．　　　　　　　　915•112—C285

上海，商務，民十四年．　92面．　「少年史地叢書」

二十年來之膠州灣；謝開勳編．　　　　　915•112—s419

上海，中華，民九年，　150面

湖北省一瞥；陳博文編．　　　　　　　　915•131—C285

上海，商務，民十七年．　64面．　「少年史地叢書」

建築漢口商場計畫書；湯薦龍著．　　　　915•131—T190

督辦漢口建築場事宜處民十三年．　126面．

蒲圻鄉土志；宋宿錦著．　　　　　　　　915•131—s569

蒲圻教育局，民十二年．　128面．

四川省一瞥；周傳儒著．　　　　　　　　915•155—C771

上海，商務，民十五年．　168面．　「少年史地叢書」

雅安歷史；賈鴻基著．　　　　　　　　　915•155—C476

日新工業社，民十四年．　2 冊．

甘肅省一瞥；陳博文著．　　　　　　　　915•122—C285

上海，商務，民十五年．　80面．　「少年史地叢書」

東三省一瞥；陳博文著．　　　　　　　　915•16—C285

上海，商務，民十四年．　再版．　87面．　「少年史地叢書」

東三省紀略；徐日襄著．　　　　　　　　915•16—s481

上海，商務，民四年● 546面●

新廣東觀察記；李宗黃著● 915·1—L181s

上海，商務，民十一年● 214面●

雲南遊記；謝彬著● 915·153—S422

上海，中華，民十五年● 三版● 310面● 「新世紀叢書」

新疆遊記；謝彬著● 915·18—S422

上海，中華，民十二年● 420面● 「新世紀叢書」

黑龍江鄉土志；林傳甲著● 915·163—L316

私立奎垣學校，民二年● 再版● 56面●

燕晉察哈爾旅行記；侯鴻鑑著● 915·182—H241

無錫競志女學校，民十年● 109面●

蒙古調查記；東方雜誌社編● 080—T360—10

上海，商務，民十四年● 三版● 94面● 「東方文庫」

西藏調察記；東方雜誌社編● 080—T360—11

上海，商務，民十四年● 三版● 82面● 「東方文庫」

高麗一瞥；鄒尤川著● 915·2—C351

上海，商務，民十三年● 64面● 「少年史地叢書」

臺灣：汪洋著● 915·2—W178

上海，中華，民六年● 196面●

日本一瞥；俞松笠著● 915·2—Y373

上海，商務，民十五年● 106面● 「少年史地叢書」

土耳其一瞥；（英）諾林根原著，孟琇瑋譯● 915·6—M622

上海，商務，民十五年● 182面● 「少年史地叢書」

緬甸一瞥；R·J·KeLY原著，汪今鸞譯● 915·92—K298

上海，商務，民十四年● 111面● 「少年史地叢書」

南非洲一瞥；汪今鸞著·　　　　　　　　916·3—K537
　　上海，商務，民十四年·　　116面·「少年史地叢書」

留美探風錄；徐正鑑著·　　　　　　　　917—S476
　　上海，商務，民十五年·　358面·

新大陸遊記；梁啓超著。　　　　　　　　917·3—L251
　　296面·「飲冰室叢著第十二種」

美國視察記；伍廷芳著·　　　　　　　　917·3—W308
　　上海，中華，民四年·　154面·

江亢虎南遊廻想記；江亢虎著。　　　　　919·14—C504
　　上海，中華，民十四年·　三版·　105面·

馬來鴻雪錄；黃強著·　　　　　　　　　919·1—H471
　　上海，商務，民十七年·　上冊·

菲律賓；鄭民編。　　　　　　　　　　　919·14—C356
　　上海，商務，民十四年。　192面·

南洋；夏思痛著。　　　　　　　　　　　919·14—H265
　　上海，泰東，民四年·　222面。

南洋；黃栩園著。　　　　　　　　　　　919·14—H475
　　上海，中華，民十三年·　171面·「常識叢著」

南洋旅行漫記；梁紹文著。　　　　　　　919·14—L163
　　上海，中華，民十五年·　四版。　283面·「少年中國學會叢書」

澳洲一瞥；F·F(x原著，吳民培譯·　　　919·4—F831
　　上海，商務，民十二年·　109面·「少年史地叢書」

南美洲一瞥；E·A·Browne原著，周傳儒譯·　918—B816
　　上海，商務，民十二年·　95面·「少年史地叢書」

兩極探險記；勃魯斯原著，劉虎如譯·　　919·3—B83
　　上海，商務，民十六年·　170面·「地理叢書」

920 傳記

中國人名大辭典；陸爾奎，方賓觀等合編．　　　Ⅰ—920—L425
　　上海，商務，民十年．　再版．

史傳今義；梁啓超著．　　　　　　　　　　　　920—L251
　　上海，商務．　2 冊．　「飲冰室叢著第四種」

歷代名臣言行錄；朱梱著．　　　　　　　　　　920—C824
　　上海，會文堂，序清嘉慶十二年．　8 冊．

蘇秦張儀；呂思勉著．　　　　　　　　　　　　920—L452
　　上海，中華，民十五年．　八版．　106面．　「學生叢書」

李白與杜甫；傅東華著．　　　　　　　　　　　0：—P225—151
　　上海，商務，民十六年．　8 面．　「百科小叢書」

中國八大詩人：胡懷琛著．　　　　　　　　　　920—H405
　　上海，商務，民十四年．　再版．　106面．　「國學小叢書」

模範軍人；孫毓修著．　　　　　　　　　　　　920—s535
　　上海，商務，民十四年．　四版．　6冊．

清代樸學大師列傳；支偉成著．　　　　　　　　980—C624
　　上海，泰東，民十四年．　2 冊．

紅花岡四烈士傳；革命紀念會編．　　　　　　　920—K271
　　上海，民智，民十六年．　54面．

黃克強蔡松坡軼事；天懺生，冬山合編．　　　　960—T341
　　文藝編譯社，民十三年．　八版．　130面．

歷代名醫列傳；丁福保著．　　　　　　　　　　610.8—T347—920
　　上海，醫學書局，民二年．　二版．　111面．　「丁氏醫學叢書」

科學名人傳；中國科學社編．　　　　　　　　　610.8—T347—920
　　上海，中國科學社，民十三年．　247面．

世界十大成功人傳；劉麟生著。　　　　　　　　　920—L366

上海，商務，民十五年。　三版。　54面。　「職業教育叢書」

世界實業大王；董瑞椿譯。　　　　　　　　　921—T856

上海，中華，民十三年。　三版。　252面。

近世泰西列女傳；高君珊著。　　　　　　　　920—C53

上海，商務，民七年。　3冊。

社會改造之八大思想家；（日）生田長江，本間久雄原著，林本
等合譯。　　　　　　　　　　　　　　　　920—s226

上海，商務，民十五年。　五版。　280面。　「新智識叢書」

世界文學家列傳；孫俍工著。　　　　　　　　　920—s519

上海，中華，民十五年。　336面。

俄國四大文學家；小說月報社編。　　　　　808—sb41—19

上海，商務　民十四年。　8面。　「小說月報叢刊第十九種」

但底與哥德；東方雜誌社編。　　　　　　080—T860—65

上海，商務，民十四年。　三版。　96面。　「東方文庫」

柏格森與歐根；東方雜誌社編。　　　　　　0 C—T860—39

上海，商務，民十四年。　三版。　102面。　「東方文庫」

美國十大富豪；盧壽籛著。　　　　　　　　922—L406

上海，中華，民十一年。　六版。　76面。

愛倫該女史傳蒙台梭利女史傳；朱元善編。370.8—C544—1·12

上海，商務，民十一年。　三版。　27面。　「教育叢書一集十二篇」

近代名人與近代思想；司各脫原著，鍾建閎譯。　920—sC83

上海，商務，民十七年。　36面。　「歷史叢書」

921　傳記（個人）

支獎；孫毓修著。　　　　　　　　　　921—H381

上海，商務，民十四年． 七版． 55面． 「少年叢書」

李義山戀愛事跡考；雪林女士著．   921—L186

上海，北新，民十六年． 140面．

東坡逸事續編；沈宗元著．   921—S211

上海，商務，民十五年． 四版． 66面．

嚴嵩歷史；金嘯梅著．   921—Y226

上海，新華書局，民十二年． 66面．

多爾袞軼事；楊公道著，   921—T370

中華圖書館，民八年． 100面，

吳三桂軼事；楊公道著．   291—W294

中華圖書館，民八年． 96面．

年羹堯全史；上海世界書局編．   921—M220

上海，世界書局，民十年． 64面．

雍正軼事；楊公道著．   921—Y129

中華圖書館，民八年． 再版． 104面．

慈禧寫照記；（美）卡爾女士原著，陳霆銳譯．   921—T910

上海，中華，民五年． 三版． 214面．

戴東原：二百年生日論文集；梁啓超等合編．   921—T131

北京，晨報社出版部，民十三年． 256面． 「晨報社叢書十三種」

龍峯老人年譜；唐廷樞著．   921—T213

民十五年． 56面． 「唐園叢書」

李鴻章軼事；楊公道著．   921—L185

中華圖書館，民八年． 再版． 98面．

西學東漸記；容閎原著，徐鳳石，惲鐵樵合譯．   921—Y80

上海，商務，民四年． 148面．

袁世凱全傳；　　　　　　　　　　　921—Y421

　　上海，文藝編譯社·　130面·

蘇曼殊年譜及其他；柳亞子，柳無忌合編·　921—s462

　　民十七年·

李純；隱蘆編·　　　　　　　　　　921—L181

　　北京，國民圖書館，民九年·　再版·　109面·

吳佩孚歷史；東魯逸民著·　　　　　921—W293

　　上海，新民，民九年·　再版·　109面·

回憶；朱謙之著·　　　　　　　　　921—C821

　　上海，現代書局，民十七年·　86面·

伊畧脫傳；朱元善編·　　　　370·8—C544—1·11

　　上海，商務，民十一年·　三版·　46面·　「教育叢書一集十一編」

理嘉圖；劉秉麟編·　　　　　080—P225—105

　　上海，商務，民十五年·　70面·　「百科小叢書第一百零五種」

哥倫布；劉麟生編·　　　　　080—P225—20

　　上海，商務，民十二年·　再版·　43面·　「百科小叢書第二十種」

荷馬；王希和編·　　　　　　080—P225—46

　　上海，商務，民十三年·　52面·　「百科小叢書第四十六種」

盧梭；范壽康編·　　　　　　080—P225—102

　　上海，商務，民十五年·　60面·　「百科小叢書第百零二種」

亞丹斯密；劉秉麟編·　　　　080—P225—104

　　上海，商務，民十五年·　126面·　「百科小叢書百零四種」

柏拉圖；范壽康編·　　　　　080—P225—109

　　上海，商務，民十五年·　58面·　「百科小叢書第百零九種」

包以爾；小說月報社編·　　　809—sn41—34

上海，商務，民十四年· 59面· 「小說月報叢刊第三十四種」

梭羅古勃；小說月報社編·　　　　　　　8〔8—sh41—〔8
上海，商務，民十四年· 101面· 「小說月報叢刊第二十八種」

瑞典詩人赫滕斯頓；小說月報社編·　　　808—s¹41—23
上海，商務，民十四年· 64面· 「小說月報叢刊第二十三種」

法朗士傳；小說月報社編·　　　　　　　808—ʰ41—38
上海，商務，民十四年· 76面· 「小說月報叢刊第三十八種」

莫泊三傳；東方雜誌社編·　　　　　　　080—T86〔—66
上海，商務，民十四年· 三版· 76面· 「東方文庫」

克魯泡特金；東方雜誌社編·　　　　　　0〔0—T860—40
上海，商務，民十四年· 三版· 61面· 「東方文庫」

郁根傳：德國大哲學家；錢智修編·　　　3708·3—C544—3·12
上海，商務，民六年· 84面· 「教育叢書第三集十二種」

裴斯泰洛齊傳；朱元善編·　　　　　　　370·8—C544—2·12
上海，商務，民十一年· 再版· 41面· 「教育叢書二集十二種」

安徒生傳；顧均正編·　　　　　　　　　921—An23
上海，開明，民十七年· 221面·

畢斯麥；林萬里編·　　　　　　　　　　921—B542
上海，商務，民十五年· 十九版· 5〔面· 「少年叢書」

克林威爾；錢智修編·　　　　　　　　　921—C88
上海，商務，民十四年· 六版· 57面· 「少年叢書」

達爾文；錢智修編·　　　　　　　　　　921—D259
上海，商務，民十四年· 六版· 58面· 「少年叢書」

富蘭克林；孫毓修編·　　　　　　　　　921—F854
上海，商務，民十四年· 八版· 42面， 「少年叢書」

甘地小傳；R·R·Y Land原著，謝頌羔，朱星如合譯。　921—G151
　　上海，美以美會全國書報部，民十四年。　73面。

加里波的；林萬里編。　921—G182
　　上海，商務，民十五年。　十二版。　?8面。　「少年叢書」

華盛頓；林萬里編。　921—W277
　　上海，商務，民十二年。　十七版。　?8面。　「少年叢書」

托爾斯泰傳；（英）C·Sürder原著，張邦銘等合譯。　951—T588
　　上海，泰東，，民十二年。　三版。　145面。

前德皇威廉二世自傳；王揖唐譯。　921—W649
　　上海，商務，民十三年。　再版。　214面。

太戈爾；楊匈葛，鍾徐蔭合譯。　921—T129
　　上海，新文化，民十三年。　1I:面

太戈爾傳；鄭振鐸譯編，　921—T129
　　上海，商務，民十四年。　152面。　「文學研究會叢書」

易卜生研究；劉大杰編。　921—I67
　　上海，商務，民十七年。　166面。　「文學叢書」

康德傳；（德）卡爾弗爾嵩德原著，商承祖，羅琭階合譯。　921—K135
　　上海，中華，民十一年。　288面。　「哲學叢書」

林肯；錢智修編。　921—L638
　　上海，商務，民十四年。　九版。　46面。　「少年叢書」

雕刻家米西盎則羅；李金髮編。　921—M582
　　上海，商務，民十五年。　69面。　「文學研究會叢書」

拿破崙本紀；（英）洛加德原著，林紓，魏易合譯。　921—N162
　　上海，商務，民十二年。　三版。　380面。

太彼得；林萬里編。　921—P441

上海，商务，民十四年· 十五版 60面· 「少年叢書」

與登堡戍敗鑑；（法）蒲哈德原著，林紓，林驌合譯· 921—s438
上海，商務，民十一年· 125面·

蘇格拉底；錢智修編· 921—S(14
上海，商務，民十四年· 六版， 43面· 「少年叢書」

930 古代史

埃及小史；James Baikie原著，高仲洽譯。 932—B149
上海，商務，民十四年． 116面． 「少年史地叢書」

羅馬小史；高仲洽編。 937—K156
上海，商務，民十四年． 108面． 「少年史地叢書」

羅馬社會史；喜渥恩編。 937—H252
上海，商務，民十五年． 81面． 「少年史地叢書」

希臘小史；高君韋編． 938—K166
上海，商務，民十四年． 104面． 「少年史地叢書」

940 歐洲史

西洋表解；上海科學書局編輯所編·   080—s155—940

上海，科學書局，清光緒三十二年。 72面· 「表解叢書」

增訂洋西史表解；上海科學書局編輯所編·   080—s155—940

上海，科學書局，清宣統三年· 2冊· 「表解叢書」

西洋史；陳衡哲編·   940—C275

上海，商務，民十四年· 四版· 2冊·

西洋史要；（日）小川銀次郎原著，樊炳清，薩潙合譯·   940—s410

上海，商務，民三年· 再版· 179面·

西史紀要；伍光建編·   940—W308

上海，商務，民七年· 2冊·

近世歐洲史；何炳松編·   940·2—H209

上海，商務，民十五年· 再版· 417面·

西洋近百年史；李泰棻編·   940·2—L198

上海，商務，民五十年· 五版· 2冊·

外史鱗爪；梁啓超編·   940—L251

上海，商務，民三年· 3冊· 「飲冰室叢書」

歐洲文藝復興史；蔣方震編·   940·21—T563

上海，商務，民十一年· 149面· 「共學社史學叢書」

文藝復興大史；陳衡哲編   080 225—107

上海，商務，民十五年· 60面· 「百科小叢書百零七種」

歐戰發生史；東方雜誌社編·   030—T35 —1

上海，商務，民十四年· 三版· 96面· 「東方文庫」

大戰雜話；東方雜誌社編·   080—T860—5

上海，商務，民十四年．　三版．　112面．　「東方文庫」

世界大戰全史；張乃燕編．　　　　　　　　　940·3—C166

上海，商務，民十五年．　「686」面．

歐洲和議後之經濟；（英）玖斯原著，陶孟和沈性仁合譯．

940·3—K522

上海，新年青社，民九年．　219面．　「新青年叢書」

世界最近之局勢，世界大戰；孟憲章編．　　940·3—M211

北京師範大學史地學社，民十四年．　254面．

世界最近之局勢，巴黎和會；孟憲章編．　　940·3—M211

北京師範大學，民十五年．　172面．

美國總統威爾遜參戰演說；蔣夢麟譯．　　　940·3—M699m

上海，商務，民八年．　五版．　63面．

美國總統威爾遜和議演說；錢智修譯．　　　940·3—W699m

上海，商務，民八年．　94面．

英漢合璧威爾遜和議演說；錢智修譯．　　　940·4—w699Y

上海，商務，民八年．　204面．

凡爾登戰記；（英）太晤士報社編，張庭英譯．　940·3—M482

上海，商務，民十二年．　再版．　195面．　「時代叢書」

蘇格蘭小史；（英）密頓原著，顧德隆譯．　　941—M698

上海，商務，民十五年．　105面．　「少年·史地叢書」

英國現代史；賀昌群編．　　　　　　　　　942—H181

上海，商務，民十七年．　140面．　「新時代史地叢書」

戰後的德國；陳彬龢編．　　　　　　　　　943—G285

上海，世界，民十六年．　88面．

德國富強之由來；朱章寶編，　　　　　　　943—C821

上海，商務，民十四年・　六版・　46面・　「新智識叢書」

開戰時之德意志；（英）陶安原著，黄理中譯・　　　　943—T245
　　　上海，商務，民五年・　再版・　138面・　「新智識叢書之三」

德皇作戰計畫書；黄中譯・　　　　　　　　　　　943・08—W67
　　　上海，中華，民五年・　182面・

德皇外姜自述記；陳仲子，黄中合譯・　　　　　943・08—C270
　　　上海，開明社，民六年・　130面・

法國現代史；金兆梓編・　　　　　　　　　　　　944—C662
　　　上海，商務，民十七年・　131面・　「新時代史地叢書」

法蘭西小史；馬紹良譯・　　　　　　　　　　　　944—M121
　　　上海，商務，民十四年・　86面・　「少年史地叢書」

法國革命史；徐壽齡編・　　　　　　　　　　　　944—S481
　　　上海，商務，民十五年・　再版・　129面・　「少年史地叢書」

法蘭西新史；左舜生編・　　　　　　　　　　　　944—T682
　　　上海，啓智，民十七年・　214面・

俄羅斯經濟狀況；劉炳麟編・　　　　　　　　030—P225—80
　　　上海，商務，民十四年・　55面・　「百科小叢書第八十種」

俄國大革命紀畧；東方雜誌社編・　　　　　080—T860—8
　　　上海，商務，民十四年・　三版、　82面，　「東方文庫」

蘇俄改建論；章淵若編・　　　　　　　　　　　947—C194
　　　上海，泰東，民十七年・　227面・　「社會叢書之二」

新俄羅斯；（日）川上後彦原著，王拐唐譯・　　949—C901
　　　上海，商務，民十二年・　139面・

俄宮見聞記；（瑞士）伊里雅原著，李秉之譯・　947—TI129
　　　上海，亞東，民十四年・　168面・

新俄回想錄； 947—S089

序民十三年· 284面·

俄羅斯的革命經過；蘇格羅夫原著·朱應會譯· 947·C8—S460

上海，太平洋，民十七年· 532面·

新土耳其；柳克述編· 949·6—L381

上海，商務，民十六年· 44面·

土耳其革命史；柳克述編· 949·6—L381

上海，商務，民十七年· 146面· 「新時代史地叢書」

950　東亞史

東洋史表解；上海科學書局編輯所編．　　　　080—S155—950
　　　上海科學書局，清光緒三十二年．　60面．　「表解叢書」

中國與暹羅；稽鑿青編．　　　　　　　　　　950—C388
　　　上海，商務，民十三年．　「277」面．

東亞各國史，中學教科書；傳運森編．　　　　950—F247
　　　上海，商務，民十三年．　十九版．　70面．

東亞各國史參考書；傳運森，丁桂莫合編．　　950—I247
　　　上海，商務，民十一年．　四版．　255面．

中國史乘中未詳諸國考證；希勒格原著，馮承鈞譯．
　　　　　　　　　　　　　　　　　　　　　　950—SCh36
　　　上海，商務，民十七年．　196面．　「尙志學會叢書」

東洋史；王桐齡編．　　　　　　　　　　　　950—W15
　　　上海，商務，民十五年．　三版．　2冊．

951　本國歷史

中國歷史研究法；梁啓超編．　　　　　　　　951—L251
　　　上海，商務，民十五年．　229面．

本國史；趙玉森編．　　　　　　　　　　　　951—C220P
　　　上海，商務，民十一年．

新著本國史；趙玉森編．　　　　　　　　　　951—C220s
　　　上海，商務，民十四年．　四版．　二版．

初級本國歷史；金兆梓編．　　　　　　　　　951—C662

上海，中華，民十五年・　十八版・　2 冊・

本國史，現代初中教科書；顧頡，王鍾麒合編・　　951—K248

上海，商務，民十四年・　四版・　3 冊・

本國史；陸光宇編・　　951—L428

上海，商務，民十四年・　216面・

白話本國史；呂思勉編・　　951—L452Ph

上海，商務，民十二年・　4 冊・

本國史，高級中學教科書；呂思勉編・　　951—L452Ph

上海，商務，民十四年・　三版・　313面・

本國史；呂思勉編・　　951—L452Ph

上海，商務，民十三年・　二版・　313面・

本國史；王桐齡著・　　951—W159

北京，文化書社，民十五年・　3 冊・

近代史讀本；印水心編・　　951—Y288

上海，世界，民十五年・　3 冊・

歷史講義；上海交通大學學生會義務學校編・　　951—Y472

上海，民智，民十二年・　24面・

中國文化史；顧康伯編・　　951・001—K249

上海，泰東，民十三年・　2 冊・

湖西遺事；彭孫貽編・　　951・072—P278

上海，商務，民六年・　16頁　「痛史第二十二種」

明季稗史初編　　951・072—W262

上海，商務，民元年・　6 冊・

明季稗史續編；　　951・072—T699

上海，商務，民五年・　3 冊・

甲申朝事小紀；抱陽生編·   951·08—P194
　　上海，商務，民五年· 10冊· 「痛史第二十一種」

清史要畧；陳懷編·   951·08—C275
　　鉛印本

清史纂要；劉法曾編·   951·08—L359
　　上海，中華，民四年· 三版· 202面·

清代通史；蕭一山編·   951·08—S388
　　北京，國立北京大學，民十二年· 2冊·

清朝全史；（日）稻葉君山原著，但燾譯·   951·088—T222
　　上海，中華，民十三年· 4冊·

清史講義；汪榮寶，許國英合編·   951·08—W178
　　上海，商務，民十二年· 五版· 2冊·

中國近百年史資料；左舜生輯·   951·08—T682
　　上海，中華，民十五年· 三版· 2冊·

乾隆英使覲見記；（英）馬戞爾原著，劉半農譯· 951·081—M112
　　上海，中華，民六年· 209面· 「清外史叢刊」

清室外紀：（英）濮蘭德，白克好原著，陳冷汰，陳詔先合譯·
　　 951·08—P397

太平天國史料第一集；程演生編·   951·083—C349
　　北京大學出版部，民十五年· 119面·

太平天國外紀；（英）林利原著，孟憲承譯·   951·083—L323
　　上海，商務，民四年· 3冊·

太平天國野史；凌善清編·   951·083—L341
　　上海，中華，民十五年· 三版·

太平軍軼事；楊公道編·   651·083—Y129

中華圖書館，民七年．　再版．　88面．

庚子使舘被圍記；(英)樸笛南姆威爾原著，陳冷汰，陳詔先合譯．
　　　　　　　　　　　　　　　　951·087—P599

　　　上海，中華，民六年．　268面．　「清外史叢刊」

新中國；H·B·GraPb:II原著，朱有光譯．　　　951—G795
　　　上海，商務，民十七年．　344面．

中國改造問題；東方雜誌社編．　　　080—T860—15
　　　上海，商務，民十四年．　三版．　95面．「東方文庫」

民國十週紀事本末；許指嚴編．　　　951·09—H376
　　　上海，交通圖書館，民十一年．　「679」面．

中華民國開國史；谷鍾秀編．　　　951·09—K255
　　　上海，泰東，民十五年．　五版．　208面．

共和關鍵錄；觀渡廬編．　　　951·09—K296
　　　上海，著易堂，民元年．400面．

辛亥革命史；東方雜誌社編．　　　080—T860—1
　　　上海，商務，民十四年．　三版．　74面．「東方文庫」

帝制運動始末記；東方雜誌社編．　　　080—T860—2
　　　上海，商務，民十四年．　三版．　114面．「東方文庫」

壬戌政變記；東方雜誌社編．　　　080—T860—3
　　　上海，商務，民十四年．　三版．　104面．「東方文庫」

軍務院攷實；兩廣都司令部參謀廳編．　　　951·09—L268
　　　上海，商務，民五年．　再版．

癸亥政變紀畧；劉楚湘編．　　　951·09—L356
　　　上海，泰東，民十三年．　三版．　268面．

新編民國史；劉炳榮編．　　　951·09—L372

上海，太平洋書店，民十五年，

歐戰後之中國；徐世昌編，　　　　　951·09—S481

　　上海，中華，民十年·　62頁

外蒙古近世史；陳崇祖編，　　　　　951·7—C270

　　上海，商務，民十一年·　280面·

蒙古鑑；卓宏謀編·　　　　　　　　951·7—C763

　　北京，卓宅，民十二年·　三版·　466面·

蒙古志；姚明輝著·　　　　　　　　9s1·7—Y16²

　　上海，圖書公司，清光緒三十三年·　348面·

日本研究叢書提要；陳德徵著·　　　　9s2—C268

　　上海，世界書局，民十七年·

日本研究叢書；陳德徵主編·　　　　　9s2—C269

　　上海，世界書局，民十七年·　4 冊·

日本民族性研究；東方雜誌社編·　　　080—T860—14

　　上海，商務，民十四年·　三版·　80面·「東方文庫」

日本小史；滕桂譯·　　　　　　　　　952—F497

　　上海，商務，民十四年·　90面·「少年史地叢書」

日本論；戴季陶編·　　　　　　　　　952—T121

　　上海，民智，民十七年·　再版·　176面·

台灣革命史；漢人編·　　　　　　　　952—H130

　　上海，泰東，民十五年·　169面·

甘地主義；東方雜誌社編·　　　　　　080—T860—41

　　上海，商務，民十四年·　三版·　68面·「東方文庫」

印度史綱；劉炳榮編·　　　　　　　　954—L372

　　上海，太平洋，民十五年·　172面·

印度小史；滕桂譯． 954—T275
    上海，商務，民十四年． 102面． 「少年史地叢書」

波斯問題；（日）蕭籐原治原著，鄭夾川合譯． 955—H322
    北京，公民書局，民十年． 112面． 「公民叢書」

猶太人與猶太主義；吳義田編． 956·9—W285
    上海，世界，民十六年． 68面．

暹羅；（日）山口武原著，陳清泉譯． 959·3—S148
    上海，商務，民十三年． 再版． 227面．

鐵蹄下之新嘉波；陳柏年編． 959·5—C285
    中國經濟研究會，民十五年． 118面．

加拿太小史；滕桂譯． 971—T275
    上海，商務，民十五年． 117面 「少年史地叢書」

菲利濱獨立戰史；商務印書館編譯所編． 991·4—S162
    上海，商務，民二年． 三版． 142面．

補 編

〔自本編付印後未及印成之前一月之中，本
館復購到現代書籍六百餘種·因附於此〕

2

000　總記

崔東壁集；許嘯天句讀．　　　　　　　　　　　001·86→T735
　　　　上海，羣學社，民十七年．　2冊．

四庫全書問答；任啓珊著．　　　　　　　　　　010→J→17
　　　　上海，啓智印務公司，民十七年．　334面．

圖書舘組織與管理；洪有豐著．　　　　　　　　020→H523
　　　　上海，商務，民十五年．　260面．

圖書舘學ABC；沈學植著．　　　　　　　　　　020→S214
　　　　上海，世界，民十七年．　130面．

學校圖書舘學；杜定友著．　　　　　　　　　　020→T768
　　　　上海，商務，民十七年．　173面．

童話論集；趙景深著．　　　　　　　　　　　　028·5→C201
　　　　上海，開明，民十六年．　186面．　「文學週報社叢書」

風先生和兩太太；（法）保羅繆塞原著，顧均正譯．028·5→M973
　　　　上海，開明，民十六年．　144面．　「世界少年文學叢刊」

國語文類選；朱毓魁輯．　　　　　　　　　　　039·51→C839
　　　　上海，中華，民十年．　六版．　4冊．

古史辨；顧頡剛著．　　　　　　　　　　　　　040→K248
　　　　北京，樸社出版經理部，民十五年．　三版．　286面．

國學月報彙刊第一集；北京述學社編．　　　　　040→P223
　　　　北京，樸社出版經理部，民十七年．　274面．

100　哲學

法蘭西學術史略第一集；李璜譯．　100—B454
上海，亞東，民十九年．　118面．「少年中國學會叢書」

西洋哲學ABC；謝頌羔著．　100—S428
上海，世界，民十七年．　86面．

新主義評論；陳本文輯．　104—C285
上海，民治，民十七年．　2冊．

海天集，北大一九二五哲學系畢業同學紀念刊；楊廉
輯．　105—Y130
上海，北新，民十五年．　342面．

人格（印）太谷爾原著，景梅九，張墨池合譯．　126—T129
上海，光明，民十六年．　三版．　150面．

精神與身體神經建全法；鄒德識譯．　131—T697
上海，商務，民六年．　再版．「33面」「通俗教育叢書」

強健身心法；董蘭伊譯．　131—T854
上海，中華，民十五年．　十版．　123面．　衛生叢書之一」

150　心理學

心理學ABC；郭任遠著．　150—K423
上海，世界，民十七年．　97面．

行爲心理學大意；（美）華村原著，謝循初譯．　150—W334

4

上海，中華書報流通處，民十七年． 149面．

變態心理學ABC；黃維榮著． 158—H481

上海·世界，民十七年． 110面．

170 倫理學

人生底開端；陳德徵著． 170—C288

上海，民智，民十六年． 再版． 250面．

新論；劉彥和著． 170—L397

上海，泰東，民十六年． 133面．

國民之修養；陸費逵輯． 170—L426

上海，中華，民十一年． 再版． 40面．

人生勝利術彙編；（美）波臨登原著，青年協會書報部譯．170—P974

上海，青年協會書報部，民十一年． 三版． 82面．

人生哲學；舒新城著． 170—S313

上海，中華，民十四年． 三版． 405面．

曾文正公學案；龍夢孫編． 170—T526

上海，商務，民十四年． 454面．

俟解；王船山著． 170—W136

上海，泰東，民十一年． 50面．

國民必讀；王鳳喈等合編． 170—W140

上海，商務，民十一年． 65面．

人生觀ABC；張東蓀著． 171—C171

上海·世界，民十七年． 117面．

顏氏家訓；費有容著． 173—Y233

上海，羣學社，民十四年。「22面」

中國婦女美談；盧壽籛著。　　　　　　　173‧5—L406

上海，中華，民十年。　三版。　300面。「女學叢書之一」

實業家之修養；陸費逵著。　　　　　　　174—L426

上海，中華，民十年。　五版。　46面。

181‧1　中國哲學

節本明儒學案；姚宗羲著。　　　　　181‧17—H471

上海，商務。　　2 冊。「飲冰室叢著第六種」

高似孫子畧；高似孫著。　　　　　　181‧1—K175

北平，樸社出版經理部，民十七年。　初版。　100面。

李石岑講演集；李石岑著。　　　　　181‧1—L196

上海，商務，民三年。

諸子辨；（明）宋濂著。　　　　　　181‧1—S561

北京，樸社出版經理部，民十五年。　48面。

新序說苑；莊適註。　　　　　　　181‧102—L367

上海，商務，民十六年。　140面。「學生國學叢書」

孟子事實錄；崔東壁著。　　　　　181‧102—T735

北京，文化學社，民十七年。　53面。

朱子學派；謝无量著。　　　　　　181‧168—S425

上海，中華，民七年。　262面。「學生叢書之一」

人的生活；（日）武者小路實篤原著，毛詠棠，毛宗武合譯。

181‧2—W302

上海，中華，民十四年。　四版。　194面。　「新文化叢書」

人生之實現；（印度）太谷兒著。　　　　　　181·4—T129

上海，泰東，　　162面。　「新人叢書」

200　宗教

宗教學ABC；謝頌羔著。　　　　　　　　200-·S123

上海，世界，民十七年。　1ll面。

青年會幹事養成實習計劃第一二　　　　267·3—T665

現代佛教；（日）山崎精華編。　　　　　294—S148

東京，大雄閣，昭和三年。　18S面。

300　社會科學

人類的歷史；陳翰笙著。　　　　　　　　300—C275

上海，北新，民十六年。　再版。　76面。

社會學的基本知識；陳毅夫著。　　　　　300—C276

南京，南京印書館，民十七年。　124面。

社會科學概論；郭任遠著。　　　　　　　S0S—K4.3

上海，商務，民十七年。　297面。

社約論考；張奚若著。　　　　　　　　080—P225—108

上海，商務，民十五年。　80面。　「百科小叢書第108種」

社會學ABC；孫本文著。　　　　　　　301—S526

7

上海，世界，民十七年。　122面。

文化與社會；孫本文著　　　　　　　　　301—S526W

上海，啓智書局，民十七年。　150面。

人道；盧信著。　　　　　　　　　　　　304—L306

上海，泰東，民十五年。　十四版　97面。

社會結構學五講；羅素講演。　　　　　　301—R911

北京，晨報社，民十年。　104面。

學術演講錄第一二期；松江暑期講習會編。　304—S571

上海，新文化書社，民十三年。　180面。

中華民國拒毒會第一年度報告；中華民國拒毒會編。

　　　　　　　　　　　　　　　　　　306—C976

民十三年。　156面。

生育節制法；(美)Mrs Margaret Sanger原著，中華節育研究社譯。

　　　　　　　　　　　　　　　　　　312—Sa58

民十一年。　26面。

320　政治學

商君書之研究；支偉成編。　　　　　　　320—S162

上海，泰東，民十四年。　78面。

建國銓眞；徐樹錚著。　　　　　　　　　320—S481

上海，公民，民十四年。　103面。

英漢合璧平民政治的基本原理；(美)茵恩施原著，羅志希譯。

　　　　　　　　　　　　　　　　　　320·1—R276

上海，商務，民十四年。　四版。「341」面。

現代中國政治；王恆著。　　　　　　　　320·951—W142

8

上海，啓智，民十七年。 256面。

現代三大帝國主義；（法）布立厄耳原著，丁作詔譯。

080—P225—126

上海，商務，民十六年。 50面。「百科小叢書第一百二十六種」

覇術；（意）馬加維理原著，伍光建譯。 321.03—M184

上海，商務，民十四年。 64面。

世界共和國政要；商務印書館編譯所譯。 321.8—S162

上海，商務，民元年。 再版。 216面。

革命與進化；郎可侶原著，袁振英譯。 323.2—F531

香港，受匡出版部，民十七年。 84面。

和平運動討論大綱；劉恩等合輯。 323.2—L356

上海，青年協會，民十五年。 130面。

327 外交

戰後列國大勢與世界外交；張介石編。 327—C160

上海，中華，民十六年。 136面。

國民外交常識；陳耀東著。 327—C292

上海，新月書店，民十七年。 266面。

近百年國際政治史畧；馮節著。 327—F216

上海，商務，民十七年。 67面。

327.51 外交—中國

怎樣取消不平等條約；浙江省黨務指導委員會宣傳部編。

327.51—C252

49

浙江省黨務指導委員會宣傳部印．　56面．　「宣傳部叢書之六」

中日外交史；陳博文著．　　　　　　　　　　　327·51——C285

　　上海，商務，民十七年．　初版．　166面．　「新時代史地叢書」

經濟侵略與中國；高爾松，高爾柏合著．　　　　327·51——K167

　中國經濟研究會　3-8面．

列強在中國之勢力；李長傅著．　　　　　　　　327·51——L182

　　　　　上海，大東，民十七年．　94面．

不平等條約概論；柳克述著．　　　　　　　　　327·51——L381

　　　上海，泰東，民十五年．　235面．

日本併吞滿蒙論；細野繁勝原著，王嘉寶譯．　　327·51——S366

　　上海，太平洋書店，民十七年．　218面．

山東問題與國際聯盟；徐東藩著．　　　　　　　327·51——S482

　　山東外交協會，民九年．　32面．

中國存亡問題；孫文著．　　　　　　　　　　　327·51——S532

　　上海，民智，民十七年．　120面．

日本蹂躪山東痛史；唐巨川著．　　　　　　　　327·51——T201

　　　上海，大東，民十七年．　62面．

帝國主義侵畧中國的趨勢和變遷概論；汪精衛著．

　　　　　　　　　　　　　　　　　　　　　327·51——W175

　　　上海，青年愛國書店，民十四年．　116面．

中國外交關係史；（英）懷德原著，王誠孫譯．　327·51——W624

　　上海，商務，民十七年．　154面．

民國政黨史；謝彬著．　　　　　　　　　　　　329·09——S422

　　上海，學術研究會總會，民十六年．　242面．　「學術研究會叢書之
　十二」

330 經濟學

商業理財學；(英)揭榘原著，商務印書館譯。　　330—G352
　　上海，商務，清光緒三十三年。　83面。

馬克斯主義經濟學；(日)河上肇原著，溫盛光譯。　330—H214
　　上海，啓智，民十七年。　132面。「社會科學叢書第二編」

資本論解說；(德)考茨基原著，戴季陶譯。　　330—K168
　　上海，民智，民十六年。　30面。

經濟學ABC；李權時著。　　　　　　　　　　330—L182
　　上海，世界，民十七年。　123面。

經濟學，新學制高級中學教科書；劉秉麟編。　330—L372
　　上海，商務，民十七年。　385面。

新經濟學；(德)羅撒盧森堡原著，陳壽僧譯。　330—L979
　　中國新文社，民十七年。　再版。　314面。

資本主義與戰爭；(日)松下芳男原著，徐文亮譯。　330—S571
　　上海，啓智，民十七年。　160面。「社會科學叢書第三編」

原富；(英)斯密亞丹原著，嚴復譯。　　　　330—M51
　　清光緒二十八年。「258頁」

經濟地理與國際問題；韓亮仙編。　　　　　330·1—H122
　　上海，民智，民十七年。　390面。

經濟統計；上海銀行週報社編。　　　　　　330·2—Y275
　　民十二，三，四，年份。　3冊。

經濟狀況與政治思想；伏盧筆記。　　　　　330·4—R911
　　上海，商務，民十五年。　再版。　84面。「羅素演講錄之二」

馬克斯經濟概念；朱聽狱，朱應會合譯。　　330·5—C945
　　上海，泰東，民十七年。　96面。

先秦政治經濟思想史；甘乃光著．　　　　　　330·9—K120
　　　上海，商務，民十五年．　138面．　「國學小叢書」

現代世界經濟大勢；（俄）庫里襄爾原著，耿濟之譯．
　　　上海，中華，民十五年．　再版．　234面．　「新文化叢書」

民衆世界史要；劉叔琴編．　　　　　　　　330·9—L373
　　　上海，開明，民十七年．　初版．　147面．

331　勞工問題

蘇俄冶下的勞働反對派；陳彬龢著．　　　　331—C285
　　　上海，共和，民十六年．　71面．

生產論；李權時著．　　　　　　　　　　　331—L182
　　　上海，東南書店，民十七年．　152面．　「經濟叢書」

消費論；李權時著．　　　　　　　　　　　331—L182
　　　上海，東南書店，民十七年．　138面．　「經濟叢書」

英美勞働運動史；李大年編．　　　　　　　3 1—L199
　　　上海，學術研究會總會，民十六年．　初版．　「298」面．　「該會叢
　　　書之十五」

工業政策；菲里波維原著，馬君武譯．　　　331—P538
　　　上海，中華，民十一年．　332面．

經濟論集；姚仲拔著．　　　　　　　　　　332·1—Y151
　　　上海，銀行週報社，民十一年．　170面．

銀行年鑑；銀行週報社編．　　　　　　　　332·1—Y275
　　　上海，銀行週報社，民十一年．　再版．　206面．

鑛業條例通釋；歐陽瀚存編．　　　　　　　332·41—S170

上海，商務，民十三年．　97面．

耕者要有其田；嚴仲達著．　　　　　　　　　333—Y212

上海，民智，民十七年．　86面．

334　合作主義

各國合作事業概況；朱樸著．　　　　　　　334—C833

上海，中國合作學社，民十七年．　初版．　26面●　「合作小叢書
歷史之部二」

世界合作運動鳥瞰；（法）Charles Gide原著，王世穎譯．

334—G361

上海，合作學社，民十七年．　初版．　17面●　「合作小叢書歷史
之部一」

合作原理；壽勉成著．　　　　　　　　　　334—S302

上海，中國合作學社，民十七年．　初版．　28面．　「合作小叢書
總論之部一」

合作法規；壽勉成著．　　　　　　　　　　334—S302

上海，中國合作學社，民十七年．　8C面．

合作主義通論；王世穎著．　　　　　　　　331—W155

上海，世界，民十六年．　62面．

合作商店實施法；王世穎著．　　　　　　　334·C—W157

上海，中國合作學社，民十七年．　初版．　48面．　「合作小叢書
實施之部一」

世界社會主義運動概況；陳宗熙編．　　　　335—C287

上海，北新，民十七年．　98面．

336　財政學

歐戰財政紀要；陳燦編·　　　　　　　　　336—C289
　　上海，商務，民十一年·　139面·

財政學；黃可權輯·　　　　　　　　　　　336—H477
　　上海，羣益，民元年·　三版·　282面·

財政學新論；（日）馬塲鍈一原著，李祥輝譯·　336—M112
　　上海，太平洋，民十七年·　244面·

340　法律

法學通論；（日）織田萬原著，劉崇佑譯·　340—C625
　　上海，商務，民二年·　十二版·　251面·

法制淺說；許企謙編·　　　　　　　　　340—H369
　　上海，中華，民八年·　再版·　44面·「通俗教育叢書之一」

法制經濟通論；（日）戶水寬人等原著，何瓘時等合譯·340—H369
　　上海，商務，民二年·　八版·　887面·

法制問答；（日）岡松參太郎著·　　　　　340—K156
　　東京，吉川弘文館，明治三十七年·　122面·

國際關係論；（英）物萊士原著，鐘建閎譯·　341—B843
　　上海，商務，民十三年·　276面·

國際條約大全；商務印書館編譯所編·　　341·2—S162
　　上海，商務，民十四年·　四版·「970面」

新譯國際私法；（日）中村進午原著，袁希濂譯·341·5—C978
　　上海，中國圖書公司，清光緒三十三年·　292面·

14

法學通論表解總論；胡顧生著。　　　　　　080—S155—432

上海，科學書局，民元年。　46面。　「表解叢書」

………各論前　一冊。

………各論後　一冊。

中華民國憲法。民十二年。　　　　　　342·51—C976

刑法學總論；郭衛元麐著。　　　　　　343—K429

上海，會文堂書局，民十七年。　再版。　2冊。　「法學叢書之一」

罪與罰；（美）胡黛遼女士原著，袁振英譯。　343·2—D357

香港，受匡出版部，民十七年。　38面。

中華民國刑法；王寵惠編。　　　　　　343·41—W137

上海，民智，民十七年。　174面。

國民政府現行法規；國民政府法制局編。　345·1—K435

法政學社，民十七年。　再版。　4冊。

遺產之廢除；（美）黎特原著，潘公展譯。　347·6—R22

上海，中華，民十四年。　32面。　「新文化叢書」

惺存遺著；陶保霖著。　　　　　　347·01—T248

上海，商務，民十一年。　2冊。

中國古代法理學；王振先著。　　　　　347·09—W137

上海，商務，民十四年。　65面。　「國學小叢書」

九朝律考；程樹德著。　　　　　　347·09—C345

上海，商務，民十六年。　2冊。

國民政府修正民刑事訴訟律大全；張極編。　347·9—C155

上海，校經山房，民十七年。　4冊。

法國六法；商務印書館編譯所譯。　　　349·14—S162

上海，商務，民二年。　897面。

15

中華民國的內閣；覃鴻著。　　　　　　350·051—C181
　　古城書社編譯所，民十七年。　初版。　134面。

352　地方行政

地方自治講義：廣東地方自治；中國一內務部編。352—C771
　　上海，泰東。　176面。

地方自治講義：第二種市町村制，第三種憲法訊論
　　朱德醴，陳登山合譯。　　　　　　352—C837
　　湖北地方自治研究社，清光緒三十四年。　313面。

官幕必攜縣政全書；許天聲等合輯。　　352—H377
　　上海　政藝合作社，民十七年。　五版。　12冊。

地方自治制講義；雷奮編。　　　　　352—L472
　　上海，中國圖書公司，清宣統元年。　再版。　30面。　「江蘇教育
　　總會附設法政講習所講義之一」

地方自治講義：第一種府縣郡制；沈澤生編。　352—S211
　　湖北地方自治研究社，清光緒三十四年　241面。

新廣東觀察記；李宗黃著。　　　　352·051—L181
　　上海，商務，民十一年。　214面。

市政全書；陸丹林編。　　　　　　352·1—L433
　　上海，道路月刊社，民十七年。　再版。　「1410」面。

市政學綱要；董修甲著。　　　　　352·1—T856
　　上海，商務，民十六年。　524面。　「政法叢書」

都市論ABC；楊哲明著。　　　　　352·1—Y121
　　上海，世界，民十七年。　112面。

19

市憲議；董修甲著。 352•11—T856
　　上海，新月書店，民十七年。 172面。

建築漢口新村計畫大綱； 352•15—C601
　　民十七年。 14面。

漢口新村合作章程；武漢市社會局編。 352•15—H130
　　民十七年。 30面。

新俄羅斯；（日）川上俊彥原著，王揖唐譯。 354•47—C907
　　上海，商務，民十二年。 139面。

軍隊應用數量之參考；劉體屏編。 355—L352
　　漢口，民智書局，民十七年。 160面。

孫子十家註：袁韜壺標點；孫濱著。 355•01—S319
　　上海，掃葉山房，民十五年。 下冊。

列强青年之軍事預備教育；中央陸軍軍官學校教授部編。
355•07—C975
　　軍事雜誌社，民十七年。 302面。

軍事學術大全；劉炎編。 355•08—L379
　　上海，翼美書社，民十七年。 2冊。

野戰砲兵射擊問答； 民四年。 120面。 358—Y197

日本赤十字社發達史；（日）川侯馨一著。 361—C900
　　日本赤十字社，大正六年。 五版。 680面。

童子軍良伴；杜定友編。 369•3—T768
　　上海，商務，民十七年。 「158面」

370　教育學

學習心理；（美）科爾文原著，黄公覺譯。 370•15—C725
　　北京高等師範出版部，民十一年。 334面。

17

教育心理學；廖世承編．　　　　　　　　　370·15—L282

　　　　上海，中華，民十四年．　三版．　494面．　「教育叢書」

教育心理的實驗；（美）斯達奇原著，戴應觀譯．　370·15—St28

　　　　上海，商務，民十一年．　210面．　「尚志學會叢書」

教育心理學導言；（美）史屈朗原著，朱定鈞，張鍾祖合譯．

　　　　　　　　　　　　　　　　　　　　370·15—St88

　　　　上海，商務，民十四年．　279面．　「師範叢書」

教育論；斯賓塞原著，任鴻雋譯．　　　　　370·4—Sp33

　　　　上海，商務，民十二年．　127面．

全國教育會議報告；中華民國大學院編．　　370·63—C976

　　　　上海，商務，民十七年．　「782面」

近代中國留學史；舒新城編．　　　　　　　370·95—S313

　　　　上海，商務，民十六年．　500面．　「教育叢書」

改良私塾法；方澍生著．　　　　　　　　　371·3—F167

　　　　上海，中華，民五年．　再版．　62面．

個別作業與道爾頓制；（英）林勤原著，舒新城譯．　371·3—L989

　　　　上海，中華，民十五年．　236面．　「教育叢書」

青年與職業；王志莘編．　　　　　　　　　371·42—W137

　　　　上海，商務，民十三年．　再版．　56面．　「職業修養叢書」

兒女教育貯金法；（日）赤川菊村原著，王駿聲譯．　371·6—C641

　　　　上海，商務，民十一年．　再版．　125面．

測驗概要；廖世承，陳鶴琴合編．　　　　　372·102—L282

　　　　上海，商務，民十四年．　348面．　「師範叢書」

兒童游戲；王伍，屠元禮合編．　　　　　　372·2—w16

　　　　上海，商務，民五年．　再版．　70面．

各科常識問答；湖南五青勵進協會編．　374—H4321
　　長沙，荷花池南華書社，民十五年．　再版．　2冊．

時間經濟法；蕭子昇著．　374—s386
　　上海，商務，民十四年．　再版．　97面．　「通俗教育叢書」

婦女修養談；謝无量著．　376—s425
　　上海，中華，民九年．　三版．　206面．　「女學叢書之一」

道德教育論；蔣拙誠編．　377—T561
　　上海，商務，民八年．　90面．

大學之行政；（美）伊利亞原著，謝冰譯．　378·1—EL42
　　上海，商務，民十七年．　96面．

留英須知；農勁公譯．　378·42—F811
　　上海，別發洋行，民十年．　51面．

全民教育制度的演進；（美）吉德原著，王克仁譯．　379—J881
　　上海，民智，民十七年．　再版．　130面．

社會教育概說；馬宗榮著．　379—M119
　　上海，商務，民十四年．　116面．　「學藝彙刊」

英美教育近著摘要；官廉等合編．　379—w256
　　上海，商務，民十三年．　「430面」

黃炎培考察教育日記；黃炎培著．　379·51—H480
　　上海，商務，民十一年．　三版．

收回教育權運動；舒新城著．　379·51—s813
　　上海，中華，民十六年．　116面．

中國教育改造；陶知行著．　379·51—T245
　　上海，亞東圖書館，民十七年．　214面．

一個小學十年努力紀；中央大學實驗小學校編．379·514—C979

上海求學指南；王永禮，柴麗〔〕合編．　　　379·514—W163
　　　上海，天一，民十一年．　3冊．

商人寶鑑；張士傑編．　　　　　　　　　　R—380·3—C170
　　　上海，商務，民十一年．　五版·835面．

中國商戰失敗史；黃炎培，龐淞合編．　　　380·951—H489
　　　上海，商務，民六年．　220面．

390　風俗禮節

婚喪禮雜說；張鴻來著．　　　　　　　　390—O156
　　　北京，文化學社，民十七年．　初版．　74面．

392·3　家庭問題

中國過渡時代的家庭；李兆民著．　　　　392·3—L181
　　　上海，廣學會，民十四年．　122面·

中國之家庭問題；潘光旦著．　　　　　　392·3—P154
　　　上海，新月書店，民十七年．　324面．

392·5　婚姻問題

最新結婚學；蠕僑著．　　　　　　　　　392·5—C142
　　　上海，中國圖書公司和記，民五年．

新性道德討論集；章錫琛編．　　　　　　392·5—C190
　　　上海，開明，民十五年．　再版．　2〔7面．「婦女問題叢書」

夫婦之性的生活；（日）田中香涯原著，葉發譯．　392·5—T3〔2
　　　上海，民智，民十五年．　三版·

396 婦女問題

婦人與社會；（德）倍倍爾原著，沈端先譯。　　　　396—P123
　　上海，開明，民十六年。　758面。　「婦女問題研究會叢書」

現代思潮與婦女問題；（日）本間久雄原著，張佩芬女士譯。
　　　　　　　　　　　　　　　　　　　　　396—P260
　　上海，泰東，民十七年。　132面。

婦女論集；文娜女士著。　　　　　　　　　　396—W260
　　北京，北新，民十六年。　再版。　138面。

新婦女解放；天癇，劍波合著。　　　　　　396·1—T342
　　上海，泰東，民十七年。　133面。

398 諺語歌謠

神話學ABC；謝六逸著。　　　　　　　　　398·4—s420
　　上海，世界，民十七年。　127面。

希臘神話；ABC；汪倜然著。　　　　　　　398·4—W175
　　上海，世界，民十七年。　118面。

400 語言學

世界語全程；盛國成編。　　　　　　　　　408·9—C320
　　上海，開明，民十七年。　264面。

英漢雙解詳註畧語辭典；倪灝森編。　　　　423·51—N190
　　上海，商務，民十二年。　224面。

21

495·1　中國語言學

國文測聽舉例；周廷珍，歐濟甫合編．　　　　495·1—C786
　　上海，中華，民十一年．　124面．

文字學形義篇；朱宗萊著．　　　　　　　　495·—C821
　　國立北京大學出版部，民十二年．　四版．　32面．

中國語文通論；陳鐘凡著．　　　　　　　　495·12—C270
　　上海，中華，民十六年．　418面．　「文學叢書」

四角號碼學生字典；陸爾奎，方毅合編．　　495·13—L425
　　上海，商務，民十七年．　「632」面．

四角號碼檢字法：第二次改訂；王雲五著．　495·13—W163
　　上海，商務，民十七年．　36面．

笑之圖解；黎錦熙編．　　　　　　　　　　495·13—L215
　　北京，文化學社，民十五年．　17面．　「國語文法例題詳解之一」

國語典；馬繼貞著．　　　　　　　　　　　495·15—M412
　　上海，泰東，民十四年．　152面．

詞論；楊樹達著．　　　　　　　　　　　　495·15—Y137
　　上海，商務，民十七年．　［618面］

音韻常識；徐敬修編．　　　　　　　　　　495·16—s476
　　上海，商務，民十四年．　再版，　136面．

歷代白話文範；江蔭香著．　　　　　　　　495·18—C519
　　上海，世界，民十三年．　三版．　2册．

國語教學法講義；劉儒編．　　　　　　　　495·18—L79
　　上海，商務，民十一年．　124面．

古白話文選；吳遁生，鄭次川合編．　　　　495·18—W296
　　上海，商務，民十三年．　再版．　2册．

500 自然科學

科學談話；（日）日日新聞社原編，韓守藩譯． 500—J140
　　上海，公民，民十一年．　2 冊．　「常識叢書第三種」

科學概論；黃昌毅講． 501—H471
　　上海，民智，民十五年．　四版．　180面．

漢譯科學大綱；（英）湯姆生原著，王岫廬等合譯． 502—T74
　　上海，商務，民十三年．　4 冊．

自然科學教科書；鄭貞文等合編． 507—C351
　　上海，商務，民十二年．　3 冊．

自然科學常識講義；侯紹裘著． 507—T242
　　上海，民智，民十一年．　46面．

理科實驗法；（美）梅佩禮，（中）徐作和合著． 507—M185
　　上海，伊文思，民十四年．　132面．

博物學教授指南；（日）山內繁雄，野原茂六原著，殷保誠等合譯．
　　　　　　　　　　　　　　　　　　　　　　　　507—s121
　　上海，商務，民三年．　再版．　123面．

510 數學

混合算學教科書；段育華著． 510—T819
　　上海，商務，民十三年．　六版．　8 冊．

數學遊戲；周永譔著． 510・7—C789
　　上海，科學會編譯部，民二年．　226面．

蓋氏對數表；F·C·Gauss 原著，（日）宮本藤吉爾原譯，杜亞泉，壽
　　孝大合譯． 510・8—G237

上海，商務，民十一年。　十七版。　101面。

實用主義中學新算術；陳文編。　　　　　　　　511—C290

上海，商務，民十一年。　十一版。　「319」面。

中等算術教科書；黃際遇編。　　　　　　　　511—H471

上海，商務，民十一年。　八版。　274面。

新制算術教本；王永靈，胡樹楷合編。　　　　511—W163

上海，中華，民十一年。　十八版。　2冊。

加減乘除；翁為著。　　　　　　　　　　　　5₁1—W274

上海，商務，民十三年。　86面。

新中學算術教科書；吳在淵，胡敦復合編。　　511—W296

上海，商務，民十二年。　六版。　282面。

珠算全書；馬駿鈞編。　　　　　　　　　　511·2—M112

上海，中華，民十一年。　再版。　2冊。

財政商業高等利息計算法；吳宗焘編。　　511·8—W297

上海，商務，民十二年。　164面。　[經濟叢書社叢書之二]

算術習題解答，現代初中教科書；余介石，陳伯琴合編。
　　　　　　　　　　　　　　　　　　　511·9—Y348

上海，商務，民十四年。　241面。

近世初等代數學；吳在淵編。　　　　　　　512—W296

上海，商務，民十一年。　754面。

溫德華士代數學；屠坤華譯。　　　　　　　512—W488

上海，商務，民十一年。　十五版。　461面。

平面幾何學要覽；匡文濤編。　　　　　　　513·1—K336

上海，商務，民十三年。　五版。　2冊。

極大極小問題；王邦珍編。　　　　　　　513·19—W153

上海，商務，民十五年· 271面· 「學藝叢書」

平面立體幾何畫法；王濟仁編· 515—W136

暨南大學出版課，民十七年· 196面· 「國立暨南大學叢書」

530　物理學

物理學講義；陳學郢編。 530—C275

上海，商務，民八年· 3冊。

最近物理學概觀；鄭貞文編· 530—C351

上海，商務，民十一年· 224面·

科學常識講義；義務學校編· 550—H212

上海，民智，民十二年· 28面·

無機化學；彬追兒原著，蕭湘譯· 546—P357

上海，時中書局，清光緒三十一年· 739面·

鑛物學：民國新教科書；徐善辭編。 549—S481

上海，商務，民四年· 三版· 260面·

地震淺說；楊宗健，王恭陸合編· 551·22—Y121

上海，中華，民十五年· 三版· 92面·

570　生物學

進化論ABC；張愚宗著· 575—C172

上海，世界，民十七年· 111面·

人種改良學；陳壽凡譯。 575—C287

上海，商務，民十二年· 三版 2冊· 「新智識叢書之十一」

人文生物學論叢；潘光旦著．   575・1—P154
    上海，新月書店，民十七年．   ?08面．

優生學與婚姻；威廉魯濱生原著，高方譯．   575・1—R538
    上海，東亞圖書館，民十七年．   156面．

610　醫學

實用法醫學大全；（日）石川清忠原著，王佑，楊鴻通合譯．
                                610—C250
    中國各書局，清光緒三十四年． 「740」面．

臨證秘典；張卿戩編．   6 0・3—C154
    上海，商務，民十一年． 再版． 「456」面．

生理衛生學表解；上海科書局編． 080—S155—612
    上海，學書局，清宣統三年． 43面． 『表解叢書』

紙塑人體符號解說；   612・03—C638
    東京，島津製作所標本部． 172面，

612・6　性學

性學ABC；柴福沅著．   612・6—C128
    上海，世界，民十七年． 117面．

兒童的性生活；莫爾原著，夏斧心譯． 612・6—M735
    上海，商務，民十七年． 408面．

婦女生育論；蘇儀貞編，   612・6—S4

上海，中華，民十三年。 四版。 65面。

性愛的研究與初夜的知識；羽太銳治原著，黃孤懸譯。

6!2·6—Y358

上海，啓智，民十七年。

613 衞生學

衞生學ABC；沈齊春著。 613—S222

上海，世界，民十七年。 135面。

健康學；（美）沙井特原著，江孝賢等合譯。 613—Sa73

上海，中華，民十一年。 再版。 168面。

萬病自療全書；鍾尚友編。 613·8—C969

上海，大陸圖書公司，民九年。 「194」面。

中國公共衞生之建設；胡明宣著。 614—S414

上海，亞東，民十七年。 130面。

616 病理及治療學

診斷學；（日）下平用彩編，湯爾印譯。 616·07—H279

上海，商務，民八年。 2 册。

癩疹新編；黃政修著。 616·912—H471

民十七年。 66頁。

癩疹療治法；李天佐著。 616·912—L498

上海，中華，民十四年·　152面·

淋病一夕話；李振軒著·　　　　　　　　　616·95—L199
　　上海，李振軒診所，民四年·　16面·

最新助產婦學；（日）楠田謙藏原著，姚永緒譯·　618·2—N124
　　上海，大東，民十四年·　2冊·

623　軍事工程

新兵器特刊；鄒燮斌編·　　　　　　　　623·4—T696
　　湖北軍警週刊社，民十四年·　128面·

潛水艇；徐燕謀編·　　　　　　　　　　623·9—S484
　　上海，商務，民六年，　再版·　92面·

630　農業

中國農業改造問題叢著；唐啓宇著·　　　630—T201
　　上海，民智，民十七年·　「188面」

農業合作ABC；王世穎著·　　　　　　630—W156
　　上海，世界，民十七年·　102面·

中國重要農產物之對外貿易概況；中央農民運動講習所編·
　　　　　　　　　　　　　　　　　　633—C97
　　中國國民黨中央農民運動講習所，民十六年·　22面·

中國之主要農產物；中央農民運動講習所編·　633—C976
　　中央農民運動講習所，民十六年·　46面·

28

作物學實驗教程；黃紹諤編．   633—H180

   上海，商務，民十七年． 「118面」

640　家政

家庭萬寶全書；魯雲奇著．   640—L465

   上海，中華圖書集成公司，民七年． 再版． 6 冊．

650　商業

進貨學：商業概要第二卷；吳東初編．   650—W297

   上海，商務，民十二年． 210面．

中國郵電航空史；謝彬著．   650·09—S415

   上海，中華，民十七年． 202面． 「史地叢書」

增訂交通必攜；商務印書館編譯所編．   656—S162

   上海，商務，民十一年． 三版． 90面．

新式官廳簿記及會計；楊汝梅編．   657—Y130

   上海，商務，民十七年． 四版． 339面．

商店學業指南；大東書局編．   658—T131

   上海，大東，民十四年． 五版． 「212面」「青年商業叢書之一」

廣告學ABC；鄧世勛著．   659·1—K291

   上海，世界，民十七年． 101面．

700　美術

藝術家的難關；鄧以蟄著．   701—T268

北京，古城書社，民十七年。　100面。

藝術教育ABC；豐子愷著。　　　　　　707—F224

上海，世界，民十七年，　111面。

築城學教程；　民十五年改訂。　124面。　　721·2—C819

構圖法ABC；豐子愷著。

上海，世界，民十七年。　118面。　　740—F224

牛農談影；劉半農著。　　　　　　770—L372

上海，開明，民十七年。　65面。

故宮攝影集；　　　　　　770—T668

清宮善後委員會，民十四年。　52圖

攝影學ABC；吳靜山著。　　　　770—W297

上海，世界，民十七年。　131面。

音樂界：十期彙刊；上海音樂學校編。　　780—S155

上海，民智，民十二年。　「421面」

名利網；沈醉丁，陳雪鵑合著。　　　780—S222

上海，開明，民十七年。　再版。　86面。

中國名歌選；錢君匋編。　　　　780—T601

上海，開明，民十七年。　62面。

784　唱歌

名家唱歌集；章世瓷，王季綸合編。　　784—C10

中國博文館編輯社，清光緒三十二年。　128面。

教育唱歌；黄子绳等合编·   78.—H486
　　　湖北官書處，清光緒三十一年·　2 冊·
唱歌游戲；王季梁編。   784—W137
　　　上海，商務，清光緒三十一年·　「80面」

790　遊藝　運動

中國影戲大觀；徐恥痕編.   792—S155
　　　上海，明月，民十七年·　再版·　「80面」
達摩劍；趙連和著。   796—C209
　　　上海，商務，民十四年·　145面、　「技擊叢刊第一種」
女子手巾體操；克羅克威廉原著；王懷琪譯。   796—K205
　　　上海，商務，民十一年·　42面·
課外運動法；李戛聲著·   796—L182
　　　上海，商務，民十三年。　99面·
運動員指南；李培藻著·   796—L195
　　　上海，商務，民十四年·　106面·
游泳新術；李石岑著·   796—L196
　　　上海，商務，民十四年·　三版。　136面·
中華新武術；馬良著·   796—M117
　　　上海，商務，民九年·　2 冊·
田徑賽運動；（美）麥克樂原著，李德貿譯·   796—M155
　　　上海，商務，民十一年·　四版·　220面·　「體育叢書」
體操遊戲；沈鋑清，吳萃光合編·   796—S211
　　　上海，商務，民十年·　142面·

日本柔術；徐卓呆譯．　　　　　　　　　　　796—S476
　　上海，中華，民九年．　138面．

四川西北軍學聯合秋季運動會紀事；　　　　796—S585
　　運動會編纂處，民十六年．　144面．

田徑賽規則；中華基督教青年會遠東運動會編．　796—T665
　　上海，青年協會書局，　1926—1927．　101面．

徒手疊羅漢；王懷琪，吳洪與合編．　　　　796—W142
　　上海，商務，民十二年．　53面．

西湖風景疊羅漢；王懷琪編．　　　　　　　796—W142
　　上海，商務，民十二年．　57面．

運動技術概要；遠東運動會中國委員會編．　796—Y430
　　上海，商務，民八年．　222面．

西洋拳術；陳霆銳編．　　　　　　　　　　796·6—C298
　　上海，中華，民七年．　96面．

拳藝學初步；朱鴻壽著．　　　　　　　　　796·6—C824
　　上海，商務，民九年．　123面．

拳藝學進階；朱鴻壽著．　　　　　　　　　796·6—C824
　　上海，商務，民六年．　105面．

石頭拳術祕訣；郭粹亞，金一明合編．　　　796·6—K433
　　上海，中華，民十一年．　94面．

好拳法；滕學琴編．　　　　　　　　　　　796·6—T276
　　上海，中華，民七年．　再版．　126面．

少林拳術祕訣；尊我齋主人編．　　　　　　796·6—T737
　　上海，中華，民十年．　134面．

易筋經十二勢圖說；王懷琪編．　　　　　　796·6—W142

上海，商務，民十一年。「44」面。

女子籃球規則；黃斌生譯。　　　　　　　　　797—Am35
上海，女青年會全國協會書報部，民十三年。　62面。

足球規例；（美）維乃氏原著，朱樹燕譯。　　　797—C834
上海，中華，民四年。　37面。

女子籃球；潘知本編。　　　　　　　　　　　797—P151
上海，商務，民十四年。　107面。「體育叢書」

籃球規則；中華基督敎青年會遠東運動會編。　　797—T665
上海，青年協會書局，1926—1927。　122面。

足球規則；中華基督敎青年會遠東運動會編。　　797—T665
上海，青年協會書局，民十五年。「30」面。

手球規則；中華基督敎青年會遠東運動會編。　　797—T665
上海，青年協會書局，民十五年。「15」面。

壘球規則；中華基督敎青年會全國協會編。　　　797—T665
上海，青年協會書局，民十四年。「51」面。

800　文學

文學概論；沈天葆著。　　　　　　　　　　　800—S222
上海，梁溪，民十五年。　161面。

801　文學批評

法蘭西文學；楊袁昌英著。　　　　　　　　　0~0—P225—12
上海，商務，民十二年，　再版。　51面。「百科小叢書第十二種」

意大利文學；王希和著。　　　　　　　　　　080—P225—69

上海，商務，民十三年． 58面． 「百科小叢書第六十九種」

文學生活；張若谷著． 801—C159

上海，金屋書店，民十七年． 初版． 18)面．

文學講話；趙景深著． 102—C201

上海，亞細亞書局，民十七年． 2C8面．

文藝批評ABC；傅東華著． 801—F244

上海，世界，民十七年． 96面．

文學的紀律；梁實秋著． 801—L263

上海，新月，民十七年． 158面．

表現主義的文學；劉大杰著。 801—L375

上海，北新，民十七年． 192面．

歐洲大戰與文學；沈雁冰著． 801—S224

上海，開明，民十七年． 初版． 12 面．

農民文學ABC；謝六逸著． 801—S420

上海，世界，民十七年． 112面．

文藝與性愛；（日）松村武雄原著，謝六逸譯． 801—S574

上海，開明，民十七年． 再版． 83面．

法國的浪漫主義；曾仲鳴著． 801—T521

上海，開明，民十七年． 初版． 91面．

一家言；曾孟樸寫． 801—T523

上海，眞善書店， 民十七年． 240面．

近代文學ABC；吳雲著． 801—W299

上海，世界，民十七年． 125面．

文藝辭典；孫良工編． R—803—S519

上海，民智，民十七年． 9S0面．

34

808　文學叢書

最近的世界文學；趙景深編·　　　　　　　808—C201
　　　　上海，遼東圖書公司，民十七年·　177面·

眞美善月刊；眞美善雜誌編輯所編·　　　　　808—C296
　　　　上海，眞美善書店，民十七年·「第一卷合刊一冊，第二卷一號至六號」

莽原，台平第二卷；下冊：二卷十三至二十四期·　808—M133
　　　　北平，未名社出版部，民十七年·

馬來情歌集；鐘敬文編·　　　　　　　　　808·1—C260
　　　　上海，遼東圖書公司，民十七年·　88面·

詩歌原理ABC；傅東華著·　　　　　　　　808·1—F245
　　　　上海，世界，民十七年·　125面·

西洋詩學淺說；王希和著·　　　　　　　　808—P225—52
　　　　上海，商務，民十三年·　106面·「百科小叢書第五十二種」

西洋之神劇及歌劇；兪寄凡著·　　　　　　808—P225—140
　　　　上海，商務，民十六年·　72面·「百科小叢書第一百四十種」

辯論術ABC；陸東平著·　　　　　　　　808·5—L433
　　　　上海，世界，民十七年·　129面·

演說學ABC；余楠秋著·　　　　　　　　808·5—Y249
　　　　上海，世界，民十七年·　80面·

810　中國文學

童話評論；趙景深輯·　　　　　　　　　810—C201

上海，新文化書社，民十三年。　250面．

兒童文學概論；魏壽鏞，周候于合著．　　810—W206

上海，商務，民十二年．　85面．

中國文學研究；鄭振鐸編纂．　　010·2—C387

上海，商務，民十六年．

名家漢文評釋；久保得著．　　810·4—C270

早稻田大學，　321面．

梁任公學術演講集；梁啓超著．　　810·4—L251

上海，商務，民十五年．　「第一集二冊，第三集一冊」

文心雕龍雜記；黃侃著．　　810·8—H477

北京，文化學社，民十六年．　274面．

新文學作法入門；廣文書局編輯所編．　　810·8—K822

上海，世界書局，民十年。　66面．　「學生門徑叢一書」

作文論；葉紹鈞著．　　080—C225—48

上海，商務，民十三年．　83面．　「百科小叢書第四十八種」

修辭格；唐鉞著．　　080—P225—14

上海，商務，民十三年．　89面。　「百科小叢書第十二種」

國語文學史；胡適著．　　810·9—H414

北京，文化學社，民十六年．　240面．

白話文學史；胡適著．　　810·9—H414

上海，新月書店，民2。　上冊．

文學常識；徐敬修編．　　810·9—S476

上海，大東，民十四年。　140面．　再版．

36

811 詩詞

鐘嶸詩品之研究；張陳卿著．　　　　　　　811—C152
北京，文化學社，民十五年．　114面．

人間詞話箋証；靳德峻編．　　　　　　　811—C673
北京，文化 學社，民十七年．　初版．　56面．

詩品注；陳延傑，鐘嶸著．　　　　　　　811—C979
上海，開明，民十六年．　132面．

嘗試集批評與討論；胡懷琛著．　　　　　8 1—H205
上海，泰東，民十一年．　139面．

詞選；胡適選註．　　　　　　　　　　811—H114
上海，商務，民十七年．　381面．

古戀歌；愛絲女士輯．　　　　　　　　811—N147
上海，亞細亞書局．民十七年。　100面。

英漢三昧集；蘇曼殊著．　　　　　　　811—S161
上海，泰東，民十二年．　再版．　120面．

讀風偶識；崔東壁著．　　　　　　　　811—T735
北京，文化學社，民十七年．　初版．　208面．

人間詞話；王國維著．　　　　　　　　8 1—W145
北京，樸社，民十五年．　32面．

陶淵明詩；陶淵明著．　　　　　　　811·3—T250
上海，商務，民十六年．　95面．　「學生國學叢書」

雪壓軒集；賀雙卿著．　　　　　　　811·8—H187
北京，文化學社，民十六年．　85面．

811·9　詩一別集

鮫人；裴柱常著·　　　　　　　　　　　　　811·9—C740
上海，現代，民十七年·　　10S面·　「畸形小集第二種」

春夏秋冬；郭子雄著·　　　　　　　　　　　811·9—K428
上海，金屋，民十七年·　82面·

絕俗樓我輩語；白采著·　　　　　　　　　811·9—P⊥27
上海，開明書店·　1C5面·

志摩的詩；徐志摩著·　　　　　　　　　　811·9—s476
上海，月新書店，民十七年·　148面·

寂寞的國；汪靜之著·　　　　　　　　　　811·9—W175
上海，開明，民十六年·　17i面·　「文學週報社叢書」

受難者的短曲；楊騷著·　　　　　　　　　811·9—Y 37
上海，開明書店，民十七年。　12б面·

骷髏上的薔薇；于賡虞著·　　　　　　　　811·9—Y361
北京，古城書社，民十六年·　77面·

812　戲曲

顧曲塵談；吳梅編。　　　　　　　　　　　812—W290
上海，商務，民十四年·　三版，　2 冊·　「文藝叢刻甲集」

元曲選；臧晉叔輯·　　　　　　　　　　　812·7—T445
上海，商務，民七年·　影間古堂本　48面·
上海，商務，民十三年·　71面·　「林氏選評名家文集」

黃梨洲集；黃梨洲著·　　　　　　　　　　814·C—H478
上海，羣學社，民十五年·　482面，

上海，亞東，民十四年。 152面。

淡霞和落葉；萬曼著。 814.9—W128

上海，新文化書社，民十三年。 132面。 「綠波社小叢書」

佛西戲劇第一集；熊佛西著。 812.9—H357

北京，古城書社，民十六年。 20面。

愛的革命；胡春冰著。 812.9—H401

上海，現代，民十七年。 97面。 「現代戲劇叢書」

芙蓉花淚：拒毒劇本；黃嘉謨著。 812.9—H471

上海，中華國民拒毒會，民十七年。 108面。

洪深劇本創作集；洪深著。 812.9—H522

上海，東南書店，民十七年。 176面。

白薔薇；劉大杰著。 812.9—L375

上海，東南書店，民十七年。 114面。

潘金蓮；歐陽予倩著。 812.9—O140

上海，新東方書店，民十七年。 103面。

卞昆岡；徐志摩，陸小曼合著。 812.9—S476

上海，新月書店，民十七年。 89面。

814 散文一別集

模範文選；程演生編。 811—C292

北京，國立大學出版部，民十二年。 三版。 320面。

劉子政集；林紓輯。 814.2—L372

上海，商務，民十三年。 63面。 「林氏選評名家文集」

柳河東集；林紓輯。 814.5—L380

明夷待訪錄；黃梨洲著．　　　　　　　　　81.8—H478

上海，梁溪圖書館，民十四年．　102面．

櫻花集；衣萍著．　　　　　　　　　　　814·9—C182

上海，北新，民十七年．　226面．

談龍集；周作人著．　　　　　　　　　　814·9—C771

上海，開明，民十七年．　310面．

天鵝集；朱溪著．　　　　　　　　　　　814·9—C821

上海，人間書店，民十七年．　108面．

背影；朱自清著．　　　　　　　　　　　814·9—C837

上海，開明，民十七年．　初版．　120面．

獻心；黃天石著．　　　　　　　　　　　814·9—H587

香港，受匡出版部，民十七年．　57面．

國學蠡酌；梁啓超著．　　　　　　　　　814·9—L251

上海，商務，　314面．「飮冰室叢著第五種」

而已集；魯迅著．　　　　　　　　　　　814·9—L416

上海，北新，民十七年．　216面．

時代在暴風雨裏；毛一波著．　　　　　　814·9—M139

上海，現代　民十七年．　236面．

我們的七月；O·M·輯．　　　　　　　814·9—N167

上海，亞東·民十七年．　208面．

師復文存；師復著．　　　　　　　　　　814·9—S260

廣州革新書局，1927．　382面．

花環；孫席珍著．　　　　　　　　　　　814·9—S527

上海，亞細亞書局，民十七年．　132面．

孟和文存；陶孟和著．　　　　　　　　　814·9—T248

上海，商務，民十三年·　113面·　「林氏選評名家文集」

歸震川集；林紓輯·　　　　　　　　　　814·7—K347

上海，商務，民十三年·　1 9面·　「林氏選評名家文集」

唐荊川集；唐順之著·　　　　　　　　　814·7—T212

上海，商務，　76面·　「林氏選評名家文集」

顏習齋集；顏習齋著·　　　　　　　　　814·7—Y236

上海，羣學社，民十五年·　300面·

虞道園集；林紓選評，虞集·　　　　　　814·7—Y378

上海，商務，民十三年·　79面·　「林氏選評名家文集」

方望溪集；林紓輯·　　　　　　　　　　814·8—F173

化外的文學；王夫凡編·　　　　　　　　814·9—W139

上海，現代，民十七年·　133面·　「藍皮小書」

雜拌几：一名梅什兒；俞平伯著·　　　　814·9—Y372

上海，開明，民十七年·　222面·　初版·

國學演講錄；章炳麟著·　　　　　　　　815·9—C189

上海，梁溪圖書館，民十五年·　176面·　三版·

816　書牘

分類尺牘全書；袁韜壺編·　　　　　　　816—Y422

上海，羣學書社，民八年·　12冊·

無法投遞之郵件；落華生著·　　　　　　816·9—L165

北平，文化學社，民十七年·　43面·

給小朋友的信；徐學文著·　　　　　　　816·9—S478

上海，開明，民十七年·　112面·

綠箋；蔣逸雪著．　　　　　　　　　　　　　816•9—T56
　　北京，古城書社，民十七年．　114面．

818　詩文一總集

後山文集；林紓著．　　　　　　　　　　　818•7—C286
　　上海，商務，民十三年．　52面，　「林氏選評名家文集」
盾鼻集；梁啓超著．　　　　　　　　　　　818•9—L251
　　上海，商務，民十二年．　2冊．　七版．
秋雁集；藝林社編．　　　　　　　　　　　818•9—N187
　　上海，亞細亞書局，民十七年．　1t4面．　「藝林叢刊第三輯」

819　雜體詩文

瑯語拾存；顏啓芳著．　　　　　　　　　　819—Y231
　　北京，文化學社，民十六年．　44面．
北京俚曲；殷凱輯．　　　　　　　　　　　819—Y271
　　上海，太平洋，民十六年．　430面．
邃漢齋謎話；薛鳳昌編．　　　　　　　　　819•06—S411
文苑導游錄；常燕等合輯．　　　　　　　　819—3•6 8
　　上海，時還，民十七年．　10冊．
魯迅在廣東；鍾敬文編．　　　　　　　　　819•9—C060
　　上海，北新，民十六年．　124面．
流離；塞星著．　　　　　　　　　　　　　819•9—H146

上海，亞東圖書館，民十七年． 186面．

不死日記；沈從文著． 819.9—s222

上海，人間書店，民十七年． 123面．

篁君日記；沈從文著． 819.9—s222

北平，文化學社，民十七年． 134面．

日記九鐘；郁達夫著． 819.9—Y376

上海，北新，民十七年． 250面． 三版．

820 英美文學

一朵紅的紅的玫瑰；白爾痕斯原著，程鶴西譯． 821—B937

北平，文化學社，民十七年． 100面．

林肯；（德）林凡脱原著，沈性仁譯． 822—D832

上海，商務，民十二年． 80面． 「世界叢書」

相鼠有皮；顧德隆譯． 822—G939

上海，商務，民十四年． 142面．「文學研究會通俗戲劇叢書第五種」

一個理想的丈夫；（英）王爾德原著，徐培仁譯． 822—w646

上海，金星書店，民十七年． 277面．

拊掌錄；（美）華盛頓歐文原著，林紓，魏易合譯． 827.24—I88

上海，商務，民十四年． 77面．

史推拉；哥德原著，湯元吉譯． 832—G555

上海，商務，民十四年． 77面． 「文藝叢刻乙集」

840 法國文學

呂克蘭斯鮑夏；（法）囂俄原著，東亞病夫譯． 842—H875

上海，眞美善書店，民十六年． 172面． 「俄羅戲劇全集第六種」

呂伯蘭；（法）羅俄原著，東亞病夫譯． 842—H876
上海，眞美善書店，民十六年． 257面． 「羅俄戲劇全集第九種」

夫人學堂：穆理哀喜劇；東亞病夫譯． 842—M733
上海，眞美善書店，民十六年． 136面．

890　其餘各國文學

黑假面人；（俄）安特烈夫原著，李霽野譯． 891·72—An25
上海，未名社，民十七年． 112面。 「未名叢刊之一」

亂婚裁判：蘇俄性生活的眞相；（蘇俄）德美朵委奇原著，漚
盧光譯． 891·72—T255
上海，啓智書局，民十七年． 78面．

日本文學；謝文逸著． 895·2—S420
上海，開明，民十六年． 176面． 上冊． 「世界文學叢書」

曼殊全集；柳亞子編． 895·2—S461
上海，北新，民十七年． 436面。

日本現代劇三種；（日）山平有三等原著，田漢譯． 895·92—S149
上海，東南書店，民十七年． 123面．

900　歷史

歷史哲學概論；Robert Flint原著，郭斌佳譯． 901—F647

上海，月新書店，民十七年． 296面．

歷史學與社會科學；李璜著． 901—L185

上海，啓智書局，民十七年． 111面．

文化評價ABC；葉法無著． 901—Y182

上海，世界，民十七年． 91面．

世界史表解；上海科學書局編． 080—S155—900

上海，科學書局，宣統三年． 前後2 册

史學通論；（日）浮田和民講述，李浩生譯． 904—F231

杭州，合衆譯書局，清光緒二十九年． 103面．

910—919　地理，遊記

世界地理表解，上海科學書局編． 080—s155—910

上海，科學書局，清宣統三年， 中下2 册． 「表解叢書」

新都遊覽指南；方繼之編． 910•2—F161

上海，大東，民十七年． 184面．

華英地名表；陳鎬基編． 910•3—0278

上海，商務，民十四年． 六版． 23面．

912　地圖

東洋歷史地圖；（日）石澤發身編． 912—s250.

東京，弘文館，明治三十九年． 十五版 21圖

最近改正漢文萬國地圖；（日）松邑孫吉編． 912—s572

東京，三松堂，明治三十九年． 36面．

世界新輿圖；奚若著．　　　　　　　　912—sh238
　　　上海，商務，民七年．

世界改造分國地圖；丁龍鑾著．　　　　912—T345
　　　上海，商務，民十年．

袖珍世界新輿圖；童世亨著．　　　　　912—T901
　　　上海，商務，民九年．

世界形勢一覽圖；童世亨著．　　　　　912—T901
　　　上海，商務，民十四年．

世界改造後環球列國地圖華英對照；　　912—Y114
　　　武昌，亞新地學社，民十六年．

最新中華形勢圖；洪懋熙著．　　　　　912·51—H521
　　　上海，東方輿地學社，民十六年．

支那古今沿革地圖；（日）小島彥七著．　912·51—s410
　　　東京，三松堂，明治三十八年．　　66面．

挪威一瞥；M ckL rF rryman原著，汪今鸞譯．914·81—M717
　　　上海，商務，民十五年．　　136面．　　［少年史地叢書］

中原的蠻族；鄭飛卿記．　　　　　　　915·113—c352
　　　上海，開明，民十六年．　115面．

陝西旅行記；王桐齡著，　　　　　　　915·12—w159
　　　北京，文化學社，民十七年．　144面．

大中華山西地理志；林傳甲著．　　　　915·122—L316
　　　山西，文廟圖書館，民八年．　324面．

漢口小志；徐煥斗著．　　　　　　　　915·131—H130
　　　漢口，商務，民四年．　2 册．

盧山遊記；胡適著．　　　　　　　　　915·133—H414

上海，新月書店，民十七年· 74面·

江浙旅行記；王桐齡著· 915·14—W159

北京，文化學社，民十七年· 126面·

上海軼事；陳伯熙編· 915·141—C285

上海，泰東， 上中2冊·

上海閒話；姚公鶴編· 915·14J—Y159

上海，商務，民十四年· 再版· 2 冊·

日本觀察記；王桐齡著· 915·2—W159

北京，文化學社，民十七年· 212面·

920 傳記

清儒學案；許嘯天編· 920—H36

上海，羣學社，民十七年· 「224面」

辯士舌；孫毓修編· 920—S534

上海，商務，民十三年· 再版· 73面·

921 列傳

三十三年落花夢；宮崎寅藏著· 921—K895

上海，出版合作社，民十五年· 四版· 140面·

陶淵明；梁啓超編· 921—L251

上海，商務，民十三年· 119面· 「國學小叢書」

鮑羅庭之罪惡；（俄）尤其皮克原著，朱穌原譯· 921—p585

廣州平社，民十七年· 76面·

東坡逸事；沈宗元編．　　　　　　　　　　　　　9 1—S211
　　　　上海，商務，民十四年．　六版．　93面．

東坡逸事續編；沈宗元編．　　　　　　　　　　　921—S211
　　　　上海，商務，民十五年．　四版．　66面．

英國海軍秘史；（英）施格鉄原著，秦翰才譯．　　921—sCC85
　　　　上海，文明，民十二年．　2冊．

崔東壁先生年譜；崔東壁著．　　　　　　　　　　921—T735
　　　　民十七年．　104面．

晏子春秋；支偉成編．　　　　　　　　　　　　　9121—Y248
　　　　上海，泰東，民十二年．　15'面．

袁世凱全傳軼事；野史氏編．　　　　　　　　　　921—Y421
　　　　文藝編譯社，民十四年．　十二版．・3冊．

袁世凱軼事；野史氏編．　　　　　　　　　　　　921—Y421
　　　　上海，文藝編譯社，民十四年．　十二版．　90面．
　　　　……續錄．　1冊．

英俄與猶太人；丁作韶著．　　　　　　　　　　　933—T352
　　　　上海，世界，民十六年．　77面．

940　歐洲史

西史綱要；張仲和著．　　　　　　　　　　　　　940—C152
　　　　北京，文化學社，民十五年．　2冊．

法國十八世紀的思想史；彭基相著．　　　　　　944—P271
　　　　上海，新月書店，民十七年．　204面．

947　俄國史

戰後世界政治之關鍵；（英）亞諾得原著，周谷城譯·　947—A163
　　　上海，春潮書局，民十七年·　初版·　84面·

俄國革命運動史；山內封介原著，衛仁山譯·　　947·C8—s148
　　　上海，太平洋書店，民十七年·　494面·

新俄國之研究；邵飄萍著·　　947·C9—s171
　　　日本，大阪東瀛編譯社，民十六年·　三版·「140面」

俄國革命史；楊幼炟編·　　947·09—Y141
　　　上海，民智，民十七年·　「452面」·

951　中國史

中山出世後中國六十年大事記；牟票編·　　951—P144
　　　上海，太平洋，民十七年·「674面」·

漢書補注補正；楊樹達著·　　951·02—Y137
　　　上海，商務，民十四年·「203面」·「北京師範大學叢書」

明代軼聞；林豈如著·　　951·072—L319
　　　上海，中華，民八年·「205面」·

清代軼聞；裘毓麐編·　　951·08—c742
　　　上海，中華，民六年·　五版·　四冊·

清朝野史大觀；小橫香室主人編·　　951·08—s410f
　　　上海，中華，民十年·　12冊·

清稗類鈔；徐珂著·　　951·08—S478
　　　上海，商務，民九年·　四版　48冊·

太平天國有趣文件十六種；劉復輯·　　951·082—L359

上海，北新，　25頁．

太平天國軼聞；進步書局編輯所編．　　　　　951·083—T652
　　　上海，文明，民十一年．　四版．　四冊．「稗史叢書」

庚子聯軍統帥瓦德西拳亂筆記；王光祈譯．951·087—W144
　　　上海，中華，民十七年．「270面」．

李鴻章遊俄紀事；王光祈著．　　　　　951·087—W784
　　　　上海，東南書店，民十七年．　「110面」．

奉直戰史；上海宏文圖書館編．　　　　951·09—s155f
　　　上海，宏文，民十三年．　七版．　2 冊．

江浙戰史；上海宏文圖書館編．　　　　951·C9—s155c
　　　　上海，宏文，民十三年．　再版．　4 冊．

西康疆域溯古錄；胡吉廬編．　　　　95·5—H401
　　　上海，商務，民十七年．「163面」．

952　日本史

日本研究叢書；陳德徵編．　　　　　952—C289
　　　上海，世界書局．　四冊．

日本研究叢書提要；陳德徵著．　　　　952—C289
　　　上海，世界，民十七年．「416面」．

日俄戰爭：呂思勉編．　　　　　952—L452
　　　　上海，商務，民十七年．　144面．「新時代史地叢書」

菲律賓；鄒民編．　　　　　991·4—C356
　　　　上海，商務，民十四年．「192面」．

小說

西奴娜小傳；（英）安東尼賀珂原著，林紓，魏易合譯． F—A141
上海，商務，民元年． 81面．

美洲童子萬里尋親記；（英）亞丁原著，林紓譯． F—Ad35
上海，商務，民九年． 四版． 86面．

安徒生童話集；趙景深譯。 F—An73a
上海，新文化，民十三年． 112面． 「綠波社叢書第一種」

歐美小說；（俄）安特劉夫等原著，虛白，萬學合譯． F—A425
上海，襄美善書店，民十七年． 「216面」

三公主；阿斯皮爾孫原著，顧均正譯。 F—AS46
上海，開明書店，民十七年。 155面．

山梯尼克頓學校；（英）比亞生原著，張墨池譯． F—B58
上海，公民，民十年． 58面． 「公民叢書教育類第四種」

藍花；趙景深，洪北平合譯． F—C201
上海，新宇宙書店，民十七年． 初版． 112面。

梔子花球；趙景深著． F—C210
上海，北新，民十七年． 246面．

阿麗思漫遊奇境記；（英）Dewis Catroee 原著，趙元任譯．
F—C236
上海，商務，民十二年． 再版． 223面．

印度寓言；鄭振鐸編． F—C351
上海，商務，民十四年． 87面． 「文學研究會叢書」

漩渦；陳白塵著。 F—C285
上海，金星，民十七年． 188面。

天問；陳銓著． F—C289

上海，新月書店，民十七年　2 冊．

福爾摩斯探案大全集：程小青等合編．　　　　　　　F—C345

上海，世界，民十六年．　12冊．

少女之誓 (法)FrncOis Rene de Chateaubriand，原著，戴望舒譯．

F—C391

上海，開明書店，民十七年．　156面．

芥川龍之介小說集；湯鶴逸譯．　　　　　　　　　　F—c569

北平，文化學社，民十七年．　143面．

林娟娟；金滿成著．　　　　　　　　　　　　　　　F—c667

上海，現代，民十七年．　135面．

殘爐集；金溟若著．　　　　　　　　　　　　　　　F—c667

上海，北新，民十七年．　122面．

木偶奇遇記：科羅狄原著，徐調孚譯．　　　　　　　F—c698

上海，開明，民十七年．　381面．

飄蕩的衣裙；周樂山著．　　　　　　　　　　　　　F—C789

上海，遠東圖書公司，民十七年．　128面．

兵；周毓英著．　　　　　　　　　　　　　　　　　F—C789

上海，創造社，民十五年．　153面．

龍華道上；朱扶湘著．　　　　　　　　　　　　　　F—C823

上海，新東方書店，民十七年．　166面．

月夜；川島著．　　　　　　　　　　　　　　　　　F—C901

北大新潮社，民十七年．　三版．　76面．

海上迷宮：春飌生著．　　　　　　　　　　　　　　F—C944

上海，民治書店，民十七年．　4 冊．

擘海春潮；春飌生著．　　　　　　　　　　　　　　F—C944

上海，好青年圖書館，民十七年。 2 冊。

白話魯濱蓀飄流記；（英）遠夫原著，嚴叔平譯。　　　F—D`62

上海，中華，民十五年。 四版。 「36 面。

魯濱蓀飄流續記；（英）達孚原著，林紓，曾宗鞏合譯。 F—D`62

上海，商務，民九年。 2 冊。 「小說叢書第十一篇」

清宮二年記；德菱女士原著，東方雜誌社譯。　　　F—D446

上海，商務，民十三年。 五版。 177面。

塊肉餘生述前編；（英）郤而司迭更司原著，林紓，魏易合譯。

F—D555

上海，商務，民三年。 2 冊。 「小說叢書第二十二種」

孝子耐兒傳；（英）却而司迭更司原著，林紓，魏易合譯。 F—D555

上海，商務，民三年。 3 冊。 「小說叢書第三十一種」

後期穴居人；（美）杜柏原著，何其寬合譯。　　　F—D722h

上海，商務，民十三年。 210面。 「兒童史地叢書」

樹居人；（美）杜柏原著，鄭振鐸，何其寬合譯。　　　F—D722s

上海，商務，民十三年。 122面。 「兒童史地叢書」

前期穴居人；（美）杜柏原著，沈志堅，何其寬譯。　　　F—D722s

上海，商務，民十三年。 137面。 「兒童史地叢書」

前期海濱人；（美）杜柏原著，何其寬譯。　　　F—D722t

上海，商務，民十四年。 2??面。 「兒童史地叢書」

法蘭西小說；（法）大仲馬等原著，夏萊蒂等合譯。　　　F—D89t

上海，翼美善書局，民十七年。 「1?9面。

玉樓花刼；（法）大仲馬原著，林紓，李世中合譯。　　　F—n891

上海，商務，民元年。 再版。 2 冊。

愛羅先珂童話集；（俄）愛羅先珂原著，魯迅譯。　　　F—Er69

上海，商務，民十六年。　227面。　「文學研究會叢書」

桃園；馮文炳著。　　　　　　　　　　　　　　　　F—F217
　　　上海，開明，民十七年。　再版。　247面。

深淵；（德）JanForge原著，鍾憲民譯。　　　　　　F—F763
　　　上海，現代書局，民十七年。　215面。

蜜蜂；（法）AnatofFrance原著，穆木天譯。　　　　F—F844
　　　上海，泰東，民十三年。　122面。　「世界兒童文學選集第三種」

色的熱情；（法）葛爾孟原著，盧白譯。　　　　　　F—G68
　　　上海，眞美善書店，民十七年。　141面。

草原上；（俄）高爾基原著，朱溪譯。　　　　　　　F—G677
　　　上海，人間書店，民十七年。　146面。

魯森堡之一夜；（法）Youlwent原著，鄭伯奇譯。　F—G713
　　　上海，泰東，民十一年。　136面。　「世界名家小說第三種」

德國童話集；（德）格利姆原著，劉海峯，楊篤健合譯。　F—G683a
　　　北京，文化學社，民十七年　57面。

歐洲童話集；張昭民譯。　　　　　　　　　　　　　F—G8830
　　　上海，北新，民十七年。　245面。

窄門；（法）安得烈紀得原著，穆木天譯。　　　　　F—G361
　　　上海，北新，民十七年。　244面。

鍾乳髑髏；（英）哈葛德原著，曾宗鞏，林紓合譯。　F—H122
　　　上海，商務，清光緒三十四年。　「187」面。

璣司刺虎記；（英）哈葛德原著，陳家麟，林紓合譯。　F—H122
　　　上海，商務，清宣統元年。　2冊。

人生小諷刺；（英）哈代原著，盧白，仲彝合譯。　　F—H216
　　　上海，眞美善書店，民十七年。　「316面。

若有其事；許欽文著。   F—H369
     上海，北新，民十七年。 193面。

孤星淚；（法）囂俄原著，商務印書館譯。   F—H307
     上海，商務，民三年。 2冊。

子卿先生；許傑著。   F—H371
     上海，開明。民十七年。 200面。

盧白小說；盧白著。   F—H380
     上海，眞美善書局， 「230」面。

德妹；盧白著。   F—H380
     上海，眞美善書局，民十七年。 「150」面。

紅花；   F—H513
     上海，芳草書店，民十七年。 「150」面。

做父親去；洪爲法著。   F—H523
     上海，金屋書店，民十七年。 81面。

拊掌錄（美）華盛頓歐文原著，林紓，魏易合譯。   F—Ir7
     上海，商務，清光緒三十三年。 76面。

天鵝；高君箴，鄭振鐸合譯。   F—K166
     上海，商務，民十四年。 361面。 「文學研究會叢書」

金風鐵雨錄；（英）柯南達利原著，林紓，曾宗鞏合譯。 F—K195
     上海，商務，清光緒三十四年。 再版。 2冊。

電影樓臺；（英）柯南達利原著，林紓，魏易合譯。   F—K195
     上海，商務，民二年。 83面。

博徒別傳；（英）柯南達利原著，陳大燈，陳家麟合譯。 F—K195
     上海，商務，清光緒三十四年， 「192面。

清慈禧太后畫像記；（美）喀爾原著，健公譯。   F—K218

上海，商務，民六年。　再版。　124面。

芝蘭與茉莉；顧一樵著。　　　　　　　　　　　　F—K248

上海，商務，民十六年。　四版。「130面。「文學研究會叢書

女屍；谷劍塵著、　　　　　　　　　　　　　　　F—K255

上海，眞美善書店，民十七年。　138面。

凄咽；斯曄著。　　　　　　　　　　　　　　　　F—K291

上海，泰東，民十七年。　216面。

紅墳；廣州文學會編。　　　　　　　　　　　　　F—K320h

香港，受匡出版部，民十六年。　82面。

仙窩；廣州文學會編。　　　　　　　　　　　　　F｜K320s

香港，受匡出版部，民十六年。　67面。

嬰屍；廣州文學會編。　　　　　　　　　　　　　F—K320s

香港，受匡出版部，民十七年。　148面。

塔；郭沫若著。　　　　　　　　　　　　　　　　F—K425

上海，商務，民十六年。　再版。　325面。「文藝叢書」

戀愛之路；（俄）柯倫泰夫人原著，沈端先譯。　　F—K834

上海，作新書社，民十七年。　114面。

歧路燈；李綠園著。　　　　　　　　　　　　　　F—L190

北京，樸社出版經理部，民十六年。　412面。

夢幻的陶醉；李自珍著。　　　　　　　　　　　　F—L129

北京，文化學社，民十六年。　136面。

烈火；黎錦明著。　　　　　　　　　　　　　　　F—L215

上海，開明書店，民十六年。　175面。

小說零簡；梁啓超著。　　　　　　　　　　　　　F—L251

上海，商務，民十三年。　三版。「174」面。「飲冰室叢著第十三種」

太平天國外記；(英)林利原著，孟憲承譯·　　　　F—L323
　　上海，商務，民十五年·　三版·　2冊·

義黑；(法)德羅尼原著，林紓，廖琇崑合譯·　　　F—L390
　　上海，商務，民四年·　66面·

阿串姐；盧夢殊著·　　　　　　　　　　　　　F—L406
　　上海，眞美善書店，民十七年·　「228」面·

曼麗；盧隱女士著·　　　　　　　　　　　　　F—L493
　　北京，古城書社，民十七年·　166面·

順治太后外紀；陸士諤著·　　　　　　　　　　F—L432s
　　上海，中華，民十二年·　四版·　108面·　『清秘史之一』

愛美生學畫記；雷家駿編·　　　　　　　　　　F—L471
　　上海，商務，民十二年·　48面·　「兒童藝術叢書」

愛的幻滅；曼陀羅著·　　　　　　　　　　　　F—M133
　　上海，眞美善書店，民十七年·　148面·

三國演義；毛宗崗著·　　　　　　　　　　　　F—M133
　　上海，亞東，民十一年·　2冊·

曼殊斐爾小說集；(英)曼殊斐爾原著，徐志摩譯·　F—M318
　　上海，北新，民十六年·

海鷗集；藝林社編·　　　　　　　　　　　　　F—N187
　　上海，亞細亞書局，民十七年·　128面·　「藝林叢刊第二輯」

盜窟奇緣；(英)蒲斯培原著，商務印書館譯·　　F—P414
　　上海，商務，民元年·　2冊·

三寶太監下西洋記通俗演義；　　　　　　　　　F—S121
　　上海，商務，　4冊·

天堂與五月；邵洵美著·　　　　　　　　　　　F—S171

上海‧光華，民十六年‧　　1.8面‧　　「獅吼社叢書」

雨後與其他；沈從文著‧　　　　　　　　　　F—S222

　　　　上海，春潮書局，民十七年‧　　141面‧

阿麗思中國遊記；沈從文著，　　　　　　　F—S2220

　　　　上海，新月書店，民十七年‧　　2.9面‧

華生色探案；商務印書館編譯所譯‧　　　　E—s353—1‧4

　　　　上海，商務，民三年‧　再版‧　120面‧　「說部叢書初集第四編」

回頭看；（美）威士原著，商務印書館編譯所譯‧　　F—S353—1‧12

　　　　上海，商務，民三年‧　再版‧　144面‧　「說部叢書初集十二編」

巴黎繁華記；商務印書館編譯所譯‧　　　　F—S353—1‧25

　　　　上海，商務，民三年‧再版‧　2冊‧　「說部叢書初集二十五編」

魯濱孫飄流續記；（英）達夫原著，林紓，曾宗鞏合譯‧

　　　　　　　　　　　　　　　　　　　　　F—s353—1‧34

　　　　　上海，商務，民三年‧　再版‧　2冊‧　「說部叢書初集三十四篇」

尸櫝記；（英）華爾登原著，商務印書館譯‧　　F—s353—1‧60

　　　　上海，商務，民三年‧　再版‧　1.0面‧　「說部叢書初集六十編」

化身奇談；（英）安頓原著，商務印書館譯‧　　F—s353—1‧96

　　　　上海，商務，民三年‧　再版‧　100面‧「說部叢書初集九十六編」

俠隱記；（法）大仲馬原著，君朔譯‧　　　　F—S353—2‧48

　　　　上海，商務，民四年‧　三版‧　4冊‧　「說部叢書二集四十八編」

當鑪女；王卓民編‧　　　　　　　　　　F—S353—3‧49

　　　　上海，商務，民十三年‧　三版‧　「中下二冊」

玫瑰花續編；(英 巴克雷原著，林紓，陳家麟合譯‧　F—S353—3‧65

　　　　上海，商務，民九年‧　再版‧　102面‧「說部叢書第三集六十五編」

媒孽奇談；商務印書館編譯所譯‧　　　　　F—S353—9‧9

上海，商务． 95面． 「說部叢書九集九編」

歷代名人奇聞趣史；新華書局編．　　　　　　　　F—S435
上海，新華，民十一年． 72面．

毀去的序文；徐雉著．　　　　　　　　　　　F—S476
上海，新文化書社，民十四年． 「104」面． 「綠波社小叢書」

小說季報；　　　　　　　　　　　　　　　F—S476
上海，清華書局． V1—V4 民七年至九年．

奔波；徐蔚南著．　　　　　　　　　　　　F—S184
上海，北新，民十七年． 132面．

到大連去及其他；孫席珍著．　　　　　　　F—S527
上海，春潮書局，民十七年． 123面．

强盜；（德）釋勒原著．楊丙辰譯．　　　　F—Sch33
上海，北新，民十五年． 284面．

你往何處去；（波蘭）顯克徵克原著，徐炳昶，喬曾劬合譯．F—Si16
上海，商務，民十一年． 388面．

地中海濱；（波蘭）顯克徵支原著，張友松譯．　F—si16a
上海，春潮，民十七年． 143面．

旅行述異；（美）華盛頓歐文原著，林紓，魏易合譯．　F—Ir8
上海，商務，民十三年． 2 冊．

格里佛遊記；（英）斯偉夫特原著，韋叢蕪譯．　F—SW54
北平，北新，民十七年． 卷一． 「未名叢刊15」

大唐三藏取經詩話；黎烈文著．　　　　　　F—T134
上海，商務，民十四年． 「75」面．

大宋宣和遺事；黎烈文著．　　　　　　　　F—T134
上海，商務，民十三年． 144面．

地之子；臺靜農著・　　　　　　　　　　　　　　F—T13
　　北平，未名社，民十七年・　256面・　「未名新集之一」

僕人；汪原放譯・　　　　　　　　　　　　　　　F—W167
　　上海，亞東圖書館，民十七年・　105面・

俄國童話集；唐小圃著・　　　　　　　　　　　　F—T212
　　上海，商務，民十三年・　6册・

天雨花；陶貞懷著。　　　　　　　　　　　　　　F—T245
　　上海，商務，　4册・

在黑暗中；丁玲著・　　　　　　　　　　　　　　F—T349
　　上海，開明書店，民十七年・　270面・

孽海花；曾孟樸著・　　　　　　　　　　　　　　F—T528
　　上海，真美善書店，民十七年・　再版・　「第一，二編」

魯男子；曾孟樸著・　　　　　　　　　　　　　　F—T528
　　上海，真美善書店，　179面・

夜談隨錄；霽園主人間齋氏輯・　　　　　　　　　F—T545
　　上海，商務，序民二年・　187面・

假利劵；（俄）托爾斯泰原著，楊明齋譯。　　　　F—T588
　　上海，商務，民十一年・　130面・　　「文藝叢刻乙集」

我的生涯；一個俄國農婦自述；（俄）托爾斯泰編，李璨譯・
　　　　　　　　　　　　　　　　　　　　　　　F—T583
　　　　上海，商務，民十四年・　128面・　　「文學研究會叢書」

懺悔；（俄）托爾斯泰原著，張墨池，景梅九合譯・　F—T5880
　　南京，樂天，民十一年・　再版・　100面・

空大鼓（俄）托斯泰原著，周作人譯・　　　　　　F—T588h
　　上海，開明，民十七年・　306面・

60

克利米戰血錄；（俄）托爾斯泰原著，朱世漾譯．　　　F—T588b
　　上海，中華，民六年．　104面．

故事（俄）托爾斯泰原著，唐小圃譯　　　　　　F—T588
　　上海，商務，民十二年，　67面．

物語（俄）托爾斯泰原著，唐小圃譯．　　　　　F—T588
　　上海，商務，民十二年．　74面．

寓言（俄）托爾斯泰原著，唐小圃譯．　　　　　F—T588
　　上海，商務，民十二年．　27面．

民話（俄）托爾斯泰原著，唐小圃譯．　　　　　F—T588
　　上海，商務，民十二年．　2冊．

小說；（俄）托爾斯泰原著，唐小圃譯．　　　　F—T588
　　上海，商務，民十二年．　124面．

托爾斯泰短篇小說集（俄）托爾斯泰原著，瞿秋白，耿濟之合譯．
　　　　　　　　　　　　　　　　　　　F—T588t
　　　上海，商務，民十三年．　四版．　244面．

履園叢話；錢梅溪輯．　　　　　　　　　　　F—T603
　　上海，商務，序同治九年．　2冊．

歡樂的舞蹈；錢杏邨著．　　　　　　　　　　F—T612
　　上海，現代，民十七年．　170面．

悵惘及其他；錢公俠著．　　　　　　　　　　F—T613
　　上海，春潮書局，民十七年．　　面．

左公平回記；嚴庭樞編．　　　　　　　　　　F—T680
　　上海，中國圖書公司和記，民五年．　2冊．

情人；左幹臣著．　　　　　　　　　　　　　F—T683
　　上海，亞細亞書局，民十七年．　134面．

創痕 左幹臣著．　　　　　　　　　　　　　　F—T684
　　　上海，亞細亞書局，民十七年． 「126」面．

石榴花；杜衡著．　　　　　　　　　　　　　F—T768
　　　上海，一綫書店，民十七年． 1.2面．

羅亭；屠格涅夫原著，趙景深譯．　　　　　　　F—T845
　　　上海，商務，民十七年． 229面． 「文學研究會叢書」

標點宋人平話新編五代史評話；董大理編．　　　F—T857
　　　上海，商務，民十四年． 198面．

小約翰；（荷蘭）望藹覃原著，魯迅譯．　　　　F—A289
　　　北平，未名社，民十七年． 260面． 「未名叢刊之一」

贛第德（法）凡爾太原著，徐志摩譯．　　　　　F—V889
　　　上海，北新，民十六年． 196面．

愛的犧牲；王誌之著．　　　　　　　　　　　F—W136
　　　北平，文化學社，民十七年． 234面． 「荒島社叢書」

死綫上；王任叔著．　　　　　　　　　　　　F—W144
　　　上海，金星書店，民十七年． 198面．

黃金；王魯彥著．　　　　　　　　　　　　　F—W148
　　　上海，人間書店，民十七年． 186面．

虞初支志；王葆心著．　　　　　　　　　　　F—W155Y
　　　上海，商務，民十五年． 136面．

憔悴的杯；王茨蓀著．　　　　　　　　　　　F—W159
　　　北京，北新，民十七年． 368面．

翠英及其夫的故事；汪靜之著．　　　　　　　　F—w175
　　　上海，亞東圖書館，民十七年． 再版． 168面．

七封書信的自傳；魏金枝著．　　　　　　　　F—w201

上海，人間書店，民十七年． 116面．

生之細流；聞國新著． F—w240

北京，文化學社，民十七年． 156面．

上下古今談；吳敬恆著． F—w281ss

上海，文明，民十五年． 十版． 4 册．

母與子；（日）武者小路實篤原著，崔萬秋譯． F—w304

上海，眞美善書店，民十七年． 756面．

王爾德童話；（英）王爾德原著，穆木天譯． F—w644w

上海，泰東，民十一年． 112面． 「世界兒童文學選集第一種」

鬼；（英）王爾德原著，盧白譯 F—w646

上海，眞美善書店，民十七年． 「114面」

鷹梯小豪傑；（英）楊支原著，林紓，陳家麟合譯． F—Y121

半夜角聲；葉勁風著． F—Y181

上海，商務，民十四年． 130面． 「小說世界叢刊」

九月的玫瑰；葉靈鳳譯． F—Y186

上海，現代書局，民十七年． 「134面」

天竹；葉靈鳳著． F—Y186t

上海，現代，民十七年． 126面．

未亡人；葉鼎洛著． F—Y193

上海，新宇宙書店，民十七年． 310面．

白癡；葉鼎洛著． F—Y193

上海，眞美善書店，民十七年． 「178面」

南北戰爭趣談；烈淡老叟輯． F—Y255

民七年．

增圖七俠五義傳；石玉昆原著，俞樾重編． F—Y374

66

上海，商務，序清光緒己丑年． 「525面」

南丹及奈儂夫人；佐拉原著，東亞病夫譯．　　　　F—N075

上海，眞美善書店，民十七年． 「136面」

沐澡；（法）左拉原著，徐霞村譯。　　　　　　Ｆ—N075

上海，開明，民十七年． 108面． 「文學週報社叢書」

類目索引

王雲五氏發明之
改訂 四角號碼檢字法

易學——易檢——科學化——民衆化

發明之經過

我國舊日檢字的方法，或按部首或按筆數部首法雖是比較部首法易學但是同筆數的字比同部首更多所以這是易學檢查上却更加困難，而且學成之後還是很難檢查筆數法的方法。王雲五氏從民國十三年十一月起研究新的檢字法在十四年五月便發明了號碼檢字法，把筆畫分做橫直撇點（包括捺）折五種依序分別計算過某筆筆畫缺了便代以〇號譬如天字有二橫無直一撇一捺無點二折所以他的號碼就是二〇一〇這字有二橫二直無撇無點二折所以他的號碼就是二二〇〇二這是用有意義的號碼檢字的最初方法；所以王氏就是我國號碼派檢字的最初發明者。依這方法每字各得一個號碼按着號碼的順序檢查同碼的字也不多所以比諸舊日部首法或筆數法都便捷得很多不過因此王氏便把這方法拋棄另行研究結果又發明一種新的方法叫做四角號碼檢字法，其特點在以筆形的種類，代替筆數的多少，又以四角的筆畫，代表全字的筆畫；低無需計算筆數的手續所以比諸號碼檢字法便捷好幾倍而且免去許多的錯誤這方法多而且遇着書法紛歧的字錯誤也格外多因此他的號碼按着號碼的順序檢字不獨發時較號碼檢字的字分次計算過次分字數費時很多而且容易錯誤；其二就是要顧到全字的筆畫不獨發時較

四角號碼檢字法。

經於民國十四年十一月發表備受社會歡迎但王氏尚不自滿更經過三年的機續研究，七十多次的改良，才成為此次發表兼備易學易檢兩條件的改訂四角號碼檢字法。

實驗之證明

本法之易學易檢，都有事實佐證絕非臆測（一）在上海規模最大之中小學校七所從初小二年級起至高中三年級止每級擇優等中等及次等生各一人於半小時內把四角號碼檢字法教給他們再加十分鐘練習結果初小二年級學生都能應用檢字。（二）東方圖書館暑期實習所中由八十幾個機關派來之實習員一百四十六人競爭試驗結果本法檢字最速者每一單字僅需時十秒鐘，比舊法平均可省一分半鐘，而錯誤程度不及八分之一，尤為特色計七八千字之中，四角同碼在十五個字以內的約占百分之九

應用之範圍

本法之易學易檢已如上述其同碼字極少，十；若在通常應用的一二千字則同碼字數最多不過三四個再加以附角的補充規定則每字各有一定的地位。所以本法不獨是檢查字典詞典的唯一良法而且對於文卷書目索引等之編排也是最適用的本法業經全國教育會議通過請大學院通行全國採用現在各機關各圖書館採用本法編排文卷書目的，已有三四十處。商務印書館依本法改編及新編的書籍，已出版的有國音學生字彙，學生字典兩種在排印中的有辭源中國人名大辭典百科名彙二十四史人名索引算學大辭典法律大辭典圖書彙報等多種不日即可出版。

附告

（一）本檢字法發明者王雲五氏為促進文化與能率自願不受報酬公諸於世。無論何人得依左列條件采用之。

（甲）在采用之目的物註明「采用王雲五氏四角號碼檢字法」字樣。

（乙）不得任意更改或割裂本檢字法（如有改良意見須函商發明者得其同意）

（丙）采用前須用書面請求發明者同意俟得復然後采用。

（二）本檢字法另印有詳細說明書及檢字表，函索者請寄郵票五分至商務印書館編譯所索引部。

第二次改訂四角號碼檢字法

王雲五發明

第一條　筆畫分為十種，各以號碼代表之如下：

號碼	筆名	筆形	舉例	注意
0	頭	亠	言主 广疒	檢查時遇單筆與複筆並列，應儘量取複筆，如⺍作8不作93，小作93
1	橫	一乚	天土 地江	0作45678、9各種均由數筆合為一複筆
2	垂	丨丿	山月 千則	厂作7不作33
3	點	丶㇏	元風 之衣	寸作4不作2
4	叉	十乂キ	草杏 才戈	力作2不作2
5	插	扌	大尃 申史	乂作0不作2
6	方	口	國鳴 目由	口作6
7	角	𠃌乛	甲由 學字	⼌作7不作6
8	八	八 ⺌ ⼉	羽門灰 分頁羊	彐作3不作2
9	小	小 糸	正午 惟	

第二條　每字祇取四角之筆，其順序：
(一)左上角　(二)右上角　(三)左下角　(四)右下角

檢查時按四角之筆形及順序，每字得四碼。

（例）端　4325
（例）頏　0128
（例）眯　6789

第三條　字之上部或下部，祇有一筆或一複筆時，無論在何地位，均作左角，其右角作0。

（例）宣　直　冬　軍　宗　母

第四條　由整個口門門所成之字，其下角取內部之筆，但上下角左右有他筆時，不在此例。

（例）因　6043　閃　7724　鬪　7712　茵　4460　灆　3712

（例）千　之　持　犬　十　車　時

附則

I　字體均照揩書如下表：

| 正住匕反不戶安心卜斤刀乷單真執偶衣 |
| 誤佳已反不戶安心卞斤刄地迎亦草真執禹衣 |

II　(甲)取筆時應注意之點
(乙)取心戶等字凡黑下之橫右方與他筆相連者均作3，不作6……

III　(甲)取筆角立或應平行者之筆點之……
(乙)……

(IV)　拼音覽功郭是疝欵……

詞語排列法

第一字取四角或五角，第二三字各取上二角，無第三字時，第二字取四角。第四字以下取一角。

例：

孫文	1249 / 5022
孫中山	1249 / 0040
孫學說	1249 / 0077

孫　1249
文　0040
中　50　山　22
文　00　說　77

二角，第二三字得各取一角。詞語較多時，第二三字得各取一角。單字或詞語較少時，第一字得取二角，第二三字得各取一角。詞語較長時，第四五字亦得酌取一角。

檢字號碼	類目	分類號碼
0010	童工	331•3
	童子軍	369•4
	立法	328
	立憲政體	321•8
	立體幾何	513•3
0011	痘	614•473
0012	病理學	6.6
0021	產科學	618•4
0022	市政	352•1
	市政府	352
	市政問題	352•9
	商法	347•7
	商業	380
	商業政策	380.3
	商業史	6-033
	商業地理	380•8
	商業訓練	650
	商業經營法	658
	商店組織	651
	商品學	853
	商業簿記	657
0023	應用科學	600
0024	度量	389
0028	廣告學	659•1
0033	意大利文學	850
	戲劇	852
	遊記	914•5
	烹飪	641•5

3

0040 文學　　　　　　　　800
　　　文學史　　　　　　809
　　　文學批評　　　　　801
　　　文學讀本　　　　　810·7
0050 文字學（見語言學）　400
　　　交通　　　　　　　380·6
　　　交易所　　　　　　332·6
　　　交際術　　　　　　177
　　　交際禮節　　　　　395
0060 音樂　　　　　　　　780
0062 諺語　　　　　　　　398
0166 語言學　　　　　　　400
0260 訓育　　　　　　　　371·8
0263 訴訟法　　　　　　　347·9
0292 新詩　　　　　　　　811
　　　新文學　　　　　　810·1
　　　新聞學　　　　　　070
0366 識字運動　　　　　　379
0464 詩文一總集　　　　　818
　　　詩文彙集（普通）　808·8
　　　詩學研究（普通）　808·1
0468 讀書法　　　　　　　028·6
0669 課程　　　　　　　　375
0761 記憶　　　　　　　　154
0762 詞　　　　　　　　　811
0764 設計教學法　　　　　371·3
0862 診斷學　　　　　　　616·07
　　　論理學（見邏輯）
0865 議院　　　　　　　　328

4

1000 一元論 147
1010 三角學 514
　　　 工業政策 331
　　　 工會 331
　　　 工業史 609
　　　 工程學 620
　　　 工藝製造 670
1010 亞里斯多德 185•1
　　　 巫 133•4
1040 平民教育 379
　　　 平民政治 321•3
　　　 平民主義 321•4
　　　 平面三角 514•5
　　　 平面幾何 513•1
1043 天文學 520
1060 西賻哲學 182
　　　 西洋畫 750
　　　 百科全書 030
1064 礮兵 353
1068 礦業 622
　　　 礦物學 549
1071 電報 654
1090 不平等條約 327•51
　　　 累掠法 347•7
1128 預算決算 336
1217 聯語 819•06
　　　 聯邦政治 321•021
1223 水產 629
　　　 水產動物學 590

	水彩畫	752
1240	刑法	343
	刑事訴訟法	347·9
1241	孔子	181·1
1242	形而上學	110
1315	職業指導	371·42
	職業教育	371·42
	職業倫理	174
1421	殖民政策	325
1519	珠算	511·2
1710	孟子	181·102
1768	歌謠	398
	歌舞	782
1814	政治學	320
	政體論	321
	政治哲學	320·1
	政治史	320·9
	政黨	329
2026	信託公司	332·14
2041	航空	629
	航業	395
2050	手工業	680
	手工教育	371·42
	手相	133·6
2060	看護	649
	售品學	658
2091	統計學	310
	統計	313
2092	紡織工業	677
2120	步兵	356

2122	行政法	350
	儒教	181·101
	衛生學	613
	市衛生	372·4
2124	優生學	575·1
2171	比較憲法	342
	比較宗教學	290
2172	師範教育	370·72
1612	經濟學	330
	經濟學史	330·9
2191	紅十字會	360
2221	催眠術	134
2224	戀態心理	150
2283	戀愛	177·6
	戀愛與結婚	392·5
2245	幾何	513
	幾何畫	744
2277	山東問題	327·51
2290	利息	332·8
2291	種花	635·9
2297	稻	633·1
2299	絲	638
2300	卜	133·3
2320	外科	617
	外國匯兌	332·45
	外交	327
	外交一中國	327·51
2324	代數	512
2325	俄國史	947

	哲學	197•9
	文學	891•7
	戲劇	891•72
	戲劇研究（普通）	808•2
2390	秘密會社	366
2412	動物學	590
2421	化學	540
	化學實驗	542
	化學工藝	660
2423	德國	
	戲劇	832
	文學	830
	歷史	943
	哲學	193
2454	特殊教育	371•9
2472	幼稚園	372•2
2480	貨幣學	332•4
2490	科學原理	501
	科學方法	501
2503	失業問題	331•
2510	生理學	612
	生命起原論	576
	生死問題	577•2
	生物學	570
	生育節制	312
2522	佛教	291
2524	傳記	920
	傳染病預防法	614•5
2600	自由畫	740

	自然科學	500
	自動教育	374
	白話文	495·15
2629	保險學	368
2690	細胞學	576·3
2712	郵政	383
2722	鄉村教育	379·173
2725	解剖學	611
	解析幾何	516
2733	急救法	614·8
2752	物理	530
	物價問題	333
2760	名學（見選輯）	
	各科教授法	371·39
2791	租借地	341·8
	租界收回問題	341·8
2792	網球	797
2821	作物學	633
2821	作文法	810·8
2822	倫理學	170
	倫理學史	170·9
	人生哲學	171
	國家倫理	172
	公民倫理	172·1
	戰時倫理	172·4
	家庭倫理	173
	職業倫理	174
	社會倫理	177
	倫理學原理	171

9

2324	微積分學	517
	微生物學	616·01
2891	稅則	336·2
3011	注音字母	495·121
3023	家政	640
	家庭問題	392·3
	家庭教育	374
	家庭倫理	173
3030	進化論	575
3033	憲法　憲法史	342
3034	宇宙論	113
3042	寓言	819
3069	審判	347·9
3080	實驗主義	149·9
3090	宗教	200
	宗教與科學	215
3210	測量法	526·9
3214	叢書	080
3300	心理學	150
	教育心理學	370·15
	心理測驗	371·102
	心身鍛練法	130
3316	治療學	616
	冶金學	669
3318	演說術	808·5
3413	法律	340
	法典—中國	345
	法院	347·0
3413	法庭	347·9

	法令	352·11
	法國哲學	194
	歷史	941
	戲劇	842
	文學	840
3421	社會科學	300
	社會學	301
	社會問題	301
	社會心理學	301
	社會學史	309
	社會教育	307
	社會倫理	177
	社會調查	309·1
	社會主義	335
3430	造紙	676
	造形美術	730
3490	染色學	667
3516	油畫	750
3520	神話	398·4
3530	遺傳學	575·1
3611	混合算學	510
3630	邏輯	160
3710	盜匪問題	364
3720	運動	790
	選舉	324
3750	軍火	355·82
	軍事學	355
3780	資本問題	331
3811	汽車	629·2
3814	游泳	796

3815	海商法	347•7
3824	複式教授	371•3
3830	道路	625
	道教	299•5
	道爾頓制	371•38
	遊記	910—919
	遊覽指南	910•2
	遊藝	790
3912	消費合作社	334•5
4003	太平洋問題	327
4010	土壤學	631
	土木工程	625
	土耳其史	956
4020	麥	633•1
4022	有機化學	547
	內科	616
	希臘文學	88•9
4040	女性論	396
	女子教育	376
	女童子軍	369•46
	女子參政權	324•5
4060	古代史	930
	古動物學	560
4080	木工	680
4094	校外教授實施法	371•39
4099	森林	634
42 6	婚姻問題	392•3
4295	機械學	621
	機械學	531

12

4304 博物學（見生物學）
4375 裁兵計畫　　　　　　355•11
4402 協動教學法　　　　　371•3
4410 基督教　　　　　　　210—280
　　　基督教青年會　　　267•3
4411 地質學　　　　　　　550
　　　地方自治　　　　　352•15
　　　地方行政　　　　　352
　　　地理　　　　　　　910—919
　　　地圖　　　　　　　912
　　　地名辭典　　　　　910•3
4420 考古學　　　　　　　913
　　　夢　　　　　　　　135
4421 花柳病　　　　　　　616•95
　　　莊子　　　　　　　181•1034
4450 華僑　　　　　　　　325•51
　　　華盛頓會議　　　　341•1
　　　革命　　　　　　　323•2
4453 英國文學　　　　　　820
　　　史　　　　　　　　942
4460 畜牧　　　　　　　　636
4471 世界語　　　　　　　403•9
　　　世界史　　　　　　909
　　　老子　　　　　　　181•1031
4473 藝術思潮　　　　　　701
　　　藝術教育　　　　　707
4480 楚詞　　　　　　　　811•1
4490 藥物學　　　　　　　615•1
4491 檯球　　　　　　　　797

	植物學	580
4590	杖球	797
4595	棒球	797
4490	相對論	530·1
	相術	138
	柏拉圖	184·1
4692	棉	633·51
4742	婦女問題	396
	婦女職業	396
	婦女運動	396
	科學婦	618
4762	都市計劃	352·5
4793	橡皮	678
4796	格言	819
4844	敎育學	370
	市敎育	352·9
	敎育社會學	307
	敎育史	370·9
	敎授法	371
	敎育哲學	370·1
	敎育辭典	370·3
	敎育統計	370·2
	敎育法令	379·14
	敎育測驗	372·102
	敎育心理學	370·15
	敎會史	270
4860	警察	352·2
5000	中國哲學	181·1
	財政史	333·51

憲法　　　　　342·51
敎育史　　　　370·951
敎育問題　　　37951
敎育枕計　　　379·51
商業史　　　　380·951
家庭問題　　　392·3
語言學　　　　495·1
字典　　　　　495·13
文法　　　　　495·15
工業史　　　　609
醫學史　　　　610·9
農業史　　　　630·951
體育史　　　　790·9
小說史　　　　808·3
文學　　　　　810
文學史　　　　810·9
修辭學　　　　810·8
戲曲　　　　　812
詩—研究　　　811
總集　　　　　811·08
別集　　　　　811·9
歷史　　　　　951
中日關係　　　327·51
中英關係　　　327·51
中俄關係　　　327·51
中央行政　　　351
中央政府　　　351
中學敎育　　　373
5010 畫論　　　740

5013	蟲害學	632
5023	本能	158
5034	專門及大學敎育	378
5060	書牘	816
	書信彙集（普通）	808·6
	書信作法	808·6
5090	東亞史	950
	東方哲學	181·1
5104	攝影	770
5260	哲學	100
	哲學史	109
	哲學方法論	112
	哲學派別	140
5523	農業	630
	農具學	631·3
	農業政策	630
5821	薪金問題	234·2
5814	數學	510
6010	日本歷史	952
	外交政策	327·52
	文學	895·2
	戲劇	895·22
	日記	819·03
	日用品製造法	666
	星象	133·5
	目錄學	010
	墨學	181·104
6011	罪犯學	364
6015	國恥史	327·51

	國貨	609
	國音	495•12
	國語	495•11
	國家倫理	172•
	國學論文集	040
	國際公法	341
	國際私法	341•5
6015	國際匯兌	332•45
	國際關係	327
	國際條約	341•2
	國際貿易	382
	國際會議	241•1
	國際聯盟	341•1
6022	易卜生	839•826
6033	思想（心理）	153
6040	田徑賽	796
6060	圖案	745
	圖書館學	020
6071	昆蟲學	595
6073	園藝	635
6080	足球	797
6090	果木	634
6211	跳舞	793
6299	縣自治	352•101
6355	戰術學	355•4
	戰時倫理	172•1
	戰時國際公法	341•3
6363	獸醫學	610
6480	財政學	336•4

	財政史	33
6650	單級教授	371·3
6703	眼科	617·7
6733	照相學	770
7021	雕版術	655·19
7022	肺癆病	616·995
7113	蜜蜂	638
7121	歷史（見各國）	900
	曆法	529
7124	反基督教問題	280
7129	原子論	541·2
7171	匯兌論	332·45
7222	所得稅	336·24
7280	兵工政策	355·1
7326	胎生學	618·2
7421	陸軍	355·3
7432	騎兵	357
7521	操體	613·7
7721	兒童學	136·7
	兒童心理	136·7
	兒童養育法	649
	風水	133·8
	風俗	390
	肥料學	631·8
7722	陶瓷學	666·3
	腳氣病	617·58
7740	學校視察法	379·15
	學生課外運動	371·8
	學校衞生	371·7

	學生自治	371•5
	學校管理	371•5
	學校行政	371•5
	學生運動	371•8
	學習心理	370•15
7750	母性	396
7760	醫學	610
	醫方	615•4
7771	巴黎和會	341•1
7772	印度哲學	181•4
	文學	891•4
	歷史	954
7774	民法	347•1
	民權	323•4
	民治政體	321•8
	民事訟訴法	347•9
7777	關係問題	336•2
7778	歐洲史	940
	歐戰	940•3
	歐洲財政史	336•4
7810	監獄學	365
8000	人類學	572
	人生觀	120
	人生哲學	171
	人口論	312
	人口限制論	312
	人民與國家之關係	323
	人類進化	572
8010	金工	680

8018	鑛產	553
8022	分析化學	544
	分團教授法	371•3
8033	無線電學	621•3842
	無機化學	546
	無元論	149
8043	美術	700
	美術史	709
	美學原理	701
8060	會計學	657
	合作主義	334
8062	命理	133•5
8073	公債	336•3
	公安局	352•2
	公民倫理	172•1
8073	公文程式	808•6
	公共衛生	614
	公共教育	379
	公司條例	347•7
	食譜	641•5
	食料	641
	食品化學	664
	養雞	636•5
8020	貧乏	339
8091	氣象學	551•5
8138	領事裁判權一中國	341•8
8315	鐵道	385
	鐵路理管	656
	鐵鑛	553•3

8660	智力測驗	372·102
8713	銀行學	332·1
	銀行簿記	657
8810	籃煤	799
8814	簿記	657
8844	算學	511
8872	節慾論	178
9000	小說	F
9000	小說考証	808·3
	小學教育	372
	小學教學法	372·01
	小學各科教學法	872
	小兒科	618·9
9050	舉術	796·6
9060	省鑒	352
9489	煤礦	553·2
9501	性論	575·9
	性教育	612·6
9502	情感	157
9822	幣制問題	332·4
9942	勞資問題	331
	勞動法	338·9

黨 義 書 籍

〔本編採用國立廣東中山大學圖書館〕
〔革命文庫分類法〕

分類大綱

S00　　　　總類
S10　　　　孫文主義
　S12　　　　　原著
　S13　　　　　三民主義的討論和研究
　S14　　　　　建國大綱及方略的討論和研究
　S15　　　　　五權憲法的討論和研究
　S16　　　　　政策及宣言策
　S17　　　　　講演集　函牘
　S18　　　　　叢書
　S19　　　　　孫中山歷史
S20　　　　中國國民黨
　S28•3　　　　黨員論文集
　S28•4　　　　黨員演講集
　S29　　　　　黨史
　S29•9　　　　黨員傳記
S30　　　　黨化教育
S40　　　　國民政府
S50　　　　中國革命問題
　S59　　　　　中國革命史
S60　　　　世界革命問題
S70　　　　反革命運動

S00　總載

革命哲學；朱謙之著．　　　　　　　　　　　s01—C521.

上海，泰東，民十年．　　236面．　「創造社叢書第二種」

革命原理；郎擎霄著．　　　　　　　　　　　s01—L140

廣州，丁卜圖書社，民十六年．　227面．

S10　孫文主義

孫文主義總論；邵元冲講演．　　　　　　　　S10—s171

上海，民智，民十五年．　初版．　5 面．　「中山學院叢刊第一種」

中山主義表解；王祖佑編．　　　　　　　　　S10·2—W159

對於孫文主義之哲學的基礎之商榷；孫銳亞著．

　　　　　　　　　　　　　　　　　　　　　　S11—S511

上海，三民公司，民十五年．　三版．　39面．

孫文主義之哲學的基礎；戴季陶著．　　　　　s11—T121

上海，民智，民十五年．　四版．　68面．

孫中山生平及其主義大綱；文莊著．　　　　　s11—W251

上海，光華，民十五年　77面．

S12　原著

孫中山先生遺教；黃昌穀編．　　　　　　　　s12·3—H471

上海，民智，民十五年．　798面．

三民主義；孫文演講．　　　　　　　　　　　s12·3—s511

上海，太平洋書店，民十六年．　六版．　[274]面．

民族主義；孫文講演．　　　　　　　　　　　　S12.31—s511
　　　上海，民智，民十三年．　142面．

民權主義；孫文著．　　　　　　　　　　　　　S12.32—s511
　　　上海，民智，民十四年．　202面，

建國方畧；孫文著．　　　　　　　　　　　　　s12.4—s511
　　　上海，民智，民十一年．「464)面．

孫文學說；孫文著．　　　　　　　　　　　　　s12.41—s511
　　　上海，民智，民十三年．　三版．215面．

軍人精神教育；孫文著．　　　　　　　　　　　s12.41—s511
　　　上海，民智，民十六年．　五版　84面．

民權初步；孫文著。　　　　　　　　　　　　　s12.43—S511
　　　上海，民智，民十六年．　124面。

五權憲法；孫文演講。　　　　　　　　　　　　S12.5—s511
　　　上海，民智，民十五年．　五版．28面．

中山先生文集；飛俠輯．　　　　　　　　　　　S12.8—s511
　　　明明書局，民十五年．　初版．126面．

S13　三民主義的討論和研究

三民主義精義；三民公司編．　　　　　　　　　s13—s611
　　　上海，三民公司，民十七年．　五版．560面．

到大同的路；朱謙之著．　　　　　　　　　　　s13—C821
　　　上海，泰東，民十七年．　「175」面．

中山政治淺說；韓德光編．　　　　　　　　　　s13—H123
　　　上海，中央圖書局，民十六年．　再版．120面，

三民主義之認識；胡漢民著．　　　　　　　　s13—H405
　　　上海，進一書局，民十七年．　76面．

三民主義的連環性；胡漢民著。　　　　　　　s13—H405
　　　上海，民智，民十七年．　110面．

三民主義者之使命；胡漢民著。　　　　　　　s13—H405
　　　上海，民智，民十六年．　158面．

孫公紀念週課本；甘乃光編輯．　　　　　　　s13·1—K12
　　　上海，三民公司，民十五年。　再版．　面．

三民主義討論大綱；劉湛恩編．　　　　　　　s13·1—L2·6
　　　上海，青年協會，民十六年．　45面．　「公民教育叢刊」

三民主義要畧；民智書局編．　　　　　　　　s13·1—M258
　　　上海，民智，民十七年．　三版　80面．

三民主義常識；孫中山講演．　　　　　　　　s13·1—s711
　　　上海，三民公司，民十六年．　106面．

三民主義概論；楊幼炯著．　．　　　　　　　s13·1—Y114

三民主義考試問答一百條；　　　　　　　　　s13·2—c601
　　　上海，建國書局，民十七年．　四版．　62面．
　　　上海，民智，民十七年．　134面．　「革命叢書」

全民政治問答；魏冰心輯　　　　　　　　　　s13·4—W205
　　　上海，中央圖書局，民十六年．　67面．

民生主義討論大綱；李權時編．　　　　　　　s13·5—L181
　　　上海，青年協會，民十六年．　62面．

民生主義與人口問題；王警濤著．　　　　　　s13·5—W136
　　　上海，民智，民十六年．　118面．

三民主義與中國及世界；羅敦偉著．　　　　　s13·6—L898

上海，民義書局，民十六年．　47面．

三民主義與共產主義；張冰澤著．　　　　　　　s13.61—C152
　　　上海，民生書店，民十七年．　49面．

S14　建國大綱及方畧的討論和研究

革命與權術；洪瑞釗著．　　　　　　　　　　s14—H523
　　　上海，民智，民十七年．　74面．　［革命叢書］

革命與腐化；任中敏著．　　　　　　　　　　s14—J126
　　　上海，民智，民十七年．　177面．　［革命叢書］

建國大綱釋義；魏冰心輯．　　　　　　　　　s14.1—W205
　　　上海，中央圖書局，民十七年．　再版．　74面．

訓政；嚴思椿著．　　　　　　　　　　　　　s14.32—Y213
　　　上海，各大書店，民十七年．　［282］面．

訓政時期調查戶口之意見；許崇灝著．　　　　s14.33—H369
　　　上海，民智，民十七年．　再版．　24面．

訓政大綱提案說明書；胡漢民著．　　　　　　s14.32—H415
　　　中國國民黨湖北省黨務指導委員會宣傳部，民十七年．　16面

訓政時期地方行政計劃；邵元冲著．　　　　　s14.32—s171
　　　上海，民智，民十五年．　再版．　44面．

建國方略淺說；魏冰心編．　　　　　　　　　s14.4—W205
　　　上海，中央圖書局，民十六年．　81面．

中山主義淺說；魏冰心編．　　　　　　　　　s14.41—w200
　　　上海，中央圖書局，民十六年．　三版．　51面．

建國方略問答；印維廉輯，　　　　　　　　　s14.4—Y288

　　　　　　上海，中央圖書局，民十七年．　四版．　164面．

中國國民黨實業講演集；中國國民黨中央執行委員會實業部編．

　　　　　　　　　　　　　　　　　　　　　　　s14·42—C976

　　　　　　上海，民智，民十五年．　四版．　94面．

中山實業淺說；萬扶風編．　　　　　　　　　s14·42—w122

　　　　　　上海，中央圖書局，民十六年．　129面．

§15　五權憲法的討論和研究

五權憲法論；陳顧遠著．　　　　　　　　　　s15—C278

　　　　　　上海，光明書局，民十六年．　34面．

五權憲法大綱；謝瀛洲編．　　　　　　　　　s15—s426

　　　　　　上海，遠東書局，民十七年．　再版．　「214」面．

五權憲法釋義；魏冰心編．　　　　　　　　　s15—w205

　　　　　　上海，中央圖書局，民十七年．　三版．　104面．

中山先生之革命政策；黎照寰編．　　　　　　s16—L215

　　　　　　上海，民智，民十七年．　78面．

中山先生對於開國民會議及廢除不平等條約的主

　　　張；孫中山演講．　　　　　　　　　　　s19·1—s511

　　　　　　上海，三民書店，　35面．

§17　講演集　函牘

中山演義；許慕襪編。　　　　　　　　　　　s17·1—H373

　　　　　　廣州，國民書店，民十六年．　再版．　4册．

中山主義講演集；馬凌山輯．　　　　　　　　s17·11—M117

　　　　　　上海，三民公司，民十五年．　再版．　86面．

孫中山先生演講錄；孫文演講．　　　　　　　　s17·1——s511
　　　上海，民智，民十二年．　122面．

孫總理講演集；孫文演講．　　　　　　　　　s17·1——s511
　　　國民革命軍中央軍事政治學校政治部，民十五年，　123面．

孫中山演講集；孫中山演講．　　　　　　　　s57·1——s511
　　　220面．

孫中山先生十講；孫文演講．　　　　　　　　s17·1——s511
　　　上海，民智，民十五年．　五版．　122面．

中山演講集；孫文演講．　　　　　　　　　　s17·1——s511
　　　上海，太平洋書店，民十五年．　四版．　436面．

孫中山先生由上海過日本之言論；　　　　　　s17·1——s511
　　　廣州，民智，民十五年．　五版．　136面．

中山社會主義談；三民公司編．　　　　　　　s17·12——s511
　　　上海，三民公司，民十六年．　三版．　38面．　「三民叢書第二種」

孫中山先生對農民之訓詞；孫文講演．　　　　s17·12——s511
　　　中國國民黨中央農民運動講習所，民十六年．　22面．

S18　叢書

孫中山先生遺言；　　　　　　　　　　　　　s18——S155
　　　上海書店，民十四年．　再版．　64面．

中山叢書；　　　　　　　　　　　　　　　　s18——s511
　　　上海，太平洋書店，民十五年．　四版．　3冊．

S19　孫中山歷史

中山先生之生與死；范體仁編，　　　　　　　s19——F133

10

上海，光明書局，民十六年． 再版． 100面．

孫逸仙傳記；(美)林百克原著，徐植仁譯．　　　s19——511

上海，三民公司，民十五年． 338面．

孫逸仙敦倫被難記；孫文著．　　　s19·2——s51]

上海，新民社，民十六年． 84面．

孫中山榮哀錄；中華革新學社編　　　s19·3——C976

中華革新學社，民十四年． 115面．

孫中山先生北上與逝世後詳情；黃昌毅講演．

s19·3——H47₁

上海，民智，民十五年． 再版． 52面．

孫中山評論集第一編；三民公司編．　　　s19·3——s121

上海，三民公司，民十五年． 三版． 104面．

中山先生思想概觀；周佛海著．　　　s19·4——C774

上海，民智，民十六年． 五版． 50面．

中山思想問答；朱亮基輯．　　　s19·4——C828

上海，中央圖書局，民十五年． 再版． 124面．

中山先生思想概要；新覺編．　　　s19·4——s435

上海，光明，民十六年． 五版． 142面．

孫中山先生之生活；黃昌毅講演．　　　s19·5——H471

上海，民智，民十五年． 初版． 52面．

孫中山先生與中國；高爾柏，高爾松合編．　　　s19·71——K167

上海，民智，民十五年． 五版． 84面．

中山故事；馬眉伯編．　　　s19·8——M118

上海，商務，民十七年． 116面． 「新時代少年叢書」

孫中山軼事集；三民公司編．　　　s19·8——s121

11

上海，三民公司，民十五年。　再版。　220面。

孫中山年年譜；賀嶽僧編。　　　　　　　　　　s19.92—s511

上海，世界書局，民十七年。　再版。　73面。

中山嘉言鈔；周潤寰輯。　　　　　　　　　　　s19.93—C777

上海，中央圖書局，民十六年。　再版。　70面。

孫中山先生陵墓圖案；孫中山先生葬事籌備處編。s19.97—s511

上海，民智，民十四年。　30面。

§20　中國國民黨

國民革命與中國國民黨上編；戴季陶著。　　　　S20—T121

廣州，平社，民十七年。　再版。

中國國民黨問答；魏冰心輯。　　　　　　　　　S20—W205

上海，中央圖書局，民十六年。　再版。　71面。

S21　規程

中國國民黨總章；　　　　　　　　　　　　　　S21—C976

國民政府軍事委員會總政治部，民十六年。　15面。

中國國民黨黨務；上海法學編譯社編。　　　　　S21—s155

上海，會文堂，民十七年。　「46面」

中國國民黨中央執行委員各省區代表聯席會議宣言及決議案　　　　　　　　　　　　　　S21.4—C976

國民革命軍總司令部政治部，民十六年。　70面。

中國國民黨第二屆中央執行委員第三屆全體會議
宣言訓令及決議案；　　　　　　　　　s21·4—c976
　　中央軍事委員會總政治部，民十六年。　59面。
中國國民黨第一次全國代表大會宣言；　　s21·4—c976
　　25面。
中國國民黨第一二次全國代表大會宣言；　s21·4—c976
　　漢口特別市黨部執行委員會，民十五年。　56面。
中國國民黨第一二次全國代表大會宣言及議決案·
　　　　　　　　　　　　　　　　　　　s21·4—c976
中國國民黨中央各省區聯席會議宣言及議決案；
　　　　　　　　　　　　　　　　　　s21·4—c976
　　　　中國國民黨湖北省黨部。「174」面。
中國國民黨第二次全國代表大會宣言及決議案；
　　　　　　　　　　　　　　　　　　s21·4—c976
　　　　國民革命軍總司令部政治部，民十五年。　104面。
中國國民黨第二次全國代表大會及宣言決議案；
　　　　　　　　　　　　　　　　　　s21·4—c976
　　　　長沙，民治書局，民十六年。　98面。
中國國民黨第二次全國代表大會宣言；　s21·4—c976
　　　　上海，三民公司。民十六年。　五版。　30面。
中國國民黨重要宣言訓令集；陸軍軍官學校政治部編。
　　　　　　　　　　　　　　　　　　s21·4—L425
　　　　民十三年。　212面。
汪陳甘願出席問題；　　　　　　　　　s22—w165
　　　　民十七年。　79面。

國民政府五中會議；國民政府委員編。　　　　s22•1—K435
　　中國統一書局，民十七年。　182面。

開國民會議的基礎；曾傑著。　　　　　　　s22•1—T521
　　廣州，人民的建設雜誌社，民十五年。　24面。

中國國民黨黨員須知；中央圖書局編。　　　s23—C979
　　民十六年。

中國國民黨政策；黎照寰輯。　　　　　　　s24—L215
　　上海，商務，民十七年。　246面。

中國國民黨政治主張；陳毅夫著。　　　　　s24—C276
　　南京，中山書局，1918。　216面。

S28　刊物

浙江；中國國民黨浙江省黨部　　　　　　　s28—C2•57
　　民十四年。　128面。

湖北省漢口特別市黨務訓練所攷試特刊•
　　　　　　　　　　　　　　　　　　　　　s28—C976
　　中國國民黨湖北省漢口特別市黨務訓練所，　114面。

S28•3　黨員論文集

血花集；張天化編。　　　　　　　　　　　s28•3—C171
　　上海，民智，民十七年。　88面。「革命文庫第三種」

算舊賬；老朽輯。　　　　　　　　　　　　s28•3—L155
　　上海，泰東，民十七年。　198面。

建設碎金；民智書局編　　　　　　　　　　s28•3—M238

14

上海，民智，民十六年·

天討；民報特刊編· s28·3—M239

上海，民智，民十七年· 156面· 「革命文庫第二種」

黨國要人最近的幾封信；大東書局輯· s28·3—T134

上海，大東，民十七年· 94面·

中山主義名人書信集；秦同培輯· s28·3—T649

上海，中央圖書局，民十六年·

革命軍；鄒容著· s28·3—T699

上海，民智，民十七年· 80面·

汪精衞文存初集；汪精衞著· s28·3—w175

廣州，民智，民十五年· 258面·

吳稚暉與汪精衞； s28·3—w281

上海，革新，民十七年· 78面·

吳稚暉與汪精衞之商榷；吳稚暉汪精衞合著· s28·3—w281

上海—中山書店，民十六年· 88面·

吳稚暉先生最近對於黨國之意見；吳稚暉著· s28·3—w281

廣州平社，民十六年· 60面·

吳稚暉言論集；秦同培編· s28·3—w281

上海，中央圖書局，民十六年· 2 冊·

吳稚暉論政及其他；吳敬恆著· s28·3—W281

上海，出版合作社，民十七年·

吳稚暉近著；吳稚暉著· s28·3—w281

北京，北新，民十五年· 270面·

汪精衞與吳稚暉的論文集；嚴景哉編· s28·3—Y226

上海，新時代，民十七年· 153面·

15

吳稚暉最近言論集；　　　　　　　　　　s28·3—W181w
　　　上海，大東，民十七年·　2 冊·

S28·4　黨員演講集

演講錄（第一集）；中國國民黨湖北省市黨務訓練所編·
　　　　　　　　　　　　　　　　　　　s28·4—c976
　　　民十七年·　144面·

破除迷信與革命；馮玉祥講演·　　　　　S28·4—K218
　　　河南省政府宣傳部·　16面·「馮總司令講演之一」

何應欽陳銘樞最近言論集；大東書局輯·　s28·4—H213
　　　上海，大東，民十七年·　58面·

胡漢民最近言論集；大東書局輯·　　　　s28·4—H405
　　　上海，大東，民十七年。　2 冊·

胡漢民在俄演講錄第一集；胡漢民演講　　s28·4—H405
　　　廣州，民智，民十五年·　再版·　34面·

胡漢民先生演講集；胡漢民演講·　　　　s28·4—H405
　　　上海，民智，民十六年·　3 冊·

過之翰演講集；過之翰演講·　　　　　　s28·4—K430
　　　陝西，財政廳徵收人員訓練班，民十七年·　109面·

繆斌最近言論集；大東書局輯·　　　　　S28·4—M261
　　　上海，大東，民十七年·　48面·

戴季陶講演集；戴季陶講演·　　　　　　s28·4—T121
　　　上海，新民，民十七年·　170面·

邵元冲先生演講集第一輯；邵元冲演講·　s28·4—s171

上海，商務，民十七年。　119面。

青年之路；戴季陶著。　　　　　　　　　s28·4—T121

上海，民智，民十七年。　三版。　262面。

蔣介石言論集；朱亮基編。　　　　　　s28·4—T561

上海，中央圖書局，民十六年。　320面。

中山主義名人演講集；秦同培編。　　　s284·—T648

上海，中央圖書局，民十六年。　2冊。

汪精衛先生講演集；汪精衛講演。　　　s28·4—w175

上海，文華書局，民十五年。　130面。

s29　黨史

中國國民黨史；華林一著。　　　　　　s29—H441

上海，商務，民十七年。　13面。「新時代史地叢書」

中國國民黨概論；汪精衛著。　　　　　s29—w175

上海，光明，民十六年。　再版。　46面。

中國國民黨史概論；汪精衛著。　　　　s29—w175a

中央軍事政治學校，民十六年。　三版。　24面。

孫大總統廣洲蒙難記；蔣介石著。　　　s29·4—T561

上海，民智，民十五年。　五版。　70面。

彈劾共產黨兩大要案；中國國民黨中央監察委員會輯。

s29·3—C976

中國國民黨中央監察委員會，民十六年。　30面。

革命與清黨；黃昌毅著。　　　　　　　s29·6—H741

民十七年。　初版　44面。

廣州事變與上海會議；廣州平社編。　　s29·0—K320

民十七年、

革命與反革命；郎醒石編、　　　　　　　　s29·6—L141

　　上海，民智，民十七年、　611面、

清黨運動；清黨運動急進會編、　　　　　　　s29·6—T667

　　清黨運動急進會，民十六年、　3C2面、

吳稚暉反共文滙；吳稚暉著、　　　　　　　　s29·6—w281

　　上海，待旦書社，民十七年、　222面、

S29·9　黨員傳記

紅花岡四烈士傳；革命紀念會輯、　　　　　　s29·9—K217

　　上海，民智，民十六年、　54面、

陳英士先生革命小史；邵元冲編、　　　　　　s29·9—s171

　　上海，民智，民十四年、　22面、

蔣介石先生歷史及北伐之言論；新中國社編、　s29·9—s435

　　新中國社，民十六年、　再版、　92面、

將介石的革命工作；文砥編、　　　　　　　　s29·9—T561

　　上海，太平洋，民十七年、　再版、　2冊、

S30　黨化敎育

三民主義敎育學；張九如編、　　　　　　　　F30—C152

　　上海，新時代敎育社，民十七年、　196面、「新時代黨代敎育叢番」

黨化敎育槪論；陳德徵著、　　　　　　　　　s30—C288

　　上海，光華，民十六年、　59面、

黨化敎育淺說；朱成碧編．　　　　　　　　s30—C834

上海，中央圖書局，民十六年．　75面．

實施三民主義化敎育宣傳大綱；湖北省黨務指導委員會宣傳

部編．　　　　　　　　s30—C976

黨化敎育輯要；中央圖書局編．　　　　　　s30—C979

上海，中央圖書局，民十六年．　再版．　135面．

黨化敎育實施法；顧詩靈編．　　　　　　　s30—K252

上海，大東，民十七年．　四版．　92面．

黨化敎育；徐蔚南著．　　　　　　　　　　s30—s483

上海，世界，民十六年．　三版．　55面．

黨化敎育概論；王克仁著．　　　　　　　　s30—W145

上海，民智，民十六年．　106面．

孫中山主義讀本；三民公司編．　　　　　　s33·4—s121

上海，三民公司，民十六年．　六版．　61面．

中山主義婦女淺說；朱成碧編．　　　　　　s33·67—C834

上海，中央圖書局，民十六年．　73面．

中山主義軍人淺說；韓德光編．　　　　　　s33·8—H123

上海，中央圖書局，民十六年．　112面．

軍人必讀；中央圖書局編．　　　　　　　　s36·1—C979

上海，中央圖書局，民十六年．　「129面」

軍事政治工作；黃鐘編．　　　　　　　　　s36·1—H471

上海，泰東，民十七年．　再版．　241面．

革命軍刑事條例革，命軍連坐法；　　　　　s36·1—K217

革命軍人四字讀本；國民革命軍中央軍事政治學校編．

s36·1—K329

民十五年· 36面·

總理逝世三週紀念；　　　　　　　　　s38·1—H130

「42面」「漢口中山日報特刊」

近代革命紀念日；張廷休編·　　　　　　s39—G171

上海，民智，民十七年· 160面·

革命史上的重要紀念日；謝振緡編·　　　s39—S416

廣州黃浦中央軍事政治學校政治部發行股，民十六年· 442面·
「黃浦叢書之九」

S40　國民政府

現代法制常識問答；戴季陶輯·　　　　　s40—T121

上海，中央圖書局，民十六年。 100面·

黨治考察記；吳澗東編·　　　　　　　　s40—W281

上海，泰東，民十七年· 335面·

國民政府五院組織法合刊；中國國民黨中央黨部編·s41—K435

上海，東方圖書公司，民十七年· 40面·

國民政府法規彙集：第一集；民智書局編譯所編·s41·1—M288

上海，民智 民十七年· 52面·

公安警察問答；李萬里輯·　　　　　　　s44·3—L20C

上海，中央圖書局，民十七年· 再版· 118面·

S50　中國革命問題

國民革命問題；朱創芒輯·　　　　　　　s50—C821

　　　　上海，中央圖書局，民十七年． 再版． 63面．

中國國民革命之使命；一名世界改造之原理；范翱著．
　　　　　　　　　　　　　　　　　　　　　　s50—F121

　　　　上海，民智，民十七年． 352面．

今日之革命與革命者．徐天一著．　　　　　　s50—s482
　　　　上海，民智，民十七年． 82面． 「革命叢書第五種」

國民革命之兩大使命；曹雪松著．　　　　　　s50—T474
　　　　上海，大東，民十七年． 三版． 90面．

現今革命之意義；李石曾著．　　　　　　　　s51—L196
　　　　吳越書店，第一版． 37面． 「國民小叢書」

中國之革命運動及其背景；邵元冲講演．　　　s51—s171
　　　　上海，民智，民十六年． 再版． 32面． 「中山學院叢書第二種」

國民革命與世界大同；朱謙之編．　　　　　　s53·1—C821
　　　　上海，泰東，民十六年． 145面．

打倒帝國主義；　　　　　　　　　　　　　　s55—W175
　　　　國民革命軍總司令部政治部． 236面．

省港罷工中之中英談判；鄧中夏著．　　　　　s57·2—T261
　　　　中華全國總工會省港罷工委員會宣傳部，民十五年． 「86面」，

農工小資產階級革命同盟論的分析和糾正；羅什著．
　　　　　　　　　　　　　　　　　　　　　　s57—L397
　　　　上海，再造社，民十七年． 40面． 「再造社叢書之一」

省港罷工概觀；鄧中夏著．　　　　　　　　　s57·2—T261
　　　　中華全國總工會省港罷工委員會宣傳部，民十五年． 92面．

中國學生運動小史；查良鑑輯．　　　　　　　s57·4—C110
　　　　上海，世界書局，民十六年． 84面．

五世兜手之供狀；　　　　　　　　　　　　　　s57·51—W609

沙面慘殺案；高爾松，高爾柏合編·　　　　　　　·s57·9—K167
　　青年政治宣傳會，民十四年。　134面·

漢口慘殺案；高爾松，高爾柏合編·　　　　　　　s57·9—K167
　　青年政治宣傳會，民十四年。　78面·

中國獨立運動的基點；戴季陶著·　　　　　　　　s57·9—T121
　　廣州，民智，民十四年。　83面·

S59　中國革命史

中國民族革命運動史；建國書店編·　　　　　　　s59—C601
　　上海，泰東，民十七年·　再版·　13 面·

中國革命史；貝華編·　　　　　　　　　　　　　s59—P250·
　　上海，光明，民十六年·　三版·　235面·

國民革命要覽；師鄭編。　　　　　　　　　　　　s59—s260
　　新時代教育社，民十六年·　四版·　227面·

中國的革命運動；蔣國珍著·　　　　　　　　　　s59—T566
　　上海，世界書局，民十七年。　再版·　48面·

中國革命實地見聞錄；斷水樓主人原著，樂嗣炳譯·　s59—T834
　　上海，三民公司，民十六年·　218面·

中國革命史；印維廉著·　　　　　　　　　　　　s59—Y288
　　上海，世界書局，民十七年·　212面·

革命日誌；志光編·　　　　　　　　　　　　　　s59·1—C631
　　上海，新宇宙書店，民十七年·　103面·

廣州三月二十九革命史；革命紀念會編·　　　　　s59·1—K217

22

上海，民智，民十五年• 初版• 186面•

孫大元帥東征日記；古應芬記錄•   s59•1—K265

上海，民智，民十五年• 初版• 38面•

§60 世界革命問題

世界弱小民族問題；李作華著•   s60—L197[1]

漢口，白鶴印刷公司，民十七年• 190面•

各國革命史畧；邵元冲講演•   s68—s1.3

上海，民智，民十五年• 五版• 146面•

近代革命史概要；張廷休編•   s69•2—C171

上海，民智，民十七年• 170面•

近十年來世界上兩大怪物；劉公度著•   s70—L365

上海，世界，民十六年• 170面•

帝國主義問答；張百天輯•   s71•4—C171

上海，中央圖書局，民十七年• 再版• 74面，

帝國主義與中國；高爾松，高爾柏合編•   s71•4—K167

青年政治宣傳會，民十五年• 再版• 328面•

24

勘 誤 表

面	行	誤	正
49	8	敎基督	基督敎
71	1	民立	民主
76	11	不平等約	不平等條約
140	17	道爾制	道爾頓制
151	22	學校圖	學校園
207	4	植物表解	植物學表解
215	10	敎書	敎科書
217	9	寶習	實習
284	23	文東	文束
343	18	一東錄	一束綠
		便宜	便是
375	22	逝世	近世
379	25	地參考	地理參考
380	16	大勞考	大勢考
384	14	兒聞記	見聞記
390	5	秦西	泰西
397	1	西洋表解	西洋史表解
397	3	洋西	西洋
403	15	英俠	英史

勘　誤　表（二）

面	行	誤	正
4	1	235	352
5	15	156	516
5		512	572
7	15	英國文學	英美文學
補篇　27	4	術生學	衞生學
補篇　59	18	旅行逃異	旅行逸異
紫引　3	21	858	658
”　”　3	25	559•1	659•1
”　”　12	13	土同其	土耳其
”　”　14	11	科孺婦	婦孺科
”　”　14	12	劃市計都	都市計劃
”　”　19	17	關係問題	關稅問題
”　”　21	4	籃煤	籃球
黨義　18	15	蔣介石	蔣介石

補篇40面和39面對掉

附录：冯汉骥论著系年目录

1929 年

《〈藏书绝句〉的著者》，《武昌文华图书科季刊》第1卷第1期（1929年），第46–48页。

《湖北省立图书馆图书目录》第一期（附类目索引、党义书籍），武汉：湖北官纸印刷局印，1929年。

1933 年

Chinese Mythology and Dr. Ferguson（与J. K. Shryock合作），

Journal of the American Oriental Society，Vol. 53（1933），pp. 53–65.

1934 年

The Lolo of China：*Their History and Cultural Relations*，宾夕法尼亚大学硕士论文，1934年。手稿今存美国宾夕法尼亚大学范佩特图书馆（Van Pelt Library，University of Pennsylvania）.

1935 年

The Black Magic in China Known as Ku（与J. K. Shryock合作），*Journal of the American Oriental Society*，Vol. 55（1935），PP. 1–30.

1936 年

The Origin of Yu Huang，*Harvard Journal of Asiatic Studies*，Vol. I，No. 2（1936），pp. 242–250.

Teknonymy as a Formative Factor in the Chinese Kinship System，*American Anthropologist*，Vol. 38，No. 1（1936），pp. 59–66.

1937 年

The Chinese Kinship System，*Harvard Journal of Asiatic Studies*，Vol. 2，No. 2（1937），pp. 141–275；重印本见Cambridge：Published for the Harvard Yehching Institute by the Harvard–University Press，1948和Harvard–Yenching Institute studies XXII，Cambridge：Harvard University，1967.中译本见《中国亲属称谓指南》（徐志诚译），上海：上海文艺出版社，1989年。

1938 年

The Historical Origins of the Lolo（与J. K. Shryock合作），*Harvard Journal of Asiatic Studies*，Vol. 3，No. 2（1938），pp. 103–127.中译本《彝族的历史起源》见《冯汉骥考古学论文集》，北京：文物出版社，1985年，第178–190页。

1941 年

《由中国亲属名词上所见之中国古代婚姻制》，《齐鲁学报》1941年第1期，第117–134页。

1942 年

《傈僳与东爨》，《杂说月刊》1942年第1期，第12–14页。

《文化的决定性与个人》，《华文月刊》第一卷第四期（1942年），第1–8页。

1943 年

《论东西文化》，《东方文化》第一卷第二期（1943年），第8–9页。

《四川与西南之古代交通》，《蜀风》1943年第9期，第一、二版。

《中国文化发展的南向与北向说的新论》，《学思》第3卷第6期（1943年），第1–4页。

War Excavation Reveals Tomb，*El Palacio*，Vol. L，No. 11（1943），pp. 265–266.

《汉和图书分类法》（*A Classification Scheme for Chinese and Japanese Books*）（与裘开明、于震寰合作），Committees on Far Eastern Studies，American Council of Learned Societies，Washington，D. C，1943.

1944 年

The Discovery and Excavation of the Royal Tomb of Wang Chien, 四川省博物馆单刊之一, 1944, pp.1–9。

Discovery and Excavation of the Yung Ling 永陵，the Royal Tomb of Wang Chien 王建 847–918 A. D., *Quarterly Bulletin of Chinese Bibliography*, N. S. Vol. 4(1944), Nos. 1–2, pp. 1–11.

《禹生石纽辨》，《说文月刊》1944年第4卷合刊本，第203–213页。

《自东西文化的交流上看敦煌艺术》，四川省美术协会编：《敦煌壁画展览特辑》，成都：西南印书局，1944年，第16–22页。

1945 年

《自商书盘庚篇看殷商社会的演变》，《文史杂志》第5卷第5、6期（1945年），第34–47页。

The Megalithic Remains of the Chengtu Plain, *Journal of the West China Border Research Society*，Vol. XVI Series A（1945），pp. 15–22. 中译本《成都平原之大石文化遗迹》见《冯汉骥考古学论文集》，北京：文物出版社，1985年，第7–10页。

1946 年

《明皇幸蜀与天回镇》，《风土什志》第1卷第6期（1946年），第8–12页。

1947 年

《民族学与边政》，《西方日报》1947年11月28日第四版《中国边疆》副刊第一期。

《现在两种民主观念冲突的背景》，《怒潮》1947年第14期，第21–24页。

1948 年

《敦煌石室与流沙坠简——边疆问题讲座之三》，《西方日报》1948年5月2日第四版《中国边疆》副刊第十一期。

《元八思巴蒙文圣旨碑发现记》，《四川博物馆》单刊之二，1948年，第1–6页。

《川康明清土司官印考》（张勋燎据20世纪40年代手稿整理），四川大学历史文化学院考古学系编：《四川大学考古专业创建

四十周年暨冯汉骥教授百年诞辰纪念文集》，成都：四川大学出版社，2001年，第16-25页。

《松理茂汶羌族考察杂记》（张勋燎据20世纪40年代手稿整理），四川大学历史文化学院考古学系编：《四川大学考古专业创建四十周年暨冯汉骥教授百年诞辰纪念文集》，成都：四川大学出版社，2001年，第26-37页。

1949 年

《冉駹与羌》，《西方日报》1949年2月13日第六版《中国边疆》副刊第廿八期。

1950 年

Marriage Customs in the vicinity of I-Ch'ang（与J. K. Shryock合作），*Harvard Journal of Asiatic Studies*，Vol. 13，No. 3-4（1950），pp. 362-430.

1951 年

《评张仲实译本恩格斯〈家庭、私有财产及国家的起源〉》，成都《工商导报》1951年1月21日第六版《学林》副刊第二期。

《美帝如何掠夺我国的文物》，成都《工商导报》1951年2月4日第六版《学林》副刊第三期。

《岷江上游的石棺葬文化》，成都《工商导报》1951年5月20日第五版《学林》副刊第十期。

1954 年

《成都万佛寺石刻造像》，《文物参考资料》1945年第9期，第110-112页；日文译本见《成都万佛寺の石佛像》，《美术史》一七册（昭和30年10月），第23-33页。

《关于资阳人头骨化石出土的地层问题》（童恩正据1954年手稿整理），《冯汉骥考古学论文集》，北京：文物出版社，1985年，第3-6页。

《关于资阳人头骨化石问题》（张勋燎据1954年手稿整理），四川大学历史文化学院考古学系编：《四川大学考古专业创建四十周年暨冯汉骥教授百年诞辰纪念年文集》，成都：四川大学出版社，2001年，第1-3页。

1956 年

《驾头考》，《史学论丛》（四川大学历史系编），1956年，第1-15页。

《相如琴台与王建永陵》，《史学论丛》（四川大学历史系编），1956年，第1-8页。

《跋吴三桂周五年历书》，《史学论丛》（四川大学历史系编），1956年，第32页。

1957 年

《前蜀王建墓内石刻伎乐考》，《四川大学学报》1957年第1期，第1-27页。

《记唐印本陀罗尼经咒的发现》，《文物参考资料》1957年第5期，第48-50页。

《论盘舞》，《文物参考资料》1957年第8期，第9-12页。

（美）摩尔根：《古代社会》（与杨东蓴、张栗原合作翻译），北京：生活、读书、新知三联书店，1957年；北京：商务印书馆，1971年重印。

1958 年

《四川古代的船棺葬》（与杨有润、王家祐合作），《考古学报》1958年第2期，第77–95页。

《论南唐二陵中的玉册》，《考古通讯》1958年第9期，第89–98页。

1959 年

《王建墓内出土"大带"考》，《考古》1959年第8期，第436–439页。

1960 年

《四川船棺葬发掘报告》（主编），北京：文物出版社，1960年。

1961 年

《云南晋宁石寨山出土文物的族属问题试探》，《考古》1961年第9期，第469-487页。

《前蜀王建墓出土的金银平脱漆器及银错胎漆器》，《文物》1961年第11期，第46-48页。

《关于"楚公豪"戈的真伪并略论四川"巴蜀"时期的兵器》，《文物》1961年第11期，第32-34页；后收入徐中舒主编：《巴蜀考古论文集》，北京：文物出版社，1987年，第201-205页。

《四川的画像砖墓及画像砖》，《文物》1961年第11期，第35-42页。

1963 年

《云南晋宁石寨山出土铜器研究——若干主要人物活动图像试释》，《考古》1963年第6期，第319-329页。

Unearthing an Unknown Culture，*China Reconstructs*，Vol. 12, No. 9（1963），pp. 38-41.

1964 年

《前蜀王建墓发掘报告》，北京：文物出版社，1964年；北京：文物出版社，2002年再版。

《略论玉蜀黍、番薯的起源及其在我国的传播》（张勋燎据"文革"以前手稿整理），《冯汉骥考古学论文集》，北京：文物出版社，1985年，第203–209页。

1973 年

《岷江上游的石棺葬》（与童恩正合作），《考古学报》1973年第2期，第41–60页。

1974 年

《云南晋宁出土铜鼓研究》，《文物》1974年第1期，第51–61页。

1979 年

《记广汉出土的玉石器》（与童恩正合作），《四川大学学报》（哲学社会科学版）1979年第1期，第79–85页；《文物》1979年第2期，第31–36页。

1980 年

《西南古奴隶王国》，《历史知识》1980年第4期，第18–22页；徐中舒主编：《巴蜀考古论文集》，北京：文物出版社，1987年，第138–143页。

《四川彭县出土的铜器》，《文物》1980年第12期，第38–47页。

后记一

　　2018年6月，受冯汉骥先生哲嗣冯士美先生的委托，要我和白彬编辑《冯汉骥全集》。虽然我们十多年前有过编辑《川大史学·冯汉骥卷》《川大史学·冯汉骥英文卷》的经历，但当时主要着眼于收录有关考古学、民族学、人类学方面的论著，实际上先生在历史学和图书馆学方面亦有重要贡献。限于当时的条件，仅作列目处理。时隔近百年，有关文字的收集大为不易，任务十分艰巨，自知年纪大了，已无力承担。全赖白彬出于对学术承传的高度责任感和无私奉献精神，不顾工作繁忙，四处打听，多方联系，往返奔波，费尽百般周折，付出许多辛劳，任务方克完成。实际工作完全是白彬在出力，自己不过提出了一些建议而已。编辑署名，白彬本来应当排在前面，是出于他的谦逊，硬要把我推上去的。特此说明。

　　本书得以顺利出版，得到许多师友的慨然相助。陈亚军（西北

民族大学）、赵川（西南交通大学）、葛林杰（湖北大学）、李帅（四川大学）、王文波（云南大学）、韩莎（永陵博物馆）、杜康（成都博物馆）、郭振新（四川大学2022级博士研究生）、张南金（北京大学2022级博士研究生）、翟韵尧（哈佛大学南亚系博士研究生）、白定直、王朝鑫（四川大学2021级硕士研究生）、邓雅琳、赖敏（四川大学2022级硕士研究生）、王雨焓、高文轩、孙楠楠（四川大学2023级硕士研究生）、李雨欣（四川大学2022级考古学专业本科生），协助我们搜索论著、下载论文、录入文档、扫描线图和照片，出力不少。张苹（四川大学博物馆）提供了《成都万佛寺石刻造像》一文涉及的部分造像的数码照片。多位四川大学考古学博士研究生、硕士研究生和本科生，在繁重和紧张的学习之余，抽出宝贵的时间参加本书的校对，他们是：邓宏亚（2017级博士研究生，现供职于四川大学党政办）、韦松恒（2024级博士研究生，贵州省文物考古研究所）、王红艳（2017级硕士研究生，现供职于秦始皇陵博物院）、胡盛（2017级硕士研究生，现供职于杭州市文物考古研究所）、郑郁洁（2017级硕士研究生，现供职于台湾财团法人商业发展研究院）、郭振新（2022级博士研究生）、刘一粟（2020级硕士研究生）、李嘉鑫、易萍（2021级硕士研究生）、周浩、杨潇、邓雅琳、赖敏、徐啸（2022级硕士研究生）、韩笑（2021级拔尖计划本科生）、王丹旻、龚璐瑶、王泽垠（2021级强基计划本科生）。四川大学历史文化学院十分重视《冯汉骥全集》的编辑与出版，拨出专门经费将本书列入"四川大学双一流学科区域历史与边疆学学科群"予以资助出版。巴

蜀书社刘冰、童际鹏、马兰为该书出版花费了很多心血。在此，谨向他们致以崇高的敬意，表示衷心的感谢！

　　由于编者水平有限，本书存在的疏漏一定不少，请祈读者谅解！

张勋燎

2024 年 9 月 8 日

后记二

　　先父冯汉骥先后在四川大学、华西大学任教数十载，生前在国内外学术期刊上发表中英文学术论文56篇、出版学术专著6部；生后留下未付印讲稿数十册。先父已刊发的52篇学术论文、已出版的6部学术专著，今由巴蜀书社收集整理编为《冯汉骥全集》（9册）出版。1939年先父的"川康科学考察团日记"亦作为附录收入该书之"人类学卷"。未付印讲稿数十册，则捐赠给四川大学博物馆保存。如有不妥之处，概由我本人承担责任。

冯士美

2024年12月1日